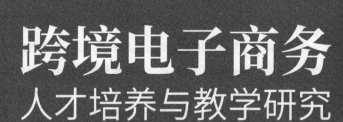

跨境电子商务
人才培养与教学研究

银　佳　郝泽忠　徐科飞 ◎ 著

知识产权出版社
全国百佳图书出版单位
——北京——

图书在版编目（CIP）数据

跨境电子商务人才培养与教学研究/银佳，郝泽忠，徐科飞著.—北京：知识产权出版社，2024.12.—ISBN 978-7-5130-9300-2

Ⅰ.F724.6

中国国家版本馆 CIP 数据核字第 2024L19C29 号

内容提要

本书为跨境电子商务人才培养与教学的全面指南，共 5 章。第 1 章介绍跨境电子商务的基础知识、商业模式、发展历程和发展趋势。第 2 章分析跨境电子商务行业现状、市场趋势、人才需求和教育培训。第 3 章构建跨境电子商务教学理论体系，包括教学标准、课程理念、课程设置和教学方法。第 4 章详细阐述跨境电子商务人才培养方案、课程资源开发、教学模式创新和师资队伍建设等。第 5 章讨论跨境电子商务人才培养策略与实施，侧重于教育与培训体系的协同、企业孵化、国际合作以及创新创业教育。

本书主要面向跨境电子商务的学者、教育工作者，以及企业培训和人力资源管理人员，旨在指导教育机构和企业培养适应全球电商市场的专业人才。

责任编辑：张水华　　　　责任校对：王　岩

封面设计：臧　磊　　　　责任印制：孙婷婷

跨境电子商务人才培养与教学研究

银　佳　郝泽忠　徐科飞　著

出版发行：知识产权出版社有限责任公司		网　　址：http://www.ipph.cn	
社　　址：北京市海淀区气象路 50 号院		邮　　编：100081	
责编电话：010-82000860 转 8389		责编邮箱：46816202@qq.com	
发行电话：010-82000860 转 8101/8102		发行传真：010-82000893/82005070/82000270	
印　　刷：北京中献拓方科技发展有限公司		经　　销：新华书店、各大网上书店及相关专业书店	
开　　本：720mm×1000mm　1/16		印　　张：16.5	
版　　次：2024 年 12 月第 1 版		印　　次：2024 年 12 月第 1 次印刷	
字　　数：254 千字		定　　价：89.00 元	

ISBN 978-7-5130-9300-2

前　言

　　在全球化浪潮的推动下，跨境电子商务已成为推动国际贸易发展的重要力量。随着互联网技术的不断进步和国际贸易环境的逐渐优化，跨境电子商务行业迎来了前所未有的发展机遇。然而，行业的高速发展也带来了人才供给不足的问题，尤其是对于具备专业知识和技能的高素质跨境电子商务人才的需求日益迫切。为此，我们精心撰写了这本专著，旨在为相关教育机构、企业以及政策制定者提供指导，协同推进跨境电子商务人才的培养和发展。

　　本书综合了跨境电子商务领域的最新发展趋势、商业模式、人才培养需求以及教学理念和实践，力求构建一个全面、系统的跨境电子商务人才培养与教学框架。通过深入分析行业背景、市场趋势及人才需求，我们规划了从基础知识学习到专业技能训练、从理论探讨到实务操作的全方位教学路径。

　　在第一章我们对跨境电子商务进行了定义，阐述了其特征和理论基础，并分类介绍了主要的商业模式。同时，还回顾了跨境电子商务的发展历程，分析了当前的现状和面临的挑战，并对未来的发展趋势进行了展望。第二章着重讨论了行业对人才的具体需求。我们界定了跨境电子商务人才的概念，分析了当前的人才缺口以及行业对人才的具体要求。此外，还探讨了政策环境对人才培养的影响，以及高等教育和企业培训在人才培养中的作用。第三章侧重于教学标准、课程理念、课程设置等方面的构建。我们将国家教育政策导向和行业标准融入教学内容设计中，介绍以学生为中心的教学模式和成果导向的教学方法，注重教学资源的创建和课程教学考核与评价的科学性。第四章详细规划了人才培养方案，包括行业需求分析、培养目标设定、教学模式创新、课程资源开发等方面。我们强调实践教学的重要性，提倡课堂教学模式的创新，鼓励学生自主学习能力的提升，并不断改革课程教学方法。

第五章探讨了教育培训体系的协同机制，企业参与人才孵化的方式，国际化教育合作与交流的机会，以及创新创业教育的实施。这些内容对于实现跨境电子商务人才培养的目标具有重要的战略意义。

在撰写过程中，我们意识到跨境电子商务领域的快速发展对教育系统提出了新的挑战。为了满足行业的需求，我们必须不断创新教育理念，更新教学内容，并通过实践教学强化学生的实际操作能力。同时，也阐述政府、学校、企业三方的合作，共同构建富有成效的跨境电子商务人才培养生态系统的重要性和实践意义。

作为对跨境电子商务人才培养与教学的研究，本书不仅适用于高等教育机构的专业课程设计和教学实践，也为企业和政府部门提供了人才培养的参考依据。我们希望本书能够为跨境电子商务行业培养更多高素质的专业人才提供参考，为全球电子商务的发展贡献力量。

本书是湖南省普通高等学校教学改革研究项目"基于应用型人才培养的《跨境电商》'REAP'教学模式探索与实践"（项目编号 HNJG-20231032）结项成果。

感谢您选择本书。我深知作品永远在完善之路上，此书难免存在不足。希望您不吝赐教，共同促进知识的提升。

目 录

第 1 章

跨境电子商务概述

1.1 跨境电子商务基础知识

在探索现代国际贸易的广阔天地中,跨境电子商务无疑是最引人注目的现象之一。它通过数字化平台连接全球市场,使国际交易超越了传统的物理和政治边界。随着信息技术飞速发展,跨境电子商务不仅改变了企业如何销售产品和服务,也重塑了消费者的购物方式。

1.1.1 跨境电子商务定义与特征

1.1.1.1 定义

跨境电子商务指不同关境的交易主体利用电子商务平台达成交易、电子支付结算,通过跨境电子商务物流及异地仓储送达商品,从而完成交易的一种国际商业活动。简而言之,是指不同国家或地区的交易主体通过互联网平台进行的商品和服务的交易活动。[①] 它通过网络平台连接不同国家和地区的买家与卖家,实现了商品和服务的跨国界交易。这种商业模式涵盖了从商品的在线展示、交易达成、电子支付到物流配送等全过程。跨境电子商务是国际贸易,其目标客户群是来自世界各地的网购平台的消费者群体。跨境电子商

---

① 郭四维,张明昂,王庆,等. 新常态下的"外贸新引擎":我国跨境电子商务发展与传统外贸转型升级 [J]. 经济学家,2018 (8):42-49.

务模式突破了传统的国界限制，推动了国际贸易朝向无边界化发展，并加速了全球贸易的深化。通过打造一个开放、多元、立体的国际经贸合作架构，跨境电子商务显著扩展了进入全球市场的途径，促进了资源在全球范围内的优化分配，以及企业间互惠互利的合作模式。同时，它也让消费者能够轻松地获取其他国家的产品信息，并便捷地购入价格更具优势的商品。

1.1.1.2 特征

跨域电子商务的发展得益于互联网的快速扩张，网络环境的独有价值观念和互动模式对跨境电子交易产生了深远的影响，赋予其与传统商业交易所不同的特质。

1）全球性（Global Forum）

网络作为一个无边界的通信平台，展现出全球化和去中心化的本质。基于此平台的跨境电子商务亦继承了这些属性。与传统贸易模式相比，电子商务的一个显著特征是其交易不受地理限制，消除了物理距离的约束。互联网用户能够无视国境，将商品尤其是高价值产品和服务推向市场。跨境电子商务的最大特征之一是其全球化特性。通过互联网，商家可以跨越国界，直接接触到全球消费者。同样，消费者也可以在家中轻松购买到来自世界各地的商品。这种去地理限制的交易方式极大地拓宽了市场范围，为商家和消费者提供了更多的选择和便利。

2）无形性（Intangible）

跨境电子商务的无形性特征体现在其服务和交易过程的非物质化。不同于传统的实体店面交易，跨境电子商务活动主要在网络平台上进行，买卖双方不需要直接见面，商品交易和服务交付都通过数字化方式完成。消费者通过网络页面浏览商品信息，进行在线沟通、下单购买，并通过电子支付方式付款。卖家则通过电子商务平台提供商品信息，利用数字技术进行营销推广，并依靠物流系统完成商品的跨国界配送。整个过程中，信息的传递、支付结算以及部分售后服务都在虚拟的网络环境中进行，使得跨境电子商务具有明显的非接触性和无形性特点。

3）匿名性（Anonymous）

跨境电子商务的匿名性特征指的是交易参与者在网络平台上进行买卖活动时，其身份和个人信息可能不被完全披露。买家在浏览网页、添加商品到购物车、进行结算过程中，往往只需提供有限的个人信息，如邮箱地址、邮寄地址和支付信息，而不必暴露更多个人身份细节。同样，卖家在发布商品和服务信息时，也可以通过平台或第三方服务商来保持一定程度的匿名性。这种匿名或半匿名的交易环境一方面为消费者和商家提供了隐私保护，另一方面也带来了信任问题和监管挑战。由于参与方的真实身份不易验证，可能会增加交易风险，如欺诈行为的发生。因此，电商平台和相关监管机构通常会采取一定的措施，如实名认证、信用评价系统等，以维护跨境电子商务环境的公平性和安全性。

4）即时性（Instantaneous）

在数字网络的领域，信息传递的速率并不受物理距离的影响。过去依赖书信、电报和传真等通信手段进行信息交换的传统商业模式，通常存在不可忽视的时间延迟。然而，在电子商务环境下，无论地理上的远近，信息的发送与接收几乎可以做到实时同步，类似于人们日常的面对面对话。此外，特定类型的数字商品（例如音乐视频、软件程序等）的交易可以瞬间完成，从下单到支付再到产品的交付，这一系列动作都可以在极短的时间内实现。互联网的即时通信特性使得跨境电子商务的交易和沟通能够实时进行，大大提高了交易效率。

5）无纸化（Paperless）

电子交易主要采用数字化处理手段，这一特点成为其核心标识。在此类跨境电子商务交易中，电子计算机通信记录代替了传统的纸质文档，用户之间进行的是电子数据信息交换。由于此类信息以二进制代码（比特）的形式存在并传播，整个传输过程实现无纸化。比如，随着电子合同、电子支付等技术的应用，整个交易过程无需纸质文件，既便于管理和存储，同时也降低了交易成本。这种无纸化操作的优势在于解除了信息流转的物理束缚。然而，考虑到现行法律体系多基于传统"纸质"交易构建，无纸化操作难免引发一系列法律上的不确定性和混乱。

6）快速演进（Rapidly Evolving）

跨境电子商务的快速演进特征体现在其发展速度之快、技术创新之频繁以及市场趋势之多变。随着互联网技术的不断进步和全球化贸易壁垒的逐步降低，跨境电子商务平台能够迅速适应并采纳新兴技术，如移动支付、人工智能、大数据分析等，以提升交易效率和用户体验。此外，消费者需求和市场环境的变化也推动了跨境电子商务模式的持续创新。例如，直播购物、社交电商等新型电商形态在近年来迅速崛起，使得商品推广和消费者互动更加即时和个性化。同时，各国政策的调整、国际贸易协定的更新以及物流和支付领域的突破性进展都为跨境电子商务的发展带来了新机遇和挑战。

1.1.2 跨境电子商务理论基础

理论基础为跨境电子商务的实践提供了科学指导，有助于企业制定有效的国际营销策略、优化供应链管理、提升竞争力，为政策制定者在决策过程中提供宝贵的参考依据，助力打造更加优越的贸易氛围和法制结构，从而推动跨境电子商务的稳健发展。理论研究的深入不断激发相关学科的知识创新与学术前沿的拓展，并对商业模式的未来转型与技术进步贡献独到的洞见。

1.1.2.1 数字经济

数字经济指以数字技术为基础，利用数字化手段完成生产、分配、交换、消费等经济活动的新型经济形态。[1] 它包括信息技术、云计算、大数据、人工智能等领域的创新和应用，以及数字化产品和服务的生产与交易。作为涵盖广泛含义的术语，数字经济囊括了一切借助数据驱动资源优化配置和促进生产力增长的经济模式。技术上，它融合了诸如大数据、云技术、物联网、区块链、AI 以及 5G 通信等前沿科技。而在实际应用方面，"新零售"和"新制造"等现象均是数字经济的典型例证。[2] 数字经济与跨境电子商务紧密相连。

---

① 王齐齐，许诗源，田宇. 中国数字经济研究二十年：研究评述与展望 [J]. 管理现代化，2021，41（6）：118-121.
② 杜睿云，王宝义. 新零售：研究述评及展望 [J]. 企业经济，2020，39（8）：128-135.

跨境电子商务的运作依赖于尖端的数字技术,例如大数据、云技术和人工智能等。这些技术的应用不仅提高了跨境电子商务的效率和便利性,还推动了数字技术的创新和发展。例如,通过大数据分析,企业可以更精准地了解消费者需求,优化产品推荐和营销策略;通过云计算技术,企业可以降低 IT 成本,提高运营灵活性;而人工智能技术则在智能客服、自动化仓储等方面发挥着重要作用。数字经济服务的范围和内容为跨境电子商务活动提供基础。通过跨境电子商务平台,消费者可以购买到来自世界各地的商品,享受到更优质的购物体验。同时,跨境电子商务也为企业提供了更广阔的市场和更多的商机。跨境电子商务推动了数字经济的全球化,它打破了地域限制,使得全球的买家和卖家可以在一个平台上进行交易。通过跨境电子商务,企业可以更好地了解和适应不同国家和地区的市场环境,提高国际竞争力。随着跨境电子商务的快速发展,传统的物流、金融等产业也在进行数字化改造。例如,物流企业利用大数据和人工智能技术优化仓储管理和配送路线,金融机构基于数字化技术提供更便捷、安全的在线支付服务等。

1.1.2.2   供应链管理

供应链管理原理涉及对整个产品流通过程的规划、组织、指挥、协调和控制,旨在实现成本最小化和客户服务水平最大化。这包括确保物流、信息流和资金流的顺畅,通过选择合适的供应商,建立高效的库存控制系统,优化生产计划,强化物流配送能力,以及提供卓越的售后服务。[①] 利用数字化工具提升供应链的透明度和效率,同时识别和管理潜在风险,是实现优质供应链管理的关键要素。跨境电子商务供应链管理的核心在于优化和整合全球资源,以实现成本效益最大化和客户满意度的提升。企业必须建立起一个稳定可靠的供应商网络,确保产品的质量和供应的稳定性。通过与供应商建立长期合作关系,企业可以更好地控制原材料的成本和质量,同时对供应风险进行有效管理。库存管理的精细化是跨境电子商务供应链中不可或缺的一环。由于涉及长距离运输,货物的在途时间较长,因此对库存的控制需要更为精确。企业可以通过高级的需求预测模型来准确预计不同市场的需求,从而优

---

① 陈国权. 供应链管理 [J]. 中国软科学, 1999 (10): 101-104.

化库存水平，避免因库存积压或缺货而造成损失。物流配送的效率直接影响客户的购物体验，因此，跨境电子商务企业需要构建强大的物流网络，通过优化运输路线、选择合适的运输方式以及与可靠的物流服务提供商合作，来确保产品能够快速、安全地送达消费者手中。数字化工具在这一过程中发挥着重要作用，如物流管理系统可以帮助企业实时追踪货物状态，及时调整配送计划。风险管理也是跨境电子商务供应链管理的重要组成部分。企业需要识别和评估各种潜在风险，如汇率波动、关税变化、政治不稳定等，并制定相应的应对策略。这可能包括多元化采购策略、货币套期保值以及建立应急物流方案等。

1.1.2.3　市场营销

市场营销学指个人或集体通过交易其创造的产品或价值，以获取所需之物，实现双赢或多赢的过程。① 现代市场营销职能体系包括商品销售、市场调查研究、生产与供应、创造市场需求和协调平衡公共关系五大职能。跨境电子商务的市场营销是指企业通过互联网，向全球消费者推广和销售其产品或服务的活动。跨境电子商务市场营销具有全球化、低成本、高效率、个性化、大数据驱动、社交化、多元化等特征，这些特征使得跨境电子商务能够在激烈的市场竞争中脱颖而出。由于互联网的普及，企业可以向全球任何地方的消费者进行营销活动，这大大扩大了市场范围。这种全球化的营销方式使得企业能够接触到更广泛的消费者群体，扩展了销售机会。相比传统的实体店销售，跨境电子商务的运营成本较低，因为它不需要租赁实体店铺，也不需要大量的销售人员。这种低成本的营销方式使得企业能够以更低的价格提供产品或服务，从而提高竞争力。跨境电子商务可以通过数据分析，精准地找到目标消费者，提高营销效率。通过分析消费者的购买记录和浏览行为，企业可以更好地了解消费者的需求和喜好，从而制定更有效的营销策略，并为消费者提供个性化的推荐和服务。这种个性化的营销方式能够提高消费者的购买意愿和满意度，从而提高销售额。跨境电子商务的营销活动通常依赖于

---

① 杨思佳. 市场营销理论及实践应用：评《市场营销学：理论与实践》[J]. 国际经济合作，2023（6）：2.

大数据分析，通过对消费者行为的分析，预测市场趋势，制定营销策略。这种基于大数据的营销方式能够帮助企业更准确地把握市场动态，提前做好营销准备。社交媒体在跨境电子商务的营销中起着重要的作用，企业可以通过社交媒体与消费者建立联系，提高品牌知名度和影响力。通过社交媒体的传播效应，企业可以扩大其影响力，吸引更多的消费者。跨境电子商务的推广方式丰富多彩，涵盖了搜索引擎优化（SEO）、内容推广、电子邮件宣传、社交媒体广告等策略。这些多样化的营销手段可以迎合各类消费者的需求，并增强营销成效。

1.1.2.4　比较优势

比较优势论的核心思想是指在两个国家之间，劳动生产效率的差异并不会在所有商品上呈现一致性。各国应专注于生产和出口相对效率更高的商品，而对于那些相对效率较低的商品，则选择从其他国家进口（在多种优势中选择最大的优势，在多种劣势中选择最小的劣势）。① 这样的国际贸易模式使得双方都能节约劳动力，并从专业化分工中受益，从而提高整体的生产效率。比较优势论指导企业根据自身优势精准定位国际市场，优化全球供应链，实现成本最小化和利润最大化。专业化产品和服务的提升，增强了企业的国际竞争力。资源得以高效分配，促进全球经济的平衡发展。跨境电子商务的增长也为就业市场带来活力，推动经济增长。消费者从中受益，因为生产效率的提升和成本降低意味着更低的价格和更高的购买力。此外，追求比较优势也催生了技术和知识的传播，加速创新，对全球经济的整体发展产生积极影响。比较优势论不仅助力企业制定有效的国际市场策略，还为全球经济的发展和消费者福利的提升作出了重要贡献。

1.1.2.5　交易成本

交易成本指在特定的社会联系中，个体为了自愿交流、合作并完成交易所需承担的费用，这也可以视为人际关系的成本。它与生产性成本（人与自

---

① 姚书杰，蒙丹. 从比较优势到竞争优势：国际分工与贸易研究综述［J］. 大理大学学报，2023，8（3）：15-21.

然界互动的成本）形成对比。交易成本是完成交易所涉及的各种费用，其精确定义和枚举颇具挑战性，因不同交易情境涉及不同类型的成本。根据 Williamson（1975）的分类①，交易成本大致包括：搜寻成本，即搜集商品信息和交易对象信息的费用；信息成本，指为获取交易对象信息及进行信息交换所需承担的成本；议价成本，指关于契约、价格、品质等讨价还价所产生的费用；决策成本，指作出相关决策和签订合同所需的内部成本；监督成本，指用于监督交易对象是否按契约内容执行交易而产生的成本，如追踪产品、监督和验货等费用；违约成本，指违约后所需承担的后果成本。跨境电子商务中交易成本具有多样性、动态性、复杂性和高风险性。跨境电子商务中的交易成本是一个多元化的概念，涵盖了从产品离开供应商到达消费者手中的整个流程中产生的各种费用。物流成本包括国际运输费用、关税、进口税以及仓储费等。支付成本包括汇率转换费用和跨境支付手续费。通信成本包括语言翻译服务和时差协调等产生的成本。法律与合规成本涉及满足不同国家的法律要求和市场准入标准所产生的费用，包括法律顾问费、合规审查费、专利申请费等。市场营销成本包括制定适应不同市场和文化背景的营销策略所产生的成本，如市场调研费、广告宣传费、促销活动费等。客户服务成本主要包括提供多语言客户支持、处理退货和退款等的成本。

1.1.2.6　消费者行为

产品的需求源自追求个人利益的理性经济行为者，即消费者。消费者行为指消费者在给定的外部环境和有限资源下，根据产品或服务满足需求的能力来挑选不同种类和数量的商品的行为。由于需求紧迫性反映了个人的生理或内在要求，同一商品对于不同消费者或者同一消费者在不同情境下的效用满足度可能会有所差异。对消费者最优选择的分析需要考虑他们购买商品的动机、收入的限制以及实现目标的条件。跨境电子商务下的数字化消费者行为指的是消费者通过互联网平台进行跨国购物的行为模式。这种行为模式通常涉及在线搜索、比较、购买和评价跨境商品和服务。跨境电子商务下数字化消费者行为的出现是多种因素共同作用的结果。首先，全球化贸易的推进

---

① Williamson O E. Markets and Hierarchies [M]. New York：The Free Press, 1975.

使得国际贸易壁垒减少，商品和服务的国际流通变得更加便捷，这为消费者提供了更广阔的选择空间。互联网技术的飞速发展极大地促进了信息的全球流动，消费者可以轻松访问国际市场，获取各类产品信息，并进行在线交易。随着物流配送能力的提升，国际间的货物运输变得更加迅速和可靠，这增强了消费者跨境购物的信心。其次，支付方式的多样化，如信用卡、电子钱包等安全便捷的在线支付手段的出现，极大地方便了消费者进行跨境交易。消费者需求的多样化推动了跨境电子商务的发展，因为它能够提供本地传统市场无法满足的商品和服务，满足了消费者对个性化和特色产品的追求。这些因素共同促成了跨境电子商务下数字化消费者行为的兴起，并不断塑造着消费者的购买习惯。

1.1.2.7　信息经济学

信息经济学是一门研究经济活动中信息不对称及其对市场交易行为和市场运行效率影响的经济学分支学科。它主要探讨在信息不完全或不对称的情况下，经济主体如何进行决策以及这些决策如何影响市场的资源配置效率。信息经济学涉及多个领域，如微观经济学、宏观经济学、产业组织理论等，并在金融、劳动、广告等领域有广泛的应用。信息经济学在跨境电子商务领域的应用主要体现在解决信息不对称和信任问题、优化供应链管理、制定价格策略等方面。首先，跨境电子商务面临着因语言、文化、法律等方面的差异导致的买卖双方信息不对称。平台通过提供详细的产品描述、评价体系和在线客服等手段，帮助消费者克服信息障碍，增强信任度。其次，利用大数据分析消费者行为，企业可以优化库存管理和物流安排，降低成本并提高效率。最后，信息经济学的原理也用于制定动态定价策略，根据市场需求和竞争状况调整价格以最大化利润。

1.1.2.8　价值链

价值链理论分析企业如何通过一系列活动创造价值。该理论认为，企业的活动可以分为主要活动和辅助活动。主要活动包括进货、生产、出货、销售和服务等直接与产品或服务的生产、销售有关的活动。辅助活动则包括采购、研发、人力资源管理和企业基础设施等支持主要活动的活动。这些活动相互关联，共同构成了企业的价值链。通过优化价值链上的各个活动，企业可以提高运营效率、降低成本、提升产品或服务的价值，从而获得竞争优势。价值链理论在跨境电子商务中的应用有助于企业优化业务流程，实现成本控制和价值最大化。跨境电子商务通过全球采购，利用不同国家和地区的比较优势，降低原材料和生产成本。数字化营销和在线销售使企业能够直接接触目标市场，减少中间环节，提高销售效率。通过数据分析和消费者行为研究，企业能够提供个性化产品和服务，增加附加值。同时，跨境电子商务平台为企业提供了协同合作的机遇，如共享物流、技术支持等，这些辅助活动有助于提升整个价值链的效率。总之，价值链理论为跨境电子商务提供了战略规划和管理决策的框架，有助于企业在复杂多变的国际市场环境中保持竞争力。

1.1.2.9 跨文化交际

跨文化交际理论旨在解释和指导不同文化背景的人之间交流和互动的原则和模型。跨文化交际理论助力理解文化差异如何影响沟通方式、价值观、行为习惯和预期，并提供了改善跨文化交流的策略。跨文化交际理论主要包括霍夫斯泰德的文化维度理论、霍尔的高语境与低语境文化理论以及哈里斯和莫兰的跨文化沟通模型等。跨文化交际理论在跨境电子商务中扮演着关键角色，它帮助企业了解并适应不同国家和地区的文化特点，从而更有效地进行市场开拓、产品定位、广告宣传和客户服务。通过应用霍夫斯泰德的文化维度理论，电商公司能够识别目标市场的文化偏好。例如，在权力距离较大的国家，消费者可能更倾向于购买品牌产品；而在不确定性回避程度较低的文化中，消费者可能更愿意尝试新品牌和创新产品。霍尔的高语境与低语境文化理论也对电商有用。在高语境文化中，如中国和日本，消费者更注重非言语线索和关系建立，因此电商平台需要提供更为细致和个性化的服务。

1.1.3 跨境电子商务分类

随着全球化浪潮的不断推进，跨境电子商务已经成为连接世界各国经济的重要纽带。跨境电子商务可以根据不同的维度进行分类，如交易主体、商品类型、运营模式等，每种分类都反映了跨境电子商务市场的不同特点和发展趋势。

1.1.3.1 按照交易主体分类

1) 企业对企业（B2B）

跨境电子商务企业对企业（Business-to-Business，简称 B2B）模式是指企业与企业之间进行交易的模式。企业对企业（B2B）模式的基本原理是通过电子商务平台，将供应商和采购商连接起来，实现供需双方的交流和合作。在这个模式下，供应商可以将自己的产品信息、价格信息等上传到电商平台上，采购商可以通过平台搜索、筛选、比较不同供应商的产品，选择最合适的供应商进行交易。① 交易过程中，双方可以通过平台进行在线沟通、协商，并最终达成交易。企业对企业（B2B）模式中的交易一般为批量采购，涉及金额较大。交易对象通常是来自不同行业和领域的企业，交易对象的覆盖面非常广泛。为确保交易的效率和安全性，交易具备较为规范的交易流程和标准。

2) 企业对个人（B2C）

跨境电子商务企业对个人（Business-to-Consumer，简称 B2C）模式是企业直接面向国外消费者的电子商务交易形式，它通过在线平台将产品和服务销售给全球消费者，跨越了传统的地理界限。跨境电子商务企业对个人（B2C）模式的内容涵盖了多个方面，包括商品销售、物流运输、支付结算、售后服务等。跨境电子商务企业对个人（B2C）模式作为一种新兴的电子商务模式，具有一系列鲜明的特点。首先，它打破了地理界限，使企业能够直接触及全球消费者，实现全球化的市场覆盖。这种模式为企业提供了更广阔的销售渠道和更大的潜在客户群体，有助于提高品牌的国际知名度。跨境电子商务企业对个人（B2C）模式使企业能够直接与海外消费者进行交易，省去了传统的中间环节。这不仅提高了企业的利润空间，还使商品价格更具竞争力。消费者可以享受到更低的价格和更便捷的购物体验，这无疑增加了消

---

① 张夏恒. 跨境电子商务类型与运作模式 [J]. 中国流通经济，2017，31（1）：76-83.

费者的购买意愿。其次，跨境电子商务企业对个人（B2C）模式还支持销售各种类型的商品和服务，包括实体商品、数字产品、软件等。这为企业提供了更多的经营选择和灵活性，有助于满足不同消费者的需求。跨境电子商务企业对个人（B2C）模式也存在一些挑战。由于涉及跨国交易，物流配送的难度较大，且成本较高。此外，跨文化沟通也可能成为企业面临的难题。为了应对这些挑战，企业需要制定合适的策略和措施，如优化物流渠道、加强跨文化交流等。

3）个人对个人（C2C）

跨境电子商务个人对个人（Consumer-to-Consumer，简称C2C）模式是指消费者个人之间的电子商务交易，即个人卖家向其他国家的个人买家销售商品和服务。跨境电子商务个人对个人（C2C）模式的优势包括成本效益、商品多样性、便捷性等。个人对个人（C2C）平台上的商品种类繁多，买家可以找到来自世界各地的独特商品。消费者可以直接从海外购买商品，并通过直邮方式快速收到商品，省去了传统进口商或代理商的环节。然而，个人对个人（C2C）模式也存在一些挑战，如物流成本较高、交易安全性问题以及跨国交易中可能出现的法律和税务问题。为了应对这些挑战，许多个人对个人（C2C）平台都在不断完善自己的服务体系，提高交易的安全性和便利性。总之，跨境电子商务个人对个人（C2C）模式为全球消费者提供了一个购买和销售商品的平台，促进了国际贸易的发展，并为消费者带来了更多的选择和便利。

4）个人对企业（C2B）

跨境电子商务个人对企业（Consumer-to-Business，简称C2B）模式是一种以消费者需求为导向，由消费者（Consumer）向企业（Business）提出产品或服务要求，企业根据这些要求进行定制生产和交易的商业模式。这种模式的核心在于消费者对企业的产品和品牌具有影响力，他们的需求和反馈可以转化为企业的营销价值。个人对企业（C2B）模式在互联网经济时代变得日益重要，它改变了传统的生产者和消费者的关系，使消费者能够参与到产品的创造过程中，而企业和机构则负责满足这些定制化的需求。个人对企业（C2B）模式是一种较新的电商模式，它强调消费者对企业的影响，通过消费者的需求来驱动产品的生产和销售。

1.1.3.2　按照商品类型分类

1）实物商品

实物商品的跨境电子商务是指通过互联网平台进行的国际购买和销售活动，涉及实体商品的在线交易、电子支付结算以及跨国物流等环节。实物商品的跨境电子商务是一种现代国际贸易方式，它通过数字化手段简化了传统贸易流程，同时为消费者提供了更多样化的商品选择。随着全球电子商务的发展，实物商品的跨境电子商务将继续增长，并可能成为国际贸易的重要组成部分。实物商品的跨境电子商务流程涉及多个环节，每个环节都需要专业的服务和管理，以确保整个流程的顺利进行。

（1）商品信息展示：卖家在跨境电子商务平台上发布商品信息，包括商品描述、价格、图片等。这些信息需要清晰、准确，以便吸引海外买家。

（2）订单成交：买家在平台上浏览商品信息，进行比较和选择后，下单购买。订单成交后，买卖双方需要确认订单详情，如商品数量、价格、交货日期等。

（3）电子支付结算：买家通过电子支付方式付款给卖家。这可能涉及货币兑换问题，因为买家和卖家可能使用不同的货币。

（4）跨境物流：卖家将商品从本国仓库发货，通过国际物流公司运输到买家所在国家或地区。这个过程可能涉及出口报关、进口清关等环节。

（5）商品交付：物流公司将商品送达给买家，买家确认收货。如果商品在运输过程中出现问题，如破损、丢失等，买家可以向卖家或物流公司提出索赔。

（6）售后服务：卖家提供售后服务，如退换货、维修等。这有助于提升买家的购物体验，增加复购率。

2）数字商品与服务

数字商品与服务是指那些可以通过互联网进行传播、下载或在线使用的产品和服务。这些商品的存在形式主要是电子文件，如文本、音频、视频、软件等，它们可以通过网络进行传输和交付，无需实物载体。数字商品的购买和销售可以在线上平台进行，买家可以在全球范围内访问和使用这些商品。数字商品与服务跨境电子商务是指通过数字化平台进行的商品和服务的国际贸易活动。这种贸易形式主要依赖于互联网技术和数字化手段，使得服务或数字化产品能够跨越国界，在全球范围内进行交易或消费。数字商品与服务跨境电子商务是一种新兴的贸易模式，它利用数字化技术打破了传统贸易的地理限制，为全球消费者提供了更多样化的选择，同时也为企业开拓国际市场提供了新的机遇。随着数字化技术的不断进步，这种贸易形式将持续发展，成为国际贸易的重要组成部分。

数字商品与服务的跨境电子商务模式主要包括以下几种：

（1）企业对个人（B2C）模式：这是最常见的跨境电子商务模式，适用于个人或小型企业。卖家通过电商平台向海外消费者直接销售数字商品，如电子书、音乐、视频等。这种模式的优势在于操作简单、成本较低，但需要处理不同国家的版权和税收问题。

（2）企业对企业（B2B）模式：这种模式主要适用于大型企业或专业供应商。他们通过跨境电子商务平台向海外企业或组织提供数字服务或产品，如软件、数据库、在线教育等。这种模式的优势在于可以大规模销售，但需要更复杂的合同和支付结算系统。

（3）个人对个人（C2C）模式：个人之间通过跨境电子商务平台进行数字商品的交易，如设计作品、编程代码等。这种模式的优势在于可以满足个性化需求，但交易安全性和版权保护是需要注意的问题。

（4）API接口模式：这种模式主要适用于技术型企业，他们通过API接口将自家的数字服务或产品集成到其他平台或应用中，供海外用户使用。这种模式的优势在于可以快速扩大市场覆盖范围，但需要强大的技术支持和合作策略。

1.1.3.3　按照服务内容分类

1）信息服务平台

跨境电子商务市场信息提供平台包括阿里巴巴国际站（Alibaba.com）、FOBGOODS和中国制造网等。成立于1999年的阿里巴巴国际站（Alibaba.

com）是领先的跨境电子商务企业对企业（B2B）平台，覆盖 200 多个国家，海外采购商超 2600 万家，提供 RFQ 匹配、保交及外汇服务，构建全球买卖网络。FOBGOODS，作为新兴外贸平台，十分受商家欢迎，主做欧美、日、韩和中国的大型贸易，支持独立站免费引流。中国制造网，1998 年成立，总部位于南京，提供全流程信息服务，特别在机械领域表现突出。这些企业对企业（B2B）平台不仅信息丰富，还提供交易支持，助力国际贸易。随着技术进步，营销 SaaS 成为新工具，重心转向直播和短视频，以迎合买家偏好。

跨境电子商务的供应链管理平台是企业提升供应链效率、减少成本和优化流程的关键工具。例如，阿里巴巴（Alibaba）的跨境供应链平台利用大数据和云计算技术，为用户提供从支付到物流、报关退税及金融等全方位解决方案。全球速卖通（AliExpress）作为一个国际电商平台，不仅为消费者提供购物场所，也为商家带来物流、支付和客服等供应链管理服务。Shopify 通过其平台使商家能够建立和管理在线商店，并提供订单处理、库存管理和物流等工具。亚马逊（Amazon）除了作为一大零售平台，其 FBA 服务还帮助商家处理存储和配送问题。跨境电子商务供应链服务涵盖了从商品采购到运营协助的各个环节，助力零售商提高供应链管理能力和运营效率。

跨境电子商务客户关系管理（CRM）平台包括 Nextop、孚盟软件等。跨境电子商务 CRM 平台旨在帮助企业更有效地管理客户信息、提升客户服务质量、增强营销效果以及优化售后管理。Nextop 提供客户运营、售后管理和私域营销等功能，旨在全方位赋能跨境电子商务企业，帮助企业降低成本并提高效率。孚盟软件也是跨境电子商务行业中一个好用的 CRM 客户服务系统，它提供了一套完整的解决方案，以满足企业在客户关系管理方面的需求。一个好的 CRM 系统不仅能够帮助企业提高销售效率，还能够提升客户满意度和忠诚度，为企业的长期发展提供支持。

2）交易平台

跨境电子商务在线拍卖平台主要有亿贝（eBay）和全球速卖通（AliExpress）等。亿贝（eBay）以拍卖模式闻名，允许通过竞价方式提升商品曝光，且在拍卖末尾阶段将商品置顶，吸引买家竞购。这个多功能平台适合各类商品，从服饰到家具，再到古董和收藏品。全球速卖通（AliExpress），属于阿里巴巴集团（Alibaba Group），既支持定价销售，也提供拍卖选项，旨在帮助中小企业接触全球批发和零售市场。它涵盖众多行业，例如电子产品、服饰、家居装饰等，并利用支付宝的国际版本确保交易安全，同时使用全球物流服务实现国际配送。这些平台为跨境电子商务卖家提供了不同的销售渠道和策略，帮助他们扩大国际市场的影响力。

跨境在线批发平台如阿里巴巴国际站（Alibaba.com）、1688.com、全球资源网、中国制造网和敦煌网（DHgate），为国际贸易商家提供了丰富的产品资源和交易便利。阿里巴巴国际站（Alibaba.com）是全球知名的外贸 B2B 平台，拥有超 1.5 亿个的注册用户，每日发布约 30 万条的采购请求。隶属于同一集团的 1688.com，作为一个全球企业对企业（B2B）电商平台，向商家提供各类优质商品的批发服务。全球资源网提供多种语言服务，连接全球买家和亚洲供应商，满足不同地区的跨境电子商务需求。中国制造网主要针对中国制造的产品，为全球买家提供一个直连中国供应商的平台。敦煌网（DHgate）以小批量采购为主，适合中小型跨境电子商务企业。

跨境电子商务一站式购物平台包括亚马逊（Amazon）、虾皮（Shopee）、顺丰海淘、来赞达（Lazada）等。这些平台通过提供全面的服务和便捷的购物体验，满足了消费者对海外商品的需求。亚马逊（Amazon）提供了多样化的商品选择和高效的物流服务，是许多消费者进行海外购物的首选平台。虾皮（Shopee）是一个在亚洲地区非常受欢迎的跨境电子商务平台，以其低门槛和无语言障碍的特点吸引了大量卖家和买家。虾皮（Shopee）还提供了一站式的物流解决方案，帮助卖家解决跨境物流难题，并通过营销矩阵为卖家引流转化。顺丰海淘是一个为中国用户提供海外商品购物的平台，以其全程透明可追踪的物流系统和简易的购物流程而受到用户欢迎。来赞达（Lazada）作为东南亚地区的头部跨境电子商务平台，以其不随意罚款和不随意接受买家退款的政策，保护了卖家的权益。此外，还有一些其他的跨境电子商务平台，如 TESCO 在英国市场有很高的转化率和客单价，而小笨鸟跨境电子商务平台则提供全球贸易综合服务，帮助商家降低成本、提升买家满意度，并了解不同市场的动态。

3）物流服务平台

跨境电子商务物流服务平台主要包括 Alibaba.com Logistics、跨境好运、

SHOPLINE 物流以及第三方物流公司如京东物流（JD LOGISTICS）和亚马逊（Amazon）FBA 等。

阿里巴巴国际站物流（Alibaba. com Logistics）是专为跨境 B2B 中小企业设计的物流服务，提供全球多样化的运力资源、智能高效的产品体验以及全链路保障服务，帮助中小企业轻松进行全球运输。作为中国先进的一站式跨境卖家物流服务平台，跨境好运致力于为跨境电子商务卖家提供价格优惠、准时高效且全程保障的物流解决方案，平台上提供多种运输方案，包括 FBA头程、电商小包、国际快递、多式联运等，以及配套增值服务。SHOPLINE物流提供优质的跨境直邮服务且全程可视化，灵活的多式联运，定制化物流方案，以及国际知名快递服务资源，可追踪全球海外仓布局，旨在提升买家体验并解决商家运输难题。[①] 第三方物流公司如京东物流（JD LOGISTICS）、亚马逊（Amazon）FBA 等的跨境电子商务出口物流综合服务不同于跨境电子商务平台直营的物流。这些公司在政策支持下探索新业务模式，提供多元化、低成本、高时效的运力渠道。选择合适的跨境电子商务物流服务平台对于确保商品能够高效、安全地到达目的地至关重要。商家在选择时应该考虑平台的服务质量、运输时效、费用，以及是否提供全程跟踪和保障等因素。

1.1.3.4　按照地理区域分类

1）区域性平台

亚洲区域内的跨境电子商务平台涵盖了京东国际（JD Worldwide）、全球速卖通（AliExpress）、Gmarket、11 街（11Street）、虾皮（Shopee）和来赞达（Lazada）等。京东国际（JD Worldwide），作为中国规模庞大的电商平台之一，将其业务扩展至海外市场，在多个国家提供在线购物服务。而隶属于阿里巴巴（Alibaba）集团的全球速卖通（AliExpress），作为一个面向全球消费者的企业对个人（B2C）平台，尤其受到中国商家的欢迎，并已成为全球主要的英文在线零售网站之一。Gmarket 是韩国最大的电商平台，提供多种语言

---

① 孟亮，孟京. 我国跨境电子商务企业海外仓模式选择分析：基于消费品出口贸易视角 [J]. 中国流通经济，2017，31（6）：37-44.

服务，吸引了大量国内外消费者。11 街（11Street）是韩国的一个主流电商平台，提供多样化的商品和服务。虾皮（Shopee）在东南亚地区是非常受欢迎的电商平台，专注于电子 3C、服装时尚等细分市场。来赞达（Lazada）是东南亚地区的领先电商平台之一，同样专注于电子 3C、服装时尚等领域。这些平台各有特色，为不同国家和地区的消费者提供了丰富的商品选择和购物体验。

欧洲区域拥有多个知名的跨境电子商务平台，它们为全球消费者提供了多样化的购物选择。全球速卖通（AliExpress）作为中国的大型跨境电子商务平台，它以持续的增长位居榜首，为全球消费者提供了大量的商品选择。Etsy 是一个专注于手工艺品和复古商品的美国电商平台，在欧洲也有着广泛的用户基础。亚马逊（Amazon）是全球最大的电商平台之一，其在欧洲的影响力同样不容小觑，提供了丰富的商品和服务。作为老牌的电商平台，亿贝（eBay）在全球多个国家设有站点，提供拍卖和固定价格销售等多种交易方式。OLX 是一个总部位于荷兰的分类广告网站，用户可以在平台上买卖各种商品。Allegro 是波兰的综合电商平台，拥有大量的用户访问量。Zalando 是欧洲的一个时尚电商平台，提供多种时尚品牌的服饰和鞋类商品。

在美洲，跨境电子商务平台的选择相当多样化，其中一些主流平台如亚马逊（Amazon）在美洲地区尤其是北美市场占据了主导地位。它提供了广泛的商品种类和便捷的购物体验，是消费者和卖家的首选平台。亿贝（eBay）作为一个全球性的在线拍卖和购物网站，在美洲地区也非常受欢迎，它提供了一个多样化的市场，让消费者可以购买到各种新旧商品。Wish 商户平台以其独特的商业模式吸引了大量用户，它主要通过低价商品吸引消费者，尤其在移动购物方面表现突出。此外，还有一些其他值得关注的平台，如特来德福（Tradefull），它是一家美国本土电商大卖、多平台分销渠道，为多家美国本土电商及全球跨境电子商务提供官方服务。

2）全球性平台

主要的全球性跨境电子商务平台包括亚马逊（Amazon）、沃尔玛（Walmart）、家得宝（Home Depot）、阿里巴巴集团（Alibaba Group）、京东（JD. COM）和亿贝（eBay）等。关于亚马逊（Amazon）和亿贝（eBay）在此不再赘述。沃尔玛（Walmart）作为全球最大的零售商之一，其在线商店提供各种商品，包括时尚、爱好休闲以及电子产品等多个类别。家得宝（Home Depot）是美国最大的家居用品零售商之一，其在线平台也在全球市场上占有一席之地。阿里巴巴集团（Alibaba Group）旗下的电商平台如全球速卖通（AliExpress）等，为中国卖家提供了面向全球市场的销售渠道。京东（JD.COM）是中国的一家大型电子商务公司，近年来也在积极拓展国际市场。

1.1.3.5 特殊类型跨境电子商务

1）进口保税区

跨境电子商务进口保税区是一种海关特殊监管区域，用于存放跨境电子商务零售进口商品。跨境电子商务进口保税区的主要功能是为跨境电子商务企业提供一个集中存储商品的场所，企业可以将从海外采购的商品统一运输到国内的保税区仓库。当消费者在网上下单购买商品时，物流公司可以直接从保税区仓库中将商品配送给消费者。这种模式被称为网购保税进口模式。这种模式可提高物流效率，因商品已经存放在国内的保税区，可以快速响应消费者的订单需求，缩短配送时间。企业可以减少因频繁国际运输而产生的高昂物流成本，而消费者可以享受到更快速的物流配送服务，提升购物体验。

进口保税区的运作模式主要包括保税存储、展示和转关等环节。保税区允许货物在未缴纳进口税的情况下进行存储。这意味着，企业可以将商品存放在保税区内，直到需要缴纳关税并进入国内市场时才进行处理。在国际自由贸易区的展示运作模式下，保税区允许国外输华货物在该区域进行商品陈列，可以设立相应的展览场所，以便安装、演示及测试各类国际产品，促进产品的市场营销。直通式清关服务在口岸向海关申报转关手续，随后货物被运输到监管仓库。保税区海关对运输车辆进行检查并加锁后，货物便存入监管仓库。直通关代理随后向保税区海关提交转关申报表，以完成海关的转关核销程序。① 此外，对于境内供应商而言，向保税区企业出口货物被视为直接出口，因此区内企业在采购这些货物时不需要缴纳增值税。

---

① 李海莲，陈荣红. 跨境电子商务通关制度的国际比较及其完善路径研究 [J]. 国际商务：对外经济贸易大学学报，2015（3）：112-120.

2) 出口加工区

跨境电子商务出口加工区是专门为制造、加工和装配出口商品而设立的特殊区域。这个区域的主要目标是利用外资发展出口导向型工业，以此扩大对外贸易并开拓国际市场。① 它是国家或地区开辟的特殊区域，通常提供一系列优惠政策，如税收减免、简化的海关程序等，以吸引外国投资。在出口加工区内生产的产品全部或大部分供出口，这有助于提升本地产业的国际竞争力。根据产品的不同，出口加工区可以分为单类产品和多类产品出口加工区。政府通常会为出口加工区提供一系列支持政策，包括财政补贴、税收优惠等，以促进其发展和运营。跨境电子商务出口加工区是一个具有特定目标和功能的区域，旨在通过提供一系列优惠政策和支持措施，促进商品的生产和出口，进而推动外向型经济的发展。② 同时，这些区域也面临着一些挑战，需要不断的政策创新和管理优化来应对。

1.2 跨境电子商务商业模式

在数字化的时代，传统的贸易边界被打破，全球消费者足不出户便可享受到世界各地的产品和服务。跨境电子商务商业模式不仅为企业提供了新的增长点，也为消费者带来了前所未有的购物体验。

1.2.1 商业模式概念与评价系统

1.2.1.1 商业模式概念及要素

跨境电子商务的商业模式涉及使用电商平台进行国际商务交易，具体来说，跨境电子商务商业模式关键点包含交易主体、电子支付结算、跨境物流、税收政策等。跨境电子商务涉及的交易主体通常位于不同的国家或地区，他

---

① 马述忠，房超. 跨境电子商务与中国出口新增长：基于信息成本和规模经济的双重视角 [J]. 经济研究，2021，56（6）：159-176.
② 韦斐琼. "一带一路"战略红利下跨境电子商务发展对策 [J]. 中国流通经济，2017，31（3）：62-70.

们通过电商平台进行商品的买卖。交易过程中，买卖双方使用电子支付方式完成资金的转移和结算，这种方式快捷且安全。商品从卖家所在地通过物流运输到买家手中，这个过程可能涉及多个国家或地区的转运。跨境电子商务商业模式的要素主要包括以下方面。

电商平台。作为连接买家和卖家的中介，电子商务平台是进行跨境交易的主要场所。它不仅提供了一个展示和销售商品的平台，还提供了支付、物流、客户服务等一站式解决方案。

供应链管理。在跨境电子商务中，供应链管理是确保商品从生产到最终用户手中的关键环节。这包括生产计划、采购、运输、仓储、配送等多个环节的有效协调。

跨境支付。为了完成交易，跨境电子商务需要提供安全、高效的支付方式。这通常涉及外汇兑换、支付安全保障、支付便捷性等问题。

物流配送。商品从卖家到达买家的过程需要通过物流配送来完成。这可能涉及国内物流、国际物流、海关清关等环节。

关税和税收。跨境电子商务需要遵守相关国家和地区的关税和税收政策。这些政策可能会影响到商品的价格、销售量等。

市场营销。为了吸引和保留用户，跨境电子商务需要进行有效的市场营销。这包括产品推广、品牌建设、客户关系管理等。

客户服务与售后支持。为了提高用户满意度，跨境电子商务需要提供高质量的客户服务和售后支持。这可能涉及退换货、维修、咨询等多个环节。

数据分析与管理。通过数据分析，跨境电子商务可以更好地了解市场需求、用户行为、竞争对手等信息，从而制定更加精准的战略和决策。

法律法规遵守。跨境电子商务需要遵守相关国家和地区的法律法规，包括消费者权益保护、数据隐私保护等。

风险管理。在跨境电子商务过程中，可能会面临多种风险，如汇率波动、欺诈行为、供应链中断等。

1.2.1.2　商业模式评价系统

跨境电子商务商业模式评价系统是一种用于评估跨境电子商务商业模式

可行性、效率和盈利能力的工具。这个系统通常包括多个关键指标，如市场份额、销售增长、客户满意度、利润率等。通过收集和分析这些数据，企业可以了解其跨境电子商务模式的优势和不足，从而制定改进策略。

在当今全球化的经济环境中，跨境电子商务已经成为企业拓展国际市场的重要方式。为了确保其商业模式的有效性和可持续性，企业需要建立一个全面的评价系统来持续监控和评估其跨境电子商务活动的表现。这个评价系统应该包含一系列关键指标，它们共同构成了衡量跨境电子商务成功与否的标准。首先，经济指标是评价系统的基石。这包括营业收入、利润率、成本效益分析等，它们直接反映了企业的财务健康状况和盈利潜力。通过这些指标，企业可以了解其价格策略、成本控制和营销活动的有效性。其次，市场指标对于衡量企业在目标市场中的地位至关重要。市场份额、客户增长率以及品牌知名度等都是衡量市场接受度的重要参数。这些指标能够揭示企业的产品或服务是否符合市场需求，以及其在竞争环境中的表现。运营指标则关注企业内部流程的效率，如供应链管理、物流时效、库存周转等。高效的运营流程可以降低成本、提高客户满意度，并最终增强市场竞争力。客户满意度指标提供了用户反馈的视角，涉及产品质量、购物体验、售后服务等方面。这些直接来自消费者的反馈有助于企业及时调整产品特性和服务水平，以更好地满足市场需求。风险管理指标考量的是企业识别和应对潜在风险的能力，比如汇率波动、国际贸易壁垒、网络安全威胁等。一个健全的风险管理体系能够帮助企业规避意外损失，保障长期稳定发展。创新与技术指标强调的是企业持续创新的重要性，无论是新产品的研发、市场的开拓，还是新技术的应用，都是推动企业不断前进的动力。法律法规遵守指标确保企业的经营活动符合不同国家和地区的法律要求，这是企业可持续发展的基础，也是维护企业声誉的关键。最后，可持续发展指标着眼于企业在经济、社会和环境方面的综合影响。这包括对环保的投入、社会责任的履行等，反映了企业对全球可持续发展目标的贡献。

跨境电子商务商业模式评价系统是一个多元化、层次丰富的框架，它不仅帮助企业从各个角度监控业务表现，还为企业提供了改进的方向和依据。通过这样的评价系统，企业能够在激烈的国际竞争中保持竞争力，实现长期稳健的成长。

1.2.2　主要跨境电子商务商业模式

在这个互联网技术日新月异的时代，传统的地理和政治边界被打破，国际贸易的每一个环节都被重新定义。企业和消费者之间的交易不再受限于时空，跨境电子商务以其独有的魅力，正引领着一场全新的商业革命。然而，在这个充满机遇的领域中，企业如何选择合适的商业模式以适应不断变化的市场环境，是其面临的一大挑战。不同的商业模式有着不同的特点和适用范围，它们在物流、支付、税务、客户服务等方面都有着各自的优势和局限性。

1.2.2.1　企业对企业（B2B）

企业对企业（Business-to-Business，简称 B2B）模式是指企业与企业之间通过专用网络或互联网进行的数据信息交流、传递，以及开展交易活动的商业模式。这种模式通常涉及的是原材料或批量产品的供应链管理，企业服务，或者企业间的大型交易等。企业对企业（B2B）模式可以帮助企业提高效率，降低成本，并通过网络的快速反应为客户提供更好的服务。企业对企业（B2B）模式下，企业使用电子商务平台，这些平台提供了一个市场，让企业可以展示他们的产品和服务，同时买家也可以寻找供应商和比较价格。企业对企业（B2B）模式是现代商业活动中不可或缺的一部分，它通过数字化的方式促进了企业间的合作和交易，对全球贸易的发展起到了重要的推动作用。

在数字化时代，跨境电子商务企业对企业（B2B）模式为企业提供了前所未有的机遇。市场扩展是跨境电子商务企业对企业（B2B）模式带来的显著机遇之一。通过在线平台，企业可以轻松进入新的国际市场，接触到更广泛的潜在客户群体。这不仅为企业提供了更大的销售空间，也有助于企业实现多元化经营，降低对单一市场的依赖风险。成本降低是跨境电子商务企业对企业（B2B）模式的另一个重要机遇。数字化的交易流程简化了传统的中间环节，减少了人力和物力成本。同时，线上交易还降低了企业的库存压力和资金占用，提高了资金周转效率。数据分析能力的提升也是跨境电子商务企业对企业（B2B）模式的重要机遇。通过大数据和分析工具的应用，企业可以更深入地了解市场需求、客户行为和竞争态势。这些数据驱动的洞察有助于企业制定更精准的市场策略，优化产品和服务，提高客户满意度和忠诚度。技术进步是推动跨境电子商务企业对企业（B2B）模式发展的关键因素之一。区块链、人工智能等新技术的应用不仅提高了交易的安全性和透明度，还改善了客户体验。供应链优化是跨境电子商务企业对企业（B2B）模式的另一个机遇。通过跨境电子商务平台，企业可以构建更灵活、高效的供应链网络。这有助于企业快速响应市场变化，缩短产品上市时间，提高竞争力。定制化服务是满足客户需求的有效途径。跨境电子商务企业对企业（B2B）模式使得企业能够根据不同市场的需求提供定制化的产品和服务。

企业对企业（B2B）具有交易金额大、交易对象广泛、交易操作规范等特征。这是因为企业间的采购往往是批量的，涉及原材料、生产设备或者大量的成品等。企业对企业（B2B）模式中的交易对象通常是企业，这些企业可能来自不同的行业和领域，因此交易对象的覆盖面非常广泛。由于交易双方都是企业，通常会有一套较为规范的交易流程和标准，这有助于确保交易的效率和安全性。此外，企业对企业（B2B）电商平台的优势在于能够为企业提供一个集中的市场，使得企业能够更容易地找到供应商和买家，同时也便于比较价格和服务，从而降低采购成本和提高销售效率。然而，企业对企业（B2B）电商平台也面临一些难点，如建立信任、处理复杂的物流需求以及满足不同企业的定制化需求等。企业对企业（B2B）模式在现代商业活动中扮演着重要角色，其特点和优势使其成为企业间交易的重要方式。同时，随着技术的发展和市场的不断变化，企业对企业（B2B）电商平台也在不断地演进和创新，以适应新的市场需求和挑战。

跨境电子商务企业对企业（B2B）平台数量颇多，主要包括：

（1）阿里巴巴国际站（Alibaba.com）：全球最大的企业对企业（B2B）交易平台，业务覆盖200多个国家，提供多种语言服务，适合各种规模的企业进行国际贸易。

（2）中国制造网（Made-in-China）：中国领先的企业对企业（B2B）电商平台之一，专注于为全球买家提供中国制造的产品和供应商信息。

（3）环球资源（Global Sources）：提供来自亚洲各地的产品和供应商信息，深受国际认可和信赖的企业对企业（B2B）电商平台。

（4）敦煌网（DHgate）：跨境电子商务平台，为全球买家提供来自中国的商品，支持小批量采购。

（5）亿贝（eBay）：全球知名的在线交易平台，提供了一个企业对企业（B2B）市场，供企业买卖商品。

（6）伊西威威（ECVV）：这个平台致力于为全球采购商提供优质供应商产品信息，同时也为中国供应商提供外贸进出口全程服务，包括国际市场推广、交易保障、通关、保险、代理进口等。

（7）贸易钥匙（TradeKey）：以中东市场为主的企业对企业（B2B）电商平台，致力于为企业提供在线交易市场。

（8）托马斯网（ThomasNet）：专注于北美制造业的企业对企业（B2B）平台，为制造商和供应商提供一个展示产品和服务的平台。

（9）印度市场网（IndiaMART）：印度最大的企业对企业（B2B）电商平台，为全球买家提供了丰富的产品和供应商信息。

（10）费尔（Faire）：这个平台致力于为独立品牌和零售商提供一个无缝的全球购物体验。

（11）棒谷（Banggood）：这是一个来自中国的电子商务网站，为全球客户提供各种商品。

（12）兰亭集势（LightInTheBox）：这个平台为全球客户提供了各种来自中国的商品，包括服装、电子产品等。

（13）1688：作为阿里巴巴集团（Alibaba Group）的一部分，1688致力于为商家提供各类优质商品的批发服务。

（14）慧聪网海外版：慧聪网的海外版致力于为全球买家提供来自中国的产品和供应商信息。

（15）环球资源网：这是一个深受国际认可和信赖的企业对企业（B2B）电商平台，致力于促进全球贸易。

（16）EC21：这个平台致力于为全球企业提供电子商务服务，提供商业机会发布、搜索，公司、产品的搜索查询服务，还有相关国家的经济概况、投资环境等的介绍。

（17）印度出口商（Exporters India）：这是一个印度的企业对企业（B2B）平台，为全球买家提供了丰富的产品和供应商信息。

（18）EC广场（ECPlaza）：这个平台为全球企业提供了一个在线交易市场，帮助企业拓展国际市场。

（19）进出口平台（Import Export Plat Form）：这个平台致力于为全球企业提供电子商务服务，包括企业对企业（B2B）交易平台、供应链管理等。

这些平台各有特色，为企业提供了不同的服务和优势，如市场机会更广阔、费用和入驻条件各异等。企业在选择跨境电子商务企业对企业（B2B）平台时，应根据自身的产品类型、目标市场、预算等因素，综合考虑各平台的特点和服务，选择最适合自己需求的平台进行合作。

1.2.2.2　企业对个人（B2C）

跨境电子商务企业对个人（Business-to-Consumer，简称B2C）模式指的是企业通过互联网平台直接向海外消费者销售商品或提供服务的商业模式。这种模式使得企业能够直接面向全球消费者，消除了传统贸易中的多个中间环节，从而降低了成本并提高了效率。

随着全球化贸易的推进，跨境电子商务企业对个人（B2C）模式已成为企业拓展国际市场的重要方式。跨境电子商务企业对个人（B2C）模式的主要特征包括直接性、全球覆盖、交易便利性、产品多样性和市场成熟等。这些特征使得企业能够直接面向全球消费者销售商品或提供服务，扩大了销售渠道和利润空间。同时，消费者也能享受到更丰富的产品选择和更便捷的购物体验。此外，随着行业的发展，跨境电子商务企业对个人（B2C）模式还呈现出一些新的特点，例如交易量呈现小批量多批次的趋势，以及受到疫情和行业整体发展的影响，出现了一些新的业务模式和运营策略。这些变化要求企业不断创新和调整，以适应不断变化的市场环境。跨境电子商务企业对个人（B2C）模式为企业提供了一个直接接触和服务海外消费者的渠道，有助于企业扩大国际市场的影响力和竞争力。随着全球化贸易的发展，这一模式越来越受到企业的欢迎和应用。

跨境电子商务企业对个人（B2C）平台数量颇多，主要包括：

（1）亚马逊（Amazon）：全球最大的跨境电子商务平台之一，提供有数百万种商品，覆盖全球多个国家和地区。

（2）亿贝（eBay）：全球知名的在线拍卖和购物网站，允许个人和企业出售商品，覆盖全球多个国家和地区。

（3）全球速卖通（AliExpress）：阿里巴巴旗下的跨境电子商务平台，面向全球消费者提供各种商品，支持多种语言和货币。

（4）购物趣（Wish）：以消费者为中心的跨境电子商务平台，提供各种优惠商品，尤其是价格较低的商品。

（5）虾皮（Shopee）：东南亚地区的领先跨境电子商务平台，提供各种商品和服务，支持多种语言和货币。

（6）来赞达（Lazada）：东南亚地区的领先跨境电子商务平台，提供各种商品和服务，几乎涵盖了消费者的所有需求；支持多种语言和货币，为客户提供便捷的购物体验。

（7）Shopify：一种基于订阅的跨境电子商务平台，使企业能够建立自己的在线商店并销售商品。

（8）乐天（Rakuten）：日本的跨境电子商务平台，提供各种商品和服务，支持多种语言和货币。

（9）煤炉（Mercari）：日本的跨境电子商务平台，提供各种二手商品和新商品，支持多种语言和货币。

（10）Gmarket：韩国最大的跨境电子商务平台，提供各种商品和服务，支持多种语言和货币。

（11）11街（11street）：韩国主流的跨境电子商务平台，提供各种商品和服务，支持多种语言和货币。

（12）左拉（Zalora）：东南亚地区的领先时尚跨境电子商务平台，提供各种时尚商品和服务。

（13）飒拉（Zara）：全球知名的时尚品牌，通过自己的网站和跨境电子商务平台销售商品。

（14）海恩斯莫里斯（H&M）：全球知名的时尚品牌，通过自己的网站和跨境电子商务平台销售商品。

(15) 优衣库（Uniqlo）：全球知名的时尚品牌，通过自己的网站和跨境电子商务平台销售商品。

(16) 香蕉共和国（Banana Republic）：全球知名的时尚品牌，通过自己的网站和跨境电子商务平台销售商品。

这些平台各有特色，为企业提供了不同的服务和优势，如市场机会更广阔、费用和入驻条件各异等。

1.2.2.3　个人对个人（C2C）

跨境电子商务个人对个人（Consumer-to-Consumer，简称C2C）模式的核心在于个人经营者与个人消费者之间的商品交易或服务提供。这种模式通常依托于互联网平台和在线支付系统，使得跨国交易变得便捷。主要的跨境电子商务个人对个人（C2C）模式包括个人海外代购、个人跨境进口和个人海外直邮。个人海外代购，即消费者可以通过个人对个人（C2C）平台直接与海外代购者进行交易，从而购买到价格更优惠、质量更高的商品，同时避免了传统进口环节的烦琐和费用。个人海外直邮，即消费者可以直接从海外购买商品并直邮到自己手中，这种方式提供了更加方便和快捷的购物体验。个人对个人（C2C）模式的优势在于去除了中间环节，使得卖家能够以更优惠的价格出售商品，同时为消费者提供了更多的选择和便利。

随着经济全球化的不断推进，跨境电子商务个人对个人（C2C）模式凭借其便捷性、低成本和多元化购物选择等优势，逐渐成为国际贸易的新宠。这种模式通过互联网平台将全球各地的个人卖家和买家连接起来，去除了传统贸易中的多个中间环节，降低了交易成本，提高了效率。在个人对个人（C2C）模式下，个人创业者和小型企业可以更加便捷地参与到国际贸易中来。他们无需进行复杂的注册流程和高额的前期投资，就可以直接与海外消费者进行交易。这不仅为他们提供了更广阔的市场和更低的经营门槛，也为全球消费者带来了更多的选择和便利。此外，个人对个人（C2C）模式还为消费者提供了多元化的购物选择。通过个人对个人（C2C）平台，消费者可以接触到来自世界各地的商品，商品的种类增加了，商品的质量和性价比也提高了。同时，消费者还可以享受到直接邮寄服务，从海外购买的商品可以直接邮寄到自己手中，获得了更加方便和快捷的购物体验。总的来说，个人对个人（C2C）模式的兴起和发展反映了全球化贸易中消费者需求多样化和个性化的趋势。

　　跨境电子商务个人对个人（C2C）平台的兴起为全球消费者提供了一个购买和销售国际商品的便捷渠道。作为最早的电子商务平台之一，亿贝（eBay）允许个人用户在全球范围内买卖商品，是个人对个人（C2C）交易的代表性平台。淘宝国际隶属于阿里巴巴集团（Alibaba Group），它为中国卖家提供了一个向海外消费者销售商品的平台。京东全球购（JD Worldwide）作为京东（JD. COM）的跨境电子商务平台，同样为买家提供了丰富的商品选择，并且保证了商品的质量和快速配送。此外，还有一些平台如 Wish，它以低价商品为特色，与全球供应商建立了合作关系，为消费者提供了一系列价格亲民的国际商品。这些平台通过提供多语言支持和多样的支付方式，使得全球的买家能够轻松地浏览和购买各种产品，同时享受低廉的价格和全球配送服务。这种模式不仅满足了消费者的全球化购物需求，也为小型卖家提供了进入国际市场的机会。总的来说，跨境电子商务个人对个人（C2C）平台的发展，促进了全球贸易的便利化和多样化，为全球经济的发展注入了新的活力。

1.2.2.4　个人对企业（C2B）

　　跨境电子商务个人对企业（Consumer-to-Business，简称 C2B）模式是一种从消费者到企业的电子商务模式，它强调将消费者需求直接传达给供应商或制造商。这种模式的核心在于消费者通过互联网平台向企业提出个性化的产品和服务需求，企业根据这些需求进行定制生产，如众包设计、定制生产等。这样，消费者不再是被动接受产品，而是能够参与到产品的设计和生产过程中，实现个性化定制。

　　跨境电子商务个人对企业（C2B）模式的特征在于消费者主导、个性化定制和聚合消费力。在个人对企业（C2B）模式下，消费者的需求是整个交易的起点。他们通过平台提出自己的需求和偏好，企业根据这些信息来设计和生产产品。这种模式下，消费者从被动接受产品转变为主动参与到产品的设计和生产过程中。个人对企业（C2B）模式鼓励企业进行柔性化生产，以满足消费者的个性化需求。消费者可以根据自己的喜好定制产品，从而获得更加贴合个人需求的产品和服务。通过聚集大量消费者的需求，个人对企业（C2B）模式形成了一个强大的购买群体。这种方式提高了消费者的议价能力，使他们能够享受到类似批发商的价格优惠。此外，个人对企业（C2B）模式对企业而言，有助于减少库存积压和市场风险，因为生产是基于已有的消费者订单。这种模式也促进了生产和供应链的灵活性，使企业能够更快速地响应市场变化。

在全球电子商务领域中，个人对企业（C2B）跨境电子商务平台扮演着重要角色。其中，阿里巴巴集团（Alibaba Group）的全球速卖通（AliExpress）和亚马逊（Amazon）是两个主要的代表。全球速卖通（AliExpress）作为阿里巴巴集团的一个分支，面向全球市场，被许多卖家称为"国际版淘宝"。它为中小企业提供了一个向海外消费者展示和销售产品的窗口，同时也为消费者提供了一个购买来自世界各地商品的渠道。亚马逊（Amazon）作为电子商务领域的先驱，拥有庞大的客户群和流量优势。它的仓储物流系统非常强大，尤其是在北美、欧洲和日本地区。卖家通过亚马逊（Amazon）可以享受到统一的服务模式，包括产品打包、物流和退换货等服务。此外，还有一些新兴的平台如来赞达（Lazada）和虾皮（Shopee），这些平台可能更适合新手或者资源较少的卖家，因为它们通常有更低的门槛和更灵活的市场策略。每个平台都有自己的特点和目标市场，因此选择哪个平台进行跨境交易需要根据卖家自身的实际情况和目标来决定。

跨境电子商务个人对企业（C2B）模式是一种新兴的电子商务模式，它通过互联网技术将消费者的需求直接传达给企业，从而实现个性化定制和服务。这种模式不仅满足了消费者的个性化需求，也为企业带来了新的商机和挑战。

1.2.2.5　企业对企业对个人（B2B2C）

企业对企业对个人（Business-to-Business-to-Consumer，简称 B2B2C）模式是一个综合了企业对企业（B2B）和企业对个人（B2C）特征的商业模式，它构建了一个在线平台，将供应商和消费者连接起来，使得供应商（Business）能够直接向消费者（Consumer）销售产品或提供服务。在企业对企业对个人（B2B2C）模式中，企业不仅扮演了供应商的角色，还充当了零售商的角色。总的来说，跨境电子商务企业对企业对个人（B2B2C）模式为供应商提供了一个直接接触消费者的渠道，同时也为消费者带来了更多的商品选择和更好的购物体验。

跨境电子商务企业对企业对个人（B2B2C）模式的特点主要包括丰富的商品选择、中间环节的减少、统一的电商平台、灵活的市场策略和品牌影响力的提升等。丰富的商品选择，通过整合多个供应商的资源和产品，企业对企业对个人（B2B2C）平台能够提供更广泛的商品选择和品类覆盖，满足不同消费者的需求。直接面向消费者销售，减少了传统分销渠道中的多个环节，这样可以提高交易效率并降低成本。统一的电商平台，构建了一个整合各方资源的电商平台，实现了供应链的共赢，为消费者提供了一站式购物体验。灵活的市场策略，卖家可以根据自身情况灵活定价，进行市场营销和品牌推广，从而增加盈利空间。品牌影响力的提升，即跨境卖家通过企业对企业对个人（B2B2C）模式可以直接与消费者互动，建立品牌形象和口碑，提升品牌的国际影响力。此外，企业对企业对个人（B2B2C）模式还有助于跨境卖家以较低的成本进入新市场，通过合作伙伴拓展海外业务，同时更好地适应目标市场的文化、法规和消费习惯，降低市场风险。跨境电子商务企业对企业对个人（B2B2C）模式通过整合供应链资源，提供了一个高效、便捷的国际贸易平台，使得企业能够更好地适应全球化的市场环境。

企业对企业对个人（B2B2C）的主要平台包括阿里巴巴国际站（Alibaba.com）、全球速卖通（AliExpress）、亚马逊（Amazon）全球开店、亿贝（eBay）和购物趣（Wish）等。其中，阿里巴巴国际站（Alibaba.com）作为全球最大的跨境电子商务企业对企业（B2B）平台之一，成立于 1999 年，是阿里巴巴集团（Alibaba Group）的第一个业务板块。该平台覆盖 200 多个国家，拥有超过 2600 万的海外活跃采购商，提供 RFQ 商机匹配、担保交易、外贸收汇等服务，是一个知名的 B2B 出口平台。全球速卖通（AliExpress）隶属于阿里巴巴集团（Alibaba Group），面向全球消费者，支持多种语言和货币，提供各种商品，是一个消费者导向的购物平台。亚马逊（Amazon）全球开店，是亚马逊（Amazon）的 B2B2C 平台，允许企业通过亚马逊（Amazon）向全球消费者销售商品，利用亚马逊（Amazon）的强大物流和客户群体优势，帮助卖家在全球范围内开拓业务。亿贝（eBay）是全球知名的在线拍卖和购物网站，允许个人和企业出售商品，覆盖全球多个国家和地区，适合各种规模的卖家。Wish 是以消费者为中心的购物平台，提供各种优惠商品，尤其是价格较低的商品，吸引了全球范围内的消费者。这些平台汇集了众多品牌商、供应商和零售商，为消费者提供了丰富的商品选择，并根据市场需求引入更多优质商品。采用一站式购物模式，简化了传统的购物流程，使得消费者能够更加方便快捷地完成购买。这些平台通常覆盖全球多个国家和地区，为商家提供了广阔的国际市场，同时也为消费者带来了更多的选择。

1.2.2.6 移动商务（M-Commerce）

移动商务（M-Commerce）指通过移动设备，比如智能手机、电脑等进行的跨境电子商务活动。移动商务（M-Commerce）正日益成为一个重要的电子商务发展趋势。它不仅提高了购物的便捷性，还扩大了消费者的选择范围，使得购买国际商品变得更加简单快捷。跨境电子商务移动商务（M-Commerce）是传统跨境电子商务在移动设备上的延伸，它利用移动网络的便利性和普及性，为消费者提供了更为灵活和即时的购物体验。

跨境电子商务平台中，亚马逊（Amazon）、天猫国际（Tmall Global）、洋码头、考拉海购以及蜜芽等都支持移动商务（M-Commerce）。这些平台通过提供移动端的应用程序或优化的移动网页，让消费者能够通过智能手机或平板电脑进行便捷的跨境购物。亚马逊（Amazon）作为全球知名的电商平台，不仅提供了强大的 PC 端购物体验，其移动应用也使得用户能够随时随地进行购物和订单管理。天猫国际（Tmall Global）隶属于阿里巴巴集团（Alibaba Group），它为消费者提供了一个购买国际商品的平台，并通过移动端应用增强了用户的购物便利性。洋码头专注于海外商品的代购服务，其移动应用同样支持用户轻松购买海外商品。考拉海购作为阿里巴巴旗下的跨境电子商务平台，提供了丰富的海外商品选择，其移动端的体验也在不断优化中。蜜芽是一个专注于母婴产品的跨境电子商务平台，其移动端应用为用户提供了方便快捷的购物渠道。这些平台的移动应用不仅提供了与网页版相同的商品浏览和购买功能，还针对移动端用户的特点进行了优化，如更简洁的用户界面设计和更快捷的支付流程，以满足用户随时随地购物的需求。随着移动互联网技术的发展，跨境电子商务移动商务（M-Commerce）的应用将会更加广泛，为消费者带来更加便捷的跨境购物体验。

1.2.2.7　社交电商（Social Commerce）

社交电商是一种结合了社交媒体和电子商务功能的商业模式，它利用社交网络平台或电商平台的社交功能来促进商品的购买和销售。社交电商的核心在于通过社交网络中的互动和分享来激发消费者的购买行为。这种模式不仅包括传统的电子商务交易，还融入了社交元素，如关注、分享、讨论和沟通等，以此来增强用户的购物体验和促进销售。社交电商的特点包括基于人际关系网络、内容驱动、互动性强和发现式购物等。基于人际关系网络，即社交电商依赖于用户之间的社交关系，通过朋友、家人或意见领袖的推荐来影响购买决策。内容驱动，即用户生成的内容（UGC）在社交电商中扮演重要角色，好的用户评价和分享可以有效提升商品的信任度和吸引力。社交电商平台通常具有更强的互动性，用户可以通过评论、点赞、转发等方式参与到商品的推广中。与传统电商的"搜索式"购物不同，社交电商更倾向于"发现式"购物，用户可能在浏览社交内容时偶然发现感兴趣的商品，从而产生购买行为。

脸书（Facebook）、照片墙（Instagram）、抖音（TikTok）、油管（You-Tube）、推特（Twitter）、色拉布（Snapchat）和品趣（Pinterest）等社交媒体平台都可以被视为社交电商平台。这些平台通过整合社交互动与在线购物体验，使得用户可以在社交的同时进行商品购买。作为全球最大的社交媒体平台之一，脸书（Facebook）不仅提供了丰富的社交功能，还允许商家在平台上开设店铺，直接销售产品。照片墙（Instagram）隶属于脸书（Facebook），以其强大的图片和视频分享功能吸引了大量用户，同时也支持商家通过帖子和故事进行商品推广和销售。作为一个以短视频为主的平台，抖音

（TikTok）在年青一代中尤其受欢迎，它也开始引入电商功能，允许创作者和品牌通过视频内容推广商品。油管（YouTube）虽然主要是一个视频分享平台，但也提供了商品销售的功能，创作者可以在视频下方添加商品链接，引导观众进行购买。虽然推特（Twitter）的电商功能不如其他平台发达，但它仍然允许用户通过推文分享商品信息，并使用相关的电商工具进行销售。色拉布（Snapchat）也在尝试结合社交与电商，推出了一些购物功能，让用户可以在应用内完成购买。品趣（Pinterest）作为一个以图片收藏和分享为主的平台，也推出了购物、广告等功能，帮助商家推广商品。此外，跨境电子商务还可以通过这些社交平台触及更广泛的国际市场，尤其是年青一代消费者。社交媒体的互动性和影响力有助于提升品牌的知名度和信任度，从而促进销售。然而，不同平台的用户群体和营销策略各有不同，因此商家需要根据目标市场和客户特点选择合适的平台进行投资和运营。

1.2.2.8　线上对线下（O2O）

　　跨境电子商务线上对线下（Online-to-Offline，简称O2O）模式是一种结合了线上电商与线下实体门店的商业模式，旨在提供无缝购物体验并拓宽销售渠道。它允许消费者在网上进行商品筛选和支付，随后在物理店面中完成商品的实体验证和体验过程。这一模式不仅满足了消费者对个性化购物模式的追求，而且通过节省时间的方式为消费者提供了极大的便利性。对于参与跨境电子商务的卖家而言，通过该平台，卖家得以利用线下实体店或合作伙伴的店铺，向顾客展示产品，从而增强消费者对产品的信任感及购买意愿。此外，这种模式也优化了跨境仓储与配送流程。卖家可以将货物存储于平台的仓库中，实现快速高效的跨境配送服务。这不仅显著缩短了客户等待商品的时间，提升了客户满意度，同时也有助于降低物流成本。

　　阿里巴巴（Alibaba）、考拉海购和京东国际（JD Worldwide）都是采用线上对线下（O2O）模式的领先平台。阿里巴巴（Alibaba）通过其广泛的在线交易服务，结合线下资源整合，为全球消费者和企业客户提供了一系列全面的跨境电子商务解决方案。考拉海购则聚焦于海外商品的直邮服务，覆盖母婴用品、家居装饰、数码电子等多个品类，借助线上商城与实体体验店的融合，营造出一体化的线上对线下（O2O）购物环境。而京东国际（JD World-wide）利用其电子商务平台及线下店铺网络，提供了一种创新的购物模式，顾客可以在实体店内亲身体验产品，然后在线上平台完成购买，享受流畅的跨境购物体验。这些平台都以各自独特的方式，将线上电商的便捷性与线下体验的实在感相结合。此外，这些平台通常具备强大的数据分析和用户画像能力，能够根据消费者的偏好和需求信息，提供个性化的产品推荐和服务。而且，线上对线下（O2O）模式的成功实施，得益于互联网技术的发展，以及消费者对于购物便利性和体验性需求的增加。随着全球电商市场的不断扩大，跨境电子商务线上对线下（O2O）模式有望在未来获得更广泛的应用和发展。

1.2.2.9　直接到个人（D2C）

跨境电子商务直接到个人（Direct-to-Consumer，简称 D2C）模式的核心是制造商或品牌直接面向消费者销售产品，绕过传统的中间商如分销商和零售商。这种模式使得品牌能够更直接地与消费者沟通，更好地控制产品的营销、定价和客户体验。跨境电子商务直接到个人（D2C）模式的兴起得益于互联网技术的发展，特别是社交媒体和电子商务平台的普及，使得品牌能够通过线上渠道直接触达消费者。跨境电子商务直接到个人（D2C）模式由于省去了中间环节，品牌可以保留更多的利润，拥有更高的利润空间。品牌可以直接管理消费者的购买体验，从而更好地塑造和维护品牌形象，拥有更好的品牌形象控制，同时可以更容易地收集消费者的反馈，快速响应市场变化，拥有更直接的消费者反馈。通过直接与消费者互动，品牌可以建立更紧密的消费者关系，提高客户忠诚度。跨境电子商务直接到个人（D2C）模式适合那些希望直接控制品牌体验、提高利润率并快速响应消费者需求的企业。随着消费者购物习惯的变化和数字技术的发展，跨境电子商务直接到个人（D2C）模式正变得越来越流行。

跨境电子商务直接到个人（D2C）商业模式涉及的平台有瓦尔比派克（Warby Parker）、欧布斯（Allbirds）、格罗斯沃（Glossier）、埃韦兰斯（Ever-lane）和哈里斯（Harry's）等。瓦尔比派克（Warby Parker）眼镜公司通过线上销售和线下实体店的结合，直接向消费者销售眼镜，改变了传统的眼镜销售模式。欧布斯（Allbirds）鞋履品牌通过自己的网站和实体店销售产品，强调可持续材料和简约设计。格罗斯沃（Glossier）化妆品品牌起初是通过社交媒体与消费者互动，后来发展出自己的线上商城和实体店铺。埃韦兰斯（Everlane）以透明的定价策略和高品质的服装著称，通过自建的线上平台和实体店销售产品。哈里斯（Harry's）提供个性化剃须刀订阅服务，通过线上渠道和实体店直接向消费者销售产品。这些品牌通常利用社交媒体、自有的电子商务平台和实体店等多种渠道与消费者建立紧密的联系，从而实现了品牌的快速增长和市场份额的扩大。

1.3 跨境电子商务发展

随着全球经济一体化加深，跨境电子商务作为新兴贸易形式，在国际商贸领域占据重要地位。跨境电子商务自诞生之初便携带着打破传统贸易界限的使命，利用先进的信息技术，成功实现了商品和服务的全球流通。

1.3.1 跨境电子商务发展历程

跨境电子商务的兴起时间可以追溯到 20 世纪 90 年代中后期，当时随着互联网技术的普及和国际贸易的增加，跨境电子商务开始出现并逐渐发展起来。跨境电子商务的兴起可以归因于经济全球化和互联网技术的快速发展，以及消费者对国外商品和服务日益增长的需求。经济全球化使得世界各地的市场更加紧密地联系在一起，商品和服务的跨国流通变得更加便捷。互联网技术的飞速发展极大地促进了信息的流通和交流，使得消费者能够更容易地获取国外的商品信息，并通过网络进行购买。电商平台和支付系统的技术革新极大地促进了跨境电子商务交易的便利性和安全性。随着经济增长和生活品质的提升，消费者对于商品和服务的需求逐渐变得更为多元和定制化。他们渴望突破本地市场的限制，追求包括国际特色商品与高质量服务在内的更广泛选择。这种日益增长的消费需求，成为推动跨境电子商务扩展的强劲引擎。政府的政策扶持也是促进跨境电子商务繁荣发展的关键因素。世界各地的许多国家及地区实施了旨在激励跨境电子商务成长的各种政策和措施，例如简化清关流程、减免关税等，这些举措为跨境电子商务营造了一个优越的发展氛围。跨境电子商务的兴起是多种因素共同作用的结果，它不仅改变了传统的购物方式，也为商家提供了新的营销渠道和增长机会。随着技术的进步和市场的不断扩大，跨境电子商务的未来发展前景将更加广阔。

　　跨境电子商务的兴起和发展可以分为起步阶段、发展阶段、繁荣阶段、调整阶段和新发展阶段。起步阶段大约从 20 世纪 90 年代开始，当时主要是一些国际企业通过互联网开展国际贸易。21 世纪头十年中期，跨境电子商务进入了一个快速发展的阶段，各国政府和企业开始重视跨境电子商务的发展。2010 年代中期，跨境电子商务进入了繁荣阶段，主要表现为跨境电子商务交易规模和行业参与者的不断增加。2018 年起，跨境电子商务行业开始进入了调整阶段，主要表现为国家政策调整、贸易保护主义的兴起、跨境电子商务平台的经营风险增加等。2020 年新冠疫情的暴发，跨境电子商务进入新发展阶段，促进了全球跨境电子商务的发展，许多传统企业开始转向跨境电子商务领域。①

　　总的来说，跨境电子商务的发展历程是一个不断适应市场需求和技术变化的过程，它为全球消费者提供了更多样化的商品和服务选择，同时也为企业开拓国际市场提供了新的机遇。随着技术的进步和经济全球化的深入，跨境电子商务的未来仍然充满潜力和挑战。

1.3.2　跨境电子商务发展现状

　　中国跨境电子商务市场近年来呈现出蓬勃的发展态势，已成为推动外贸增长和创新的新引擎。随着网络技术的广泛普及和国际贸易的日益全球化，越来越多的中国企业开始利用跨境电子商务平台来开辟海外市场，迎合全球消费者多变的购物需求。在市场规模方面，中国的跨境电子商务交易量持续增长，中国在全球跨境电子商务舞台上占据核心地位。在企业地理分布方面，

---

① 马述忠，潘钢健. 从跨境电子商务到全球数字贸易：新冠肺炎疫情全球大流行下的再审视 [J]. 湖北大学学报：哲学社会科学版，2020，47（5）：119-132，169.

中国的跨境电子商务企业主要集中在经济发达地区，尤其是"北上广深杭"这些城市。这些地区的企业不仅在国内市场占有率高，而且在全球电商市场中也占据了重要位置。此外，中国政府对跨境电子商务的支持力度也在不断加强。政府推出了诸多促进跨境电子商务发展的政策，比如简化清关流程、降低进口关税等措施，从而为电商业务的蓬勃发展营造了一个优越的环境。随着技术的进步和市场的不断扩大，预计未来几年中国跨境电子商务将继续保持增长势头，并在全球电商市场中发挥更加重要的作用。

1.3.3 跨境电子商务发展瓶颈

跨境电子商务发展迅速，但也面临一些瓶颈和挑战。物流成本高是一个重要的瓶颈。跨境物流涉及国际运输、仓储、配送等多个环节，费用较高且效率相对较低。[①] 由于货物需要经过海关检查，可能会延误时间，影响用户体验。支付安全难题也是跨境电子商务面临的一个挑战。跨境支付涉及货币兑换、资金安全等问题，需要解决各种支付风险和技术难题。此外，文化差异也是一个不容忽视的瓶颈。不同国家和地区有不同的文化背景和消费习惯，跨境电子商务需要克服语言障碍和文化差异，提供本地化的服务和产品。[②] 另外，法律法规限制以及税收问题也是跨境电子商务发展中需要面对的挑战。跨境电子商务涉及关税、增值税等多种税收问题，需要解决税收征管和合规问题。这些瓶颈和挑战制约了跨境电子商务的发展，但同时也为相关企业提供了机遇。通过加强技术创新、优化物流体系、加强与当地政府的合作等方式，可以逐步克服这些挑战，推动跨境电子商务行业的持续发展。

1.3.4 跨境电子商务发展趋势

随着全球化的深入发展和互联网技术的进步，跨境电子商务已经成为连接不同国家和文化的重要桥梁。从早期的电子邮件订单到如今的移动应用购物，跨境电子商务经历了巨大的变革，并且在未来仍然面临着许多新的发展

---

① 庞燕. 跨境电子商务环境下国际物流模式研究 [J]. 中国流通经济，2015, 29（10）：15-20.
② 吕雪晴，周梅华. 我国跨境电子商务平台发展存在的问题与路径 [J]. 经济纵横，2016（3）：81-85.

趋势，总的趋势为多元化与创新的融合之路。

（1）技术创新的推动力。

技术的进步是推动跨境电子商务发展的关键因素之一。人工智能、大数据、云计算等技术的应用，使跨境电子商务能够提供更加精准的用户画像和个性化推荐。例如，通过用户的浏览和购买历史，电商平台可以智能推荐商品，提高转化率。此外，区块链技术的引入能够提高交易的透明度和安全性，减少欺诈行为的发生。

（2）物流体系的优化。

物流服务是跨境电子商务的关键组成部分，而在未来的发展中，物流系统将更加重视提升效率与控制成本之间的平衡。利用先进的智能化仓储管理系统和自动化分拣技术，可以显著加快物流处理速度。此外，对无人机配送、自动驾驶车辆等创新物流手段的研究与应用，预示着跨境电子商务物流体系即将迎来变革性的突破。

（3）支付方式的多样化。

随着金融科技领域不断进步，跨境电子商务的支付途径正变得更加多元化。数字货币、移动支付和生物识别技术等新兴支付手段的涌现，不但给消费者提供了更广泛的选项，也为跨境电子商务行业带来了新的增长潜力。

（4）本地化服务的重视。

为了满足不同市场的需求，跨境电子商务需要提供更加本地化的服务。这包括了解当地文化、习惯和消费特点，以及提供本地化的营销策略和客户服务。例如，通过与当地的社交媒体合作，可以更好地进行品牌推广和用户互动。

（5）品牌建设的加强。

在竞争激烈的市场环境中，品牌建设将成为跨境电子商务企业的核心竞争力之一。通过提供高质量的产品和服务、加强品牌营销和推广等措施，可以提升品牌形象和忠诚度，从而使品牌在市场中脱颖而出。

（6）可持续发展的追求。

可持续发展已经成为全球性的议题，跨境电子商务也不例外。未来的跨境电子商务将更加注重环保和社会责任，推动绿色物流和环保包装等可持续发展措施。这不仅有助于企业树立良好的社会形象，也符合消费者的期待和需求。

　　跨境电子商务的未来将走上一条融合创新技术、优化用户体验、强化本地化服务和注重可持续发展的多元化发展道路。在这个过程中，跨境电子商务企业需要不断创新、适应市场变化、加强与政府的合作等，以应对未来的挑战和机遇。①

　　① 孙琪. 我国跨境电子商务发展现状与前景分析［J］. 商业经济研究，2020（1）：113-115.

第 2 章

跨境电子商务人才需求

2.1 跨境电子商务行业概述

作为现代经济全球化和互联网技术的结合产物，跨境电子商务已经成为推动国际贸易、促进全球资源优化配置的重要力量。随着互联网的普及和信息技术的不断进步，传统的国界限制逐渐被打破，商品和服务的交易活动越来越多地跨越国界进行。在这一背景下，跨境电子商务以其独特的优势迅速发展，不仅改变了传统贸易模式，也对消费者行为、企业经营策略以及政府监管政策产生了深远的影响。

2.1.1 跨境电子商务行业背景

2.1.1.1 跨境电子商务行业特征

跨境电子商务（Cross-border E-commerce）指的是通过电子商务平台进行的跨国界的商品和服务交易，是全球经济一体化与互联网技术进步的结果。它借助电商平台，实现了商品和服务的国际交流和贸易，故跨境电子商务行业拥有全球性、无形性和即时性等特点。跨境电子商务独有的特征，使得跨境电子商务行业的特征显著。跨境电子商务行业在当今经济全球化的背景下，展现出了一系列独特的行业特色。首先，该行业拥有一个全球化的市场，使得企业能够跨越国界，直接接触到世界各地的消费者，这不仅拓宽了企业的市场边界，还增加了潜在消费者的数量。然而，随之而来的是一系列复杂的法律法规问题，企业必须精通并遵守各个国家不同的税收政策、海关规定和知识产权法律，以确保合规经营。跨境电子商务涉及的是多元文化的交流，这要求企业在营销策略和与客户沟通中考虑到来自不同文化背景的消费者需求和偏好。这种文化的多样性也为产品的国际化推广带来了挑战与机遇。其次，由于全球经济形势和政策导向的不断变化，跨境电子商务的市场环境也在持续变动，从而要求企业具备灵活适应变化的敏锐度和能力。技术的进步是跨境电子商务行业得以迅速发展的重要驱动力。从电子商务平台的构建、电子支付系统的集成到大数据分析的应用，技术的支持对于企业的运营至关重要。同时，国际物流带来的物流与供应链管理挑战也不容小觑，商品的仓储、配送和清关等环节的复杂性考验着企业的协调和解决问题的能力。在客户服务方面，跨境电子商务需要提供更加个性化和多样化的服务来满足不同国家消费者的特定需求。支付方式的多元化也是该行业的一大特色，企业须支持多种支付解决方案以适应不同国家的支付习惯。市场竞争的激烈程度不断增加，企业不仅要与来自本国的竞争对手抢占市场份额，还要与来自全球的企业分羹夺食。最后，消费者行为的不稳定性增加了市场分析和预测的复杂度，这要求企业具备更高层次的市场洞察力和战略规划能力。综上所述，跨境电子商务行业的独特特色既体现了其广阔的发展潜力，也反映了参与者需要面对的多重挑战。想在这个行业中获得成功，不仅需要对市场的深刻理解，还需要不断创新和强化自身的竞争力。跨境电子商务是一个快速发展的行业，它通过互联网平台实现了商品和服务的跨国交易，具有全球性、无形性和即时性等特点。随着技术的进步和全球化的深入，跨境电子商务将继续扩大其市场规模和影响力。

2.1.1.2 跨境电子商务行业发展

跨境电子商务的产生与互联网的普及和电子商务平台的崛起紧密相关。随着互联网技术的不断演进，全球范围内的信息交流已变得更为迅速和方便，这为不同国家之间的商品和服务交易提供了新的途径。同时，消费者对于海外商品的需求不断增长，这也促进了跨境电子商务的发展。此外，支付技术、物流服务和客户服务等支持性技术的进步，也为跨境电子商务的兴起提供了必要的基础设施。

全球跨境电子商务市场近年来展现出了前所未有的繁荣景象，市场规模不断扩大，参与主体日益增多，已经成为促进全球贸易增长的关键动力。全球跨境电子商务市场正在不断扩张，尤其是亚洲、欧洲和北美地区，成为全球跨境电子商务主导力量。中国作为全球最大的跨境电子商务市场之一，其市场规模已经占据了全球市场份额的相当一部分。全球跨境电子商务参与主体不断增多。除传统电商平台和品牌商家外，越来越多的中小企业和个人也开始参与到跨境电子商务领域中，通过平台或自建网站开展跨境交易。这些新兴的跨境电子商务参与者不仅为市场注入了新的活力，也推动了全球跨境电子商务市场的多元化发展。他们通过不断创新、优化产品和服务，满足了消费者对于品质、价格和体验的多样化需求。全球跨境电子商务市场的基础设施不断完善。随着物流、支付、技术等各方面的发展，全球跨境电子商务的交易流程变得更加便捷高效。例如，国际物流服务的不断优化使得货物能够更快地运达目的地；支付方式的多样化和安全性的提升为跨境交易提供了更多选择和保障；技术的不断创新也为跨境电子商务提供了更多的发展机遇，如区块链、人工智能等新技术的应用正在改变跨境电子商务的运营模式和商业模式。这些新技术的应用不仅提高了交易效率和安全性，还为消费者提供了更加个性化和便捷的购物体验。全球跨境电子商务市场的潜力仍然巨大。尽管已经取得了显著的发展成果，但全球跨境电子商务市场仍然面临着诸多挑战和机遇。

全球跨境电子商务市场的蓬勃发展得益于多方面因素的共同推动。互联网和电子商务平台的广泛普及为消费者提供了前所未有的购物便利，极大地拓宽了他们的购物视野，使得购买国际商品变得触手可及。同时，支付技术的创新，例如支付宝、PayPal 等第三方支付平台的普及，大大简化了跨境交易的支付流程，降低了交易门槛。此外，物流运输服务的持续优化也不可忽视，它确保了商品能够迅速且安全地送达消费者手中，极大提升了用户的满意度和忠诚度。政策层面的支持同样起到了关键作用，许多国家出台了一系列优惠政策，包括税收减免、报关流程简化等，为跨境电子商务企业营造了良好的经营环境。^① 消费者需求的变化亦是一个重要因素，随着经济全球化趋势的加深，消费者对于海外品牌和产品的兴趣日益浓厚，这直接推动了跨境电子商务市场的扩张。技术创新如区块链和人工智能的应用，提高了交易的透明度和效率，进一步促进了市场的健康成长。这些因素交织在一起，共同塑造了当下全球跨境电子商务市场的繁荣景象，并为其未来的持续增长奠定了坚实的基础。

2.1.2 全球跨境电子商务市场分析

跨境电子商务的全球化趋势是当今世界经济中最为显著的发展之一。随着全球互联网的普及和电子商务技术的进步，越来越多的企业和消费者开始跨越国界进行在线交易。这一趋势不仅改变了传统的国际贸易模式，也促进了全球市场的整合和创新。

2.1.2.1 美国与加拿大市场

美国与加拿大在全球跨境电子商务行业中扮演着至关重要的角色。作为世界上最大的两个经济体之一，美国拥有庞大而成熟的在线零售市场，这是全球跨境电子商务交易的主要推动力之一。其先进的技术基础设施、广泛的互联网覆盖以及消费者的高购买力，使其成为国际卖家拓展业务的关键目的地。同时，美国的创新环境和对新商业模式的开放态度，为跨境电子商务的发展提供了肥沃的土壤。紧邻美国的加拿大虽然在市场规模上小于美国，但其消费者对外国商品和服务的需求同样旺盛。加拿大的市场特点包括高度国际化的消费者群体、强劲的经济增长以及对跨境购物的广泛接受度。这些因素共同推动了加拿大在全球跨境电子商务领域中的重要地位，使其成为不可忽视的市场。两国均拥有完善的物流和配送网络，为国际运输和货物流通提供了便利。此外，它们在知识产权保护、数据安全和消费者权益方面的严格法规，为跨境电子商务提供了稳定可靠的营商环境。总体而言，美国和加拿大不仅是全球最大的跨境电子商务市场之一，也是全球电商创新和发展的重

---

① 韦斐琼. "一带一路"战略红利下跨境电子商务发展对策 [J]. 中国流通经济, 2017, 31 (3)：62-70.

要标杆。

在美国和加拿大市场区域内，使用较多的跨境电子商务平台包括亚马逊（Amazon）、亿贝（eBay）、沃尔玛（Walmart）以及新兴的拼多多的海外版（Temu）和希音（SHEIN）。亚马逊（Amazon）在美国和加拿大都拥有强大的市场地位，是最受欢迎的电商平台之一。它不仅服务于本土消费者，也吸引了大量的国际卖家，包括来自中国的卖家。亚马逊（Amazon）的物流和支付服务体系完善，提供了良好的用户体验。亿贝（eBay）作为全球知名的在线拍卖和购物网站，在美国和加拿大同样占有一席之地。它为个人和小型商家提供了一个平台，使他们能够轻松地将商品销售给全球买家。沃尔玛（Walmart）虽然以实体零售著称，但沃尔玛的在线商城也在逐渐扩展，特别是在美国，它开始提供更多针对跨境购物的服务，增加了与亚马逊（Amazon）的竞争。拼多多的海外版（Temu）是拼多多在海外市场推出的跨境电子商务平台，最开始在美国上线，并迅速扩张到全球多个国家和地区。拼多多的海外版（Temu）以低价策略吸引用户，短时间内实现了用户数的高速增长。希音（SHEIN）是成立于 2008 年的中国跨境电子商务巨头，主要经营快时尚商品，已经进入美国市场多年，并取得了显著的成功。希音（SHEIN）同样采用低价销售策略，深耕海外市场。这些平台在美国和加拿大的市场地位各有千秋，但共同点在于它们都为跨境卖家提供了进入北美市场的渠道，并且都在不断地扩大自己的市场份额。

美国是世界第二大电子商务市场，这一庞大的市场规模吸引了众多跨境卖家的关注。美国的消费者对商品的需求日益多样化，这要求跨境卖家能够提供广泛的产品种类以满足不同消费者的需求。由于已经是一个成熟的市场，美国电商市场在疫情之后依然保持了增长态势。这种增长不仅体现在市场规模的扩大，也反映在消费者对电子商务模式的依赖上。在美国线上消费中，时尚类产品特别受欢迎，成为热门的销售类目。这表明服装、配饰等时尚相关商品在美国跨境电子商务市场中有较大的潜力。美国在技术创新和基础设施建设方面具有优势，这为跨境电子商务的发展提供了良好的支持。例如，高效的物流系统和支付结算体系为跨境电子商务交易提供了便利。由于市场规模大且成熟，美国跨境电子商务市场的竞争非常激烈。新进入者需要有明确的市场定位和竞争策略，才能在市场中站稳脚跟。美国的法律法规相对复杂，跨境卖家在进行市场拓展时需要遵守相关的法律法规，如数据保护、消费者权益保护等。

加拿大的跨境电子商务市场不但庞大，其消费者也对海外购物展现出了高度的接受度。此外，多样化的电子商务平台和其作为贸易强国的地位，都为跨境电子商务带来了众多机会。加拿大人常用的网购平台包括亚马逊加拿大（Amazon Canada）、新蛋加拿大（Newegg Canada）、沃尔玛（Walmart）、百思买（Best Buy）等。这些平台的多样性为跨境卖家提供了多种选择，可以根据不同的市场需求和产品特性选择合适的平台进行销售。加拿大是一个世界知名的贸易大国，在进口数据排行榜上，美国和中国分别位居前两位。这反映了加拿大在全球贸易中的重要地位，以及其对外贸易的开放性和活跃性。加拿大的消费者非常重视高标准的销售服务和优质的售后支持。因此，对于跨境电子商务来说，提供高效的客户服务和良好的售后体验是赢得加拿大消费者信任和满意的关键。

2.1.2.2 欧洲市场

跨境电子商务在欧洲的市场范围广泛，包括英国、德国、法国、意大利、西班牙、波兰、荷兰、比利时、瑞典和芬兰在内，跨境电子商务已经拓展至多个国家。在英国、德国、波兰、荷兰等国家，跨境电子商务的发展尤为迅速。在欧洲的跨境电子商务版图中，德国、法国和英国凭借其成熟的市场环境和技术优势，占据了发展的前列。德国以其先进的物流系统和技术创新引领电商潮流；法国则在零售和支付领域迅速崛起，消费者对电子支付和网购的热情高涨；而英国则有着广泛的电商平台使用习惯，亚马逊（Amazon）在英国的影响力尤为显著。与此同时，比利时虽然在全球电商指数中排名相对落后，但近年来疫情的影响促使其电商市场加速成熟。荷兰作为欧洲电商发展的先驱，其基础设施和服务的完善为其他国家树立了标杆。波兰的 Allegro 平台在当地市场占据主导地位，成为该国电商活动的核心。北欧国家如丹麦和挪威，虽然面积不大，但在人均电商消费方面却位居欧洲前列，显示出这些国家消费者的电商活跃度非常高。爱尔兰、捷克、卢森堡和瑞典虽然国土面积较小，但在贡献电商平台总收入方面却占有一席之地，显示出它们在跨境电子商务方面的潜力与实力。欧洲国家在跨境电子商务领域各有所长，无论是市场规模、消费者习惯还是电商平台的竞争实力等因素，都深刻影响着它们在全球电商领域的地位。

　　在欧洲，使用较多的跨境电子商务平台包括亚马逊（Amazon）、亿贝（eBay）和全球速卖通（AliExpress）等。亚马逊（Amazon）是欧洲最领先的电子商务平台之一，自 1998 年起先后在德国和英国推出服务，并继续在法国、意大利、西班牙、荷兰及波兰等国开设了分站。亚马逊（Amazon）在欧洲的站点为当地消费者提供了种类繁多的商品和方便的购物体验，同时为国际卖家提供了一个强大的销售渠道。亿贝（eBay）作为全球知名的在线拍卖和购物网站，在欧洲也拥有重要的市场地位。它允许个人和小型商家在平台上销售商品，为消费者提供了多样化的购物选择。Allegro 是波兰最大的电商平台，它在本地市场占据主导地位，并且在不断扩大其在欧洲市场的业务范围。Allegro 的成功得益于其对本地市场的深刻理解和优秀的客户服务。工业集市（IndustryStock）是一个专注于工业企业对企业（B2B）平台的欧洲电商网站，提供多语言展示和关键词精准优化服务，主要致力于工业产品的推广和销售。这些平台通过提供不同的产品和服务，满足了欧洲消费者的多样化需求。

　　跨境电子商务在欧洲发展迅速，由于各种原因，不同国家使用的跨境电子商务平台有一定差异。在英国和意大利，亚马逊（Amazon）和亿贝（eBay）是被广泛使用的跨境电子商务平台，主要出售的商品包括电子产品、图书、家居用品等。此外，ASOS 是英国著名的电子商务平台，聚焦于时尚和美容产品。而在法国，Cdiscount 作为当地最大的跨境电子商务平台，隶属于该国顶尖零售集团之一的佳喜乐集团（Casino Group）。Cdiscount 类似于一个在线批发商场，主要提供电子产品、家居园艺用品以及时尚美容等商品。Zalando 是一个来自德国的电商平台，在德国以及意大利、法国、荷兰、波兰等国家都有一定的影响力，主要出售的商品为时尚和美妆产品。除了亚马逊（Amazon）和亿贝（eBay），Bol. com 在荷兰电商市场中也占据重要位置，其销售的主要商品包括图书、玩具和电子产品等。而 Allegro 作为波兰最大的电商平台，主要提供的商品涵盖了电子商品、家居与园艺用品以及时尚和美妆产品等。

欧洲跨境电子商务市场区别于其他地区的主要特征体现在其高度的互联网渗透率、多元化的市场结构以及东欧地区经济的快速增长。随着数字化的加速和消费者行为的变化，欧洲跨境电子商务市场正在迎来新的发展方向。受疫情影响，线上购物已成为欧洲消费者的新常态，这一趋势预计将继续推动电商市场的整体增长。为了适应不同国家和地区消费者的需求，电商平台正在提供更多本地化的服务，包括支付方式、语言支持和物流服务等。同时，环境可持续性、移动购物的增长以及多渠道营销也将成为电商平台发展的重要方向。此外，人工智能和大数据的应用将有助于电商平台提高效率并增强竞争力。然而，监管环境的变化也给电商平台带来了新的挑战。因此，电商平台需要不断创新和调整策略，以满足消费者的需求并应对市场的变革。总体而言，欧洲跨境电子商务市场的未来前景看好，但同时也面临着激烈的竞争和不断变化的挑战。

2.1.2.3 亚洲市场

跨境电子商务在亚洲的市场范围广泛，涵盖了多个国家和地区。在东南亚地区，电子商务市场在印度尼西亚、越南、泰国、马来西亚和新加坡等国家迅速增长，其中印尼以其庞大的市场规模领先于其他东南亚国家。菲律宾虽然起步较晚，但正迎头赶上，展现出巨大的成长潜力。东亚地区的中国、日本和韩国则因其成熟的电商基础设施和强大的消费能力，在全球电商中占据举足轻重的位置。特别是中国，以其庞大的市场规模和创新能力引领着全球电商的发展潮流。而在南亚地区，印度的电商市场同样不容小觑，其巨大的人口基数和逐渐完善的互联网基础设施为电商的发展提供了肥沃的土壤。

亚洲的跨境电子商务市场在不同国家有着不同的发展情况且各有特点。中国作为全球最大的电商市场之一，跨境电子商务发展迅速。中国政府实施了众多旨在促进跨境电子商务发展的政策和措施，例如建立跨境电子商务综合试验区、改进海关监管等。这些措施极大地促进了跨境电子商务的增长，导致中国的跨境电子商务交易量不断攀升。同时，阿里巴巴（Alibaba）、京东

（JD. COM）等大型电商平台也在积极拓展其跨境电子商务业务。日本的跨境电子商务市场相对成熟，拥有高度发达的电商基础设施和完善的物流体系。日本的消费者对海外商品有较高的接受度，尤其是在时尚、化妆品等领域。日本政府也实施了若干政策以支持跨境电子商务的成长，例如简化报关流程、降低关税等，以促进跨境电子商务的增长。韩国的跨境电子商务市场同样较为发达，互联网用户人数多，消费能力强。韩国的电商平台和品牌商通过跨境电子商务平台向全球销售商品，同时也吸引了大量的海外品牌进入韩国市场。韩国政府也在积极推动跨境电子商务的发展，例如推出"无纸化通关"等措施来简化跨境电子商务的流程。印度的电商市场规模正在快速增长，其拥有庞大的互联网用户基数和良好的人口结构。印度的电商市场规模虽然与其他发达国家相比较小，但增长速度非常快。印度政府也在积极推动电商行业的发展，例如推出数字印度计划以提高互联网普及率、改善物流基础设施等。这些措施为印度的跨境电子商务发展提供了有利条件。东南亚地区的跨境电子商务市场非常活跃。随着互联网的普及和年轻人口的增加，东南亚地区的消费者日益偏好使用跨境电子商务平台来购买国外商品。虾皮（Shopee）和来赞达（Lazada）等跨境电子商务平台在东南亚地区非常受欢迎，为当地消费者提供了大量的海外商品选择。综上所述，亚洲各国在跨境电子商务领域都有着积极的发展前景和巨大的潜力。各国政府和电商平台都在采取措施推动跨境电子商务的发展，以满足消费者对海外商品的需求并促进经济增长。

在亚洲，跨境电子商务平台蓬勃发展，消费者可以借助这些平台，购买到来自世界各地的产品。在中国，阿里巴巴集团（Alibaba Group）的天猫国际（Tmall Global）和淘宝全球购是广受欢迎的平台，主要销售服饰、电子产品、家居用品及化妆品等多样化商品；京东全球购（JD Worldwide）以电子产品、母婴产品、美妆个护及食品保健为主；小红书则以其独特的社区特色主打美妆、时尚和生活方式类产品。韩国的 Gmarket 和库庞（Coupang）是当地知名的电商平台，前者提供从时尚服饰到家电、食品等广泛商品，后者则是个综合性电商平台，商品种类丰富。伊丝黛尔（YesStyle）则专注于时尚服饰和配饰的跨境销售。日本市场中，乐天株式会社（Rakuten）和走走城

(Zozotown) 分别以其广泛的商品范围和专注于时尚服饰的产品线受到消费者的欢迎。亚马逊 (Amazon) 日本则提供了图书、电子产品、日用品等多种类商品。

在印度，Flipkart、快购 (Snapdeal) 和亚马逊印度是三个主要的电商平台，它们都提供电子产品、服装、珠宝和家居装饰等多样化的产品。东南亚地区则有来赞达 (Lazada) 和虾皮 (Shopee) 两大电商平台，它们在马来西亚、泰国、新加坡、印度尼西亚、越南和菲律宾等国家都有业务，出售的商品包括电子产品、服装、家居用品等。越南的蒂姬 (Tiki) 和森多 (Sendo) 以及泰国的 aCommerce 和尚泰集团 (Central Group) 的 Central Online 都在本土市场占有一席之地，提供电子产品、服装、化妆品等产品。马来西亚的 PG Mall 和 Lelong 是本土开发的综合性电商平台，销售电子产品、时尚服饰、母婴产品等。这些平台不仅为消费者提供了方便快捷的购物渠道，也促进了不同国家和地区之间的贸易往来。随着电商技术的不断进步和物流服务的完善，亚洲的跨境电子商务市场预计将继续发展壮大。

亚洲跨境电子商务市场区别于其他地区的主要特征在于其庞大的市场规模、强大的消费者购买力、相对较低的电商渗透率和跨境电子商务的发展迅猛。这些趋势表明亚洲市场对跨境电子商务平台而言，是一个关键的增长领域，同时也意味着这些市场具有独特的挑战和机遇。

2.1.2.4　大洋洲及其他地区市场

大洋洲跨境电子商务市场较为发达的国家主要有澳大利亚和新西兰。在大洋洲地区，澳大利亚因其庞大的市场规模、高互联网普及率以及成熟的网购习惯而成为跨境电子商务的重要市场。澳大利亚的经济规模和消费者购买力也为跨境电子商务的发展提供了良好的基础。澳大利亚的电商市场不仅对本地企业来说是一个机遇，也吸引了许多国际电商企业的关注。新西兰的跨境电子商务市场虽然相对于澳大利亚较小，但近年来发展迅速。新西兰的市场特点包括快速增长的电商渗透率和对高质量产品的需求。新西兰消费者愿意通过跨境网络零售渠道从海外购买产品，跨境电子商务市场不仅为海外华人提供了便利的购物渠道，同时也为中国卖家提供了进入新西兰市场的机会。

在大洋洲，澳大利亚与新西兰领跑着跨境电子商务市场。作为全球知名的跨境电子商务平台，亚马逊（Amazon）在澳大利亚提供各种产品，包括电子产品、书籍、家用商品、时尚服饰等。亿贝（eBay）是澳大利亚另一个广受欢迎的国际在线拍卖和购物网站，它允许个人和企业卖家在平台上销售新品或二手商品，主要产品类别包括电子产品、汽车、时尚、家居园艺等。科根（Kogan）是一家澳大利亚的电商公司，以直销模式出售电子产品、家用电器、健身器材等。Trade Me 是新西兰最大的跨境电子商务平台，其运营模式与亿贝（eBay）类似，提供各种商品的买卖服务，包括家居用品、电子产品、汽车、服装等。虽然亚马逊（Amazon）在新西兰的市场不如在澳大利亚那样大，但通过其国际平台，新西兰消费者仍能购买到来自世界各地的产品，如音乐、软件、电子产品等。仓库（The Warehouse）是新西兰的大型零售商，提供广泛的产品选择，从家庭用品、电器到运动和户外设备等。这些平台通常提供多种支付方式，并能够跟踪订单状态，确保消费者在海外购物时的安全与便利。随着技术的发展和全球化贸易的推进，预计这些平台的市场份额将继续增长。

墨西哥和巴西是拉丁美洲跨境电子商务市场的两大领头羊。墨西哥的美客多（MercadoLibre）作为广受欢迎的跨境电子商务平台之一，提供各种产品，包括电子产品、家居用品、时尚服饰等。此外，亚马逊（Amazon）也在墨西哥市场占有一席之地。这些平台通常提供广泛的商品种类，如电子产品、家居用品、时尚服饰、美容和个人护理产品、书籍、玩具、运动器材等。墨西哥的电商市场增长速度迅速，互联网普及率较高，大多数消费者可以访问互联网，并且超过半数的互联网用户更倾向于在线购物。随着移动互联网的普及和使用时长的增加，预计在线购物将继续增长，并进一步推动电商市场的发展。巴西的 Americanas.com 和 Extra.com.br 是两个主要的电商平台，它们销售的产品范围广泛，从消费电子到个人护理产品都有涉及。亚马逊（Amazon）亦在巴西的电子商务界占据了一定的地位。这些在线平台涵盖了从电子技术产品、流行服饰、家庭装饰物品、美容及个人护理用品，到书籍、玩具和体育装备等多种商品。巴西的网络零售市场呈现出显著的增长趋势，得益于较高的互联网普及水平，使得大多数民众都能通过网络进行购物，且线上购物已成为超过半数网民的首选方式。随着移动网络使用时间的增加，通过手机购物的时间也随之上升，这一趋势不断地促进着电子商务在市场中的深入渗透。

在中东阿联酋，中午网（Noon）和亚马逊（Amazon）是两个领先的电商平台。中午网（Noon）提供了广泛的产品选择，包括电子产品、时尚、美容、家居和婴儿用品等。Souq.com 是沙特阿拉伯的一个主要电商平台，它销售的产品包括电子产品、服装、鞋类、家居装饰等。Takealot.com 是南非的一个主要电商平台，它提供了包括电子产品、书籍、玩具、运动器材等多种商品。卓米亚（Jumia）作为尼日利亚的领先电子商务平台，提供了广泛的商品种类，涵盖时尚服饰、电子产品、家用电器、图书等多个领域。

2.2　跨境电子商务市场趋势与人才需求

在当今全球化的经济环境中，跨境电子商务迅速崛起，成为推动国际贸易和消费市场发展的重要力量。然而，随着市场的不断扩大和竞争的加剧，跨境电子商务对相关人才的需求也在不断升级。企业亟需一支能够适应数字化转型、精通国际市场营销、熟悉全球供应链管理的专业团队，以把握市场脉搏，实现可持续发展。在这一背景下，了解跨境电子商务市场的最新趋势和人才需求成为行业内外关注的焦点。

2.2.1　跨境电子商务人才背景

跨境电子商务人才指具备国际贸易、电子商务、外语沟通等知识和技能的专业人才。他们能够在全球范围内进行商品或服务的交易，熟悉国际物流、支付方式、税收政策等跨境交易环节，并能够运用电子商务平台进行跨境销售和推广。跨境电子商务人才是推动企业国际化发展的重要力量，也是促进全球经济一体化的关键因素之一。

跨境电子商务涉及多个环节和复杂的操作流程，因此要求从业者具备全面的知识和技能。由于交易涉及跨国界，语言和文化的差异也增加了交易的复杂性。此外，国际市场的不断变化和技术进步也要求跨境电子商务人才不断学习和适应新的情况，以保持竞争力。跨境电子商务人才需拥有全面的能力和特质，以应对复杂的国际贸易环境。首先，他们需要了解国际贸易的基本原理、操作流程和相关法律法规，以便处理跨境交易中的各种事务。其次，熟悉各种跨境电子商务平台的使用，包括商品上架、营销推广、订单管理和客户服务等，是他们必备的技能之一。此外，掌握至少一门外语（通常是英语）也是必要的，这样才能与国际客户进行有效沟通，处理订单和售后服务等问题。同时，他们还需要具备市场分析能力，掌握不同国家和地区的消费者行为、文化多样性以及市场需求。在供应链管理方面，了解国际物流、仓储和配送的基本流程，能够协调供应链各环节，确保货物高效、安全地运达目的地也是必不可少的能力。跨文化交际能力也是非常重要的一项特质，即能够理解并尊重不同文化的价值观和商业习惯，有效地与来自不同文化背景的人士合作。此外，识别和评估跨境交易中可能出现的风险，如汇率波动、贸易壁垒等，并采取措施进行规避或管理的能力也是跨境电子商务人才需要具备的。在面对挑战和问题时，他们需要有创新思维和解决问题的能力，能够灵活思考并提出有效的解决方案。最后，适应不断变化的技术环境，如区块链、人工智能等新技术在跨境电子商务中的应用也是他们需要关注和学习的方向。总之，跨境电子商务人才需要具备多方面的能力和特质，以应对复杂多变的国际市场需求。

　　跨境电子商务领域人才主要来源于国际贸易、电子商务、市场营销和外语等专业。其中，国际贸易专业是培育跨境电子商务专才的关键学科之一。该专业的课程设置涵盖了国际贸易的基本理论、操作流程和相关法律法规，使学生能够全面了解国际贸易的各个环节和规则，为处理跨境交易中的各种事务提供必要的知识储备。电子商务专业也是培养跨境电子商务人才的重要专业之一。该专业的课程设置涵盖了电商平台的操作和管理、网络营销、电子支付等方面的内容，使学生能够熟悉各种跨境电子商务平台的使用，并掌握电商运营的核心技能。市场营销专业也可以为学生提供跨境电子商务方面的知识和技能。该专业的课程设置涵盖了市场调研、营销策划、品牌管理等方面的内容，使学生能够对目标市场进行深入分析，并制定相应的营销策略，以推动企业的国际化发展。此外，外语专业也是培养跨境电子商务人才的重要专业之一。该专业的课程设置涵盖了英语、日语、法语等多种语言的学习，使学生能够掌握至少一门外语（通常是英语），与国际客户进行有效沟通，处理订单和售后服务等问题。综上所述，国际贸易、电子商务、市场营销和外语等专业是培养跨境电子商务人才的主要专业。这些专业的课程设置和实践教学能够为学生提供全面的跨境电子商务知识和技能，为他们未来从事跨境电子商务工作打下坚实的基础。

跨境电子商务人才在多元化的职业路径上拥有广泛的选择，他们可以担任多种岗位，以满足行业发展的不同需求。作为跨境电子商务运营人员，他们需负责店铺的日常管理，包括商品的上架、营销活动的策划与执行以及订单的处理等关键任务。在海外市场调研方面，他们通过各种信息渠道对海外市场进行深入分析，为企业的产品策略和市场扩展提供数据支持。跨境物流专员则专注于国际物流的协调工作，确保货物能够高效且安全地到达目的地。此外，客户服务代表是企业与国际客户沟通的桥梁，他们主要处理订单问题和售后服务，致力于提升顾客满意度。供应链管理师则着重于优化供应链流程，以减少成本并增强整体效率。风险控制专员的角色在于识别潜在风险，如汇率波动或贸易壁垒，并采取措施以规避这些风险。产品经理需要根据市场趋势规划新产品，同时市场营销专员致力于制定有效的市场推广策略，以增强品牌的市场影响力。数据分析师通过对业务数据的深入分析为决策层提供必要的数据依据。最后，跨境电子商务平台开发人员专注于平台的构建和维护，不断提升用户体验和交易流程的效率。这些岗位要求从业者不仅要具备专业的知识和技能，还要能够适应复杂多变的国际环境，展现出卓越的综合能力。

2.2.2 跨境电子商务人才缺口

随着互联网技术的飞速发展和全球贸易壁垒的逐步降低，越来越多的企业和消费者选择跨境电子商务。然而，这一趋势的背后隐藏着一个不容忽视的问题——跨境电子商务人才的短缺。这不仅是一个地域性的问题，更是一个全球性的挑战。全球跨境电子商务领域的人才短缺是一个复杂的现象，主要原因在于教育体系与行业需求之间的不匹配。首先，许多国家和地区的教育体系更新滞后，教育机构的课程设置往往无法及时反映市场的最新需求，没有及时地将跨境电子商务的相关知识和技能纳入课程中，导致即便是受过相关教育的求职者也难以满足企业对实战经验和具体技能的具体要求。其次，跨境电子商务行业的快速扩张使得对专业人才的需求激增，而人才的培养却需要较长的周期，造成了供不应求的局面。同时，跨境电子商务涉及多个学科领域，从国际贸易法规到电子商务操作，再到物流管理和数据分析，要求从业者具备跨学科的综合能力，而这类复合型人才相对稀缺。再次，地域差异也是造成人才短缺的一个因素，部分地区可能缺乏适宜的教育资源和培训机会，这加剧了当地人才的紧缺状况。最后，行业内部的激烈竞争同样不容忽视，众多企业对于经验丰富的专业人才的争夺，使得人才市场更加紧张。综上所述，要解决全球跨境电子商务人才短缺的问题，需要教育界、企业界和政府等多方面的合作与努力，深入理解未来行业发展趋势，做好长远规划。

当前跨境电子商务领域正面临人才紧缺的局面，尤其是在关键岗位上。诸如跨境电子商务运营管理人员、海外市场调研员、跨境物流专员、客户服务代表和供应链管理师等职位，都是企业亟需填补的空缺。这些岗位不仅要求相关人员具备相应的专业知识和技能，还需要能够适应不断变化的国际环境并展现出优秀的综合能力。例如，跨境电子商务运营管理人员需要熟悉电商平台的运作机制，掌握商品上架、营销推广、订单处理等技能；海外市场调研员则需具备敏锐的市场洞察力，能够通过各种渠道收集和分析情报，为企业的战略决策提供支持。在物流方面，跨境物流专员要能高效协调国际物流、仓储和配送环节，确保货物安全及时到达。而在客户服务方面，代表们需要与国际客户进行有效沟通，处理各类订单和售后问题，以维护良好的客户关系。供应链管理师则负责优化整个供应链流程，降低成本，提升效率。风险控制专员、产品经理、市场营销专员、数据分析师以及跨境电子商务平台开发人员等也是企业迫切需要的关键人才。他们分别在风险评估、产品开发、市场推广、数据分析和技术支撑等方面发挥着重要作用。随着跨境电子商务行业的不断发展和竞争的加剧，对于这些岗位的专业能力和综合素质要求也日益提高，解决人才缺口的挑战变得尤为迫切。

2.2.3 跨境电子商务人才要求

企业和消费者越来越依赖于线上平台进行国际交易，这不仅促进了商品和服务的全球流通，也为跨境电子商务行业的发展带来前所未有的机遇。然而，这一领域的快速扩张同时带来了对专业人才的迫切需求。

2.2.3.1 关键岗位能力要求

1) 电商平台运营岗位

跨境电子商务平台运营的定义涉及通过电子商务平台进行的国际商业活动，其核心目的是管理和优化跨境商品销售的全过程，以实现销量增长和品牌建设。跨境电子商务平台运营岗位的工作内容主要包括商品上架与信息管理，例如挑选适合跨境销售的商品，创建和优化产品列表，包括撰写详细的产品描述、选择合适的关键词以及上传高质量的产品图片；价格策略与促销计划，例如根据市场调研和成本分析制定商品的定价策略，规划促销活动，如打折、买赠、限时优惠等，以吸引消费者并刺激购买；店铺视觉设计与优化，例如设计店铺界面，包括布局、色彩、字体等元素，确保店铺形象专业且吸引人，同时不断优化店铺以提高转化率；营销活动执行与管理，例如策划并执行各类营销活动，参与平台的大型促销活动，如"双11""黑五"等，并跟踪活动效果，调整策略；数据分析与报告，例如定期收集和分析销售数据、流量数据、广告投放效果等，利用数据分析工具制作报告，为决策提供数据支持；客户服务与售后支持，例如解答顾客咨询，处理订单问题，协调售后服务，维护良好的客户关系，提高复购率。①

跨境电子商务平台运营岗位的从业人员需要具备全面的国际贸易知识，这包括对贸易术语、支付方式、进出口流程以及海关规定的深刻理解。同时，他们必须熟悉不同电商平台的规则和操作流程，以确保在亚马逊（Amazon）、亿贝（eBay）、阿里巴巴国际站（Alibaba.com）等平台上高效运作。此外，掌握市场营销的基本原理和策略对于运营人员来说至关重要，他们需要了解

---

① 苏曼. 跨境电子商务专业人才胜任素质模型研究 [J]. 高等工程教育研究, 2016 (3): 170-174.

市场细分、目标市场的选择、产品定位和品牌建设等关键概念。熟练使用网络营销工具如搜索引擎优化（SEO）、搜索引擎营销（SEM）、社交媒体营销、电子邮件营销和内容营销也是他们必须精通的技能。数据分析是另一个核心领域，运营人员需要使用谷歌分析（Google Analytics）等工具来分析销售数据、用户行为和流量来源，以便作出明智的业务决策。供应链和物流知识也不可或缺，包括对国际物流流程、运输方式、仓储管理和订单处理的理解。提供优质的客户服务是成功的跨境电子商务运营不可或缺的一部分，因此，运营人员需要具备出色的客户服务理念和沟通技巧。同时，对国际贸易法律法规的遵守，特别是对知识产权保护、税务法规和进出口限制的了解，是确保企业合规经营的基础。多语言和跨文化交际能力也是必要的，至少熟练掌握英语，并能够适应各种市场的文化差异与消费者需求。最后，熟练运用信息技术，包括企业资源计划（ERP）系统、客户关系管理（CRM）系统和数据分析软件，将提高运营效率并支持业务的全球化发展。随着跨境电子商务行业的不断演进，这些知识和技能的更新和扩展是持续成功的关键。

2）市场营销与推广岗位

跨境电子商务市场营销与推广是指在全球范围内，通过电子商务平台进行的市场营销和品牌推广活动。跨境电子商务市场营销与推广的核心在于利用互联网的全球覆盖特性，通过各种在线渠道和策略，如搜索引擎优化、社交媒体营销、内容营销、电子邮件营销、联盟营销等，来接触和影响潜在的国际客户。跨境电子商务市场营销与推广岗位的主要工作职责包括制定和执行跨境电子商务平台的市场营销策略，以增加品牌曝光度、吸引潜在客户并提升销售业绩；分析市场趋势和消费者行为，以便更好地理解目标市场，并根据这些信息调整营销计划；管理和优化公司的在线存在，包括社交媒体账号、官方网站等，确保品牌形象一致且吸引目标受众；利用搜索引擎优化、搜索引擎营销、内容营销、社交媒体广告等手段来提高网站流量和转化率；设计和实施电子邮件营销活动，通过定期的邮件通信和促销信息与顾客保持联系；进行竞争对手分析，监控竞争品牌的营销活动，并根据行业最佳实践调整自身策略；管理联盟营销项目，与合作伙伴建立关系，并通过佣金模式促进销售；规划和执行在线广告活动，包括在各种平台上投放和管理广告，如谷歌广告（GoogleAds）、脸书广告等；跟踪、测量和分析所有营销活动的效果，使用工具如谷歌分析（Google Analytics）进行数据分析，并根据数据结果优化营销策略。

跨境电子商务市场营销与推广岗位的从业人员需要掌握多方面的技能和知识，以应对全球化电子商务的挑战。他们必须熟悉各类跨境电子商务平台功能和运营规则，精通数字营销策略，如搜索引擎优化（SEO）、搜索引擎营销（SEM）、内容营销和社交媒体广告等。从业人员应具备制订和实施市场营销计划的能力，能通过市场研究和数据分析来调整营销策略，优化产品定位和品牌宣传。在多变的国际市场中，了解各个目标市场的特性、消费习惯和文化差异至关重要，因此跨境电子商务市场营销人员需要具备出色的跨文化沟通技巧，以便与不同背景的客户或伙伴高效互动。同时，他们必须对跨境电子商务相关的法律法规有深入了解，确保所有营销活动合规合法。这个岗位可能需要面对的挑战包括语言和文化差异、不断变化的国际市场规则以及数字营销技术的迅速演进。因此，从事这一职位的专业人员需要具备跨文化沟通能力、战略思维、创新精神和对新技术的快速学习能力。

3）客户服务与关系管理岗位

跨境电子商务客户服务与关系管理是指在跨国电子商务活动中，商家通过各种服务和沟通手段，维护与全球消费者的良好关系，以提升顾客的购物体验和品牌忠诚度。跨境电子商务客户服务与关系管理岗位的主要工作职责涵盖客户咨询响应，快速准确地回答客户的咨询，妥善解决客户在购物中遇到的难题，包括产品信息、支付流程、物流跟踪等方面；提供售后服务，处理客户的退换货请求，解决产品使用中的技术问题，确保客户在购买后能够得到满意的服务；维护客户关系，通过定期的沟通和交流，了解客户需求，收集反馈，提升客户满意度和忠诚度，这可能涉及定期发送新闻通讯、促销信息，以及通过问卷或直接对话了解客户的意见和建议；处理危机，应对突发事件，如商品投诉、物流延误等，及时提供解决方案，减少对品牌的负面影响；记录与分析数据，记录客户的购买历史和服务反馈，分析数据以识别改进点和销售机会，这需要客服人员具备一定的数据分析能力，能从烦琐信息中获取有价值的洞察，并将这些信息反馈给相关部门；内部协作与沟通，比如与销售、市场、物流、仓储等其他部门紧密合作，确保客户问题得到全面而有效的解决；制定与执行服务标准，参与制定客户服务流程和标准，确保整个团队按照既定的服务准则行事；拥有多语言能力，对于跨境电子商务而言，客服人员可能需要使用多种语言与来自不同国家和地区的客户沟通。

跨境电子商务客户服务与关系管理岗位的从业人员必须具备一系列关键的技能和知识，以确保他们能在竞争激烈的跨境电子商务市场中脱颖而出。首先，他们需要具备出色的沟通技巧，能够以清晰、礼貌的方式与客户交流，同时至少熟练掌握英语，并尽可能使用客户的本地语言进行沟通，这将大大提升服务质量。对所售商品的详细信息、使用方法和潜在问题的深入了解也是必不可少的，这有助于向客户提供准确的信息和建议。此外，解决问题的能力对于迅速识别问题并提出有效的解决方案至关重要，特别是在处理投诉和退换货时。技术熟练度也是一个重要的技能，包括熟悉电商平台的操作流程，如订单处理、物流跟踪等，以及能够使用各种客户服务工具和软件。数据分析能力也不可或缺，它能够帮助客服人员收集和分析客户的数据，了解客户的行为和偏好，提供改进服务和制定营销策略的依据。在处理客户问题时客服人员要保持耐心，并能够从客户的角度出发，理解他们的需求和感受，这要求做到有同理心。跨文化交际能力也非常重要，因为客服人员需要了解不同文化背景下的交流习惯和礼仪，以便在多元文化的环境中建立良好的沟通。此外，客服人员还需要了解国际贸易的相关法律法规，包括但不限于消费者权益保护、隐私保护等。团队合作精神也是关键之一，因为客服人员需要与销售、市场、物流等其他部门紧密合作，共同解决客户问题。随着市场的变化和新产品的推出，客服人员需要不断学习新知识和技能，以适应不断变化的工作环境。

4）供应链管理与物流岗位

跨境电子商务供应链管理（Supply Chain Management，SCM）与物流是指在国际贸易中，通过有效的组织和协调，实现商品从供应商到最终消费者的整个流转过程的管理。跨境电子商务供应链管理涉及产品的制造、转运、分销等各个环节，旨在最小化成本的同时，保证客户服务水平。它涵盖了战略规划、需求管理、供应商管理、物流操作、询价与报价、协商、合同执行、存货调控以及绩效评估等多个领域。跨境电子商务物流则是供应链管理中的一个关键环节，涉及商品的国际运输、仓储、清关、配送等操作。跨境电子商务供应链管理与物流岗位的主要工作职责通常包括供应链规划，负责制定和优化整体供应链策略，以满足业务需求和市场变化；供应商管理，评估和选择合适的供应商，进行价格谈判，并维护良好的供应商关系；库存管理，监控库存水平，确保库存量与销售预测相匹配，避免过度库存或缺货；物流协调，安排国际运输，包括货物的包装、运输方式的选择、货物跟踪及清关等；成本控制，通过有效的供应链管理减少不必要的成本支出，提高整体效率；质量控制，确保产品质量符合公司标准和目标市场的要求；风险管理，识别供应链中的潜在风险，如供应中断、关税变化等，并制定应对措施；合规性检查，确保所有物流活动遵守国际贸易法规和标准；技术应用，运用企业资源计划（ERP）系统、物流管理软件等技术工具来提升供应链的透明度和效率；团队协作与沟通，与采购、销售、仓库、财务等部门紧密合作，确保供应链流程顺畅。

跨境电子商务供应链管理与物流岗位的专业人员必须具备一系列关键技能和知识，以适应全球贸易环境的复杂性。首先，他们需要具备深厚的国际贸易知识，包括对世贸组织（WTO）规则、多边贸易协议以及各国进出口流程和关税制度的了解。其次，掌握供应链管理的基本原则和方法，对于提升整体供应链效率至关重要。物流和配送方面的能力也不可或缺，这包括选择合适的运输方式、有效追踪货物、管理仓库存储以及制定高效的配送策略。同时，熟悉海关法规和报关程序，能够确保货物顺畅清关，避免不必要的延误和费用。在风险管理方面，供应链管理人员必须能够识别潜在的风险点，并采取措施进行缓解。成本控制能力同样重要，他们需通过各种手段降低物流和供应链的成本，增加企业的竞争力。数据分析能力的运用可以帮助他们优化库存管理，预测市场趋势，从而更精准地满足市场需求。随着信息技术在供应链管理中的重要性日益增加，熟练使用企业资源计划（ERP）系统和供应链管理软件变得尤为关键。再次，跨文化沟通能力也是必不可少的，因为供应链管理往往涉及不同国家和文化背景的合作伙伴，项目管理能力将帮助他们有效地规划和监控供应链相关项目。最后，供应链管理人员必须严格遵守相关的法律法规，并持续寻求改进方法，不断提升供应链的效率和响应速度。

5）技术开发与支持岗位

跨境电子商务技术开发与支持主要指的是运用技术手段来提升跨境电子商务平台的性能和服务水平，以促进业务的发展和运营效率。跨境电子商务技术开发与支持岗位的主要工作职责通常包括软件开发与维护，负责开发和维护电商平台的软件系统，这包括但不限于前端用户界面、后端服务器逻辑、数据库管理以及第三方服务集成，工作涉及编写和优化代码、测试软件性能、实施更新和修复漏洞等；系统架构的设计，设计并优化电商平台技术架构，确保系统的可扩展性、稳定性和安全性，这包括选择合适的服务器架构、数据存储方案和缓存机制，以应对大量的并发访问和数据流量；性能优化，监控平台的性能指标，通过技术手段提高网站的加载速度和数据库的查询效率，确保用户能够享受到快速响应和流畅的购物体验；数据安全与合规，保护平台的数据安全，防止数据泄露、黑客攻击和其他网络安全威胁，同时确保平台遵守相关的数据保护法规；技术支持与故障排除，为用户提供技术支持，解决他们在使用平台时遇到的技术问题；API 集成与管理，开发和维护 API 接口，允许平台与其他服务（如物流追踪、支付网关、第三方市场等）无缝集成，同时确保 API 的安全性和高效性。

跨境电子商务技术开发与支持岗位的从业人员必须具备一系列专业技能和知识，以应对不断变化的市场需求和技术进步。他们需要具备扎实的编程能力，掌握一种以上的编程语言及相关开发框架，以便高效地开发和维护电商平台。此外，他们对前端和后端技术都需要有深入的了解，以确保用户界面的友好性和服务器端的稳定性。数据库管理是另一个关键技能，涉及对关系型和非关系型数据库的熟练运用，以及高效的数据处理能力。同时，系统架构设计的知识和经验对于构建可扩展和安全的电商系统至关重要。API 开发与集成能力也不可或缺，它使得平台能够与其他服务如支付网关和物流追踪系统无缝连接。在网络安全方面，开发人员需要了解如何保护平台免受各种网络威胁，确保交易和用户数据的安全。性能优化技能也是必要的，它有助于提升用户体验，减少加载时间，提高转化率。自动化测试知识能够帮助开发人员确保软件的质量，减少人工测试的工作量。版本控制系统的熟练使用是团队协作的基础，而对敏捷开发方法论的理解则有助于在快速变化的环境中保持项目的进度和质量。跨文化沟通能力对于全球团队的合作也日益重要。持续学习的意愿和能力对于跟上技术的最新发展更是至关重要。

6）数据分析与市场研究

跨境电子商务数据分析与市场研究是指利用数据科学技术和市场调研方法，对跨境电子商务平台的运营数据、产品表现、客户行为、营销效果以及市场趋势等进行分析和研究，以指导商业决策和策略制定。跨境电子商务数据分析与市场研究岗位的主要工作职责通常包括数据收集与整理，负责收集和整理来自电商平台、社交媒体、客户反馈等多个渠道的数据，包括销售数据、流量数据、用户行为数据、竞争对手数据等；数据分析与挖掘，运用统计学、数据挖掘和机器学习等方法对收集到的数据进行深入分析，以发现潜在的模式、趋势和关联；市场研究，通过市场调研、消费者调查、行业报告等方式，了解目标市场的规模、增长潜力、消费者偏好和竞争格局等，为市场进入和产品定位提供依据；商业智能报告，制作定期的商业智能报告，向管理层展示关键业绩指标（KPIs）、市场趋势和业务机会；策略建议，基于数据分析和市场研究的结果，提出具体的商业策略和行动建议，如市场拓展策略、产品优化建议、营销活动策划等；预测建模，构建预测模型，预测未来的市场趋势、销售表现和库存需求，帮助企业提前做好规划和资源配置；工具与技术维护，管理和优化数据分析工具和技术，如数据库、数据可视化软件、分析平台等，确保分析工作的高效和准确。

跨境电子商务数据分析与市场研究岗位的从业人员必须具备一系列关键的技能和知识，以确保他们能够在数据驱动的商业环境中有效地工作。他们需要具备强大的数据分析技能，以及能够进行数据挖掘、统计分析和预测建模的能力，熟练掌握各种数据分析工具，如 Excel、SQL、Python 等，并对市场研究有深入理解，包括定性研究和定量研究的方法和流程。商业智能工具的熟练运用是关键，如 Tableau、Power BI 等，这些工具能够帮助分析师创建直观的报告和仪表板，从而更好地向管理层展示分析结果。他们还要具备机器学习的基本知识与统计学原理和方法，能够应用相关算法进行数据分析和预测，并对数据进行有效的统计推断和解释。电商行业知识的掌握也是非常重要的，包括对电子商务的业务流程、市场趋势和技术发展的深入了解。由于涉及跨国交易，了解不同文化背景下的消费行为和市场特点至关重要。这要求分析师具备跨文化理解和沟通能力，能够有效地与团队成员、管理层和其他部门沟通分析结果和建议。项目管理能力也是跨境电子商务数据分析与市场研究岗位的关键技能之一，它能够帮助分析师规划和管理数据分析项目，确保按时完成高质量的工作。持续学习能力也是必不可少的，因为分析师需要跟踪最新的数据分析工具、技术和市场趋势，不断学习和提升自己的专业能力。在分析数据和市场信息时，逻辑思维和批判性思考能力能够帮助分析师识别潜在的偏见和错误。创新思维能够在解决复杂问题和提出新的商业策略时，帮助分析师找到独特的解决方案。这些技能和知识的结合使得跨境电子商务数据分析与市场研究岗位的从业人员能够有效地分析和解读大量数据，为企业提供有价值的洞察和建议，从而支持企业在竞争激烈的全球市场中作出明智的决策。

2.2.3.2　专业技能与知识体系

1）国际贸易理论与实务

国际贸易理论与实务的专业技能与知识体系主要涉及对外贸易的核心理念、国际贸易理论、国际贸易政策与法规以及国际贸易实务操作技能等方面。对外贸易的基本概念包括对外贸易的定义、对外贸易额和对外贸易量的概念以及对外贸易依存度等指标。国际贸易理论涵盖了从早期的贸易思想到当代的理论发展，包括亚当·斯密提出的绝对优势概念、大卫·李嘉图的比较优势原则、赫克歇尔和俄林关于国家要素禀赋的观点，以及更新的贸易理论和最前沿的贸易理念。这些理论有助于理解国际贸易的动因、结构和利益分配。国际贸易政策与法规包含关税、非关税壁垒、贸易协定、世界贸易组织的规则等内容，以便分析和解决国际经济贸易中的问题。国际贸易实务操作技能包括报检、报关、报验等实际操作技能，以及如何处理进出口业务、准备和审核贸易文件、进行国际结算等。通过深入了解国际贸易的理论与实践，可以构建起一套完整的国际贸易知识体系。这包括理解国际贸易的基础理论、学习各种贸易政策和规则的具体内容、制定背景及其适用范围。[①] 同时，这也有助于拓展国际视野，培育出分析和处理全球经济贸易事件和问题的能力。

国际贸易理论与实务的专业技能和知识对于跨境电子商务从业人员至关重要。掌握这些知识可以帮助他们深入理解全球市场的运作机制和发展趋势，从而更好地制定企业的国际化战略。熟悉国际贸易的规则和惯例有助于确保企业在国际交易中的合规性，避免因违规操作而带来的风险和损失。具备良好的跨文化沟通能力对于与来自不同国家和地区的客户或合作伙伴进行有效沟通、建立良好的业务关系至关重要。了解国际贸易的实务操作技能，如报检、报关等，可以提高企业的运营效率。同时，掌握国际市场分析的方法有助于及时捕捉市场信息，为企业的决策提供依据。对国际金融知识的了解可以帮助从业人员更好地管理汇率风险、信用风险等，确保企业的财务安全。随着科技进步，像区块链和大数据这样的新兴技术在跨境电子商务领域被广泛采用。为了跟上这些变化，从业者必须持续更新他们的知识体系。从事跨境电子商务的专业人士应该注重国际贸易理论和实际操作技能的学习与应用，持续提高个人的专业知识和能力水平，以确保企业在紧张的国际市场竞争中能够保持竞争力。

2）电商平台技术与管理

电商平台技术与管理是指对电子商务平台进行的综合管理工作，包括优化用户体验、商品管理、商家治理以及技术支持等多个方面。电商平台技术与管理专业技能和知识包含电商平台的运营策略，涉及如何有效地进行商品上架管理、库存控制、物流配送以及订单处理等；市场营销，包括了解不同的商业模式，如企业对企业（B2B）、企业对个人（B2C）和个人对个人（C2C）等，并根据这些模式制定相应的营销策略；数据分析，通过对用户行为、市场趋势和销售数据的分析，可以帮助平台优化产品展示、提升用户体验和增加销售额；客户服务，涉及处理客户咨询、解决问题和投诉，以及提供售后服务，有助于增强顾客的忠诚度和满意度，进而促进复购率和口碑传播；技术支持涉及网站的构建、维护和优化，以及支付系统、安全协议和其他相关技术的

---

① 庄小兰. 跨境电子商务的人才核心技能需求分析与培养对策 [J]. 管理观察，2015（17）：178-180.

实施和维护；购物流程，从而吸引更多的用户并提高用户留存率。

在全球化的今天，用户的需求和习惯因地域和文化的差异而存在巨大的差异。因此，从业人员需要深入理解和研究目标市场的用户行为，以便设计出满足他们需求的电商平台。这不仅包括设计界面，还包括优化购物流程，比如简化支付流程、提供多种语言选择等，以提高用户的购物体验和满意度。了解商品管理体系，可以帮助从业人员更好地管理商品信息，确保商品质量和服务的一致性。同时，良好的商品治理体系也有助于提高平台的运营效率和用户满意度。在跨境电子商务中，商品的来源、质量、价格等因素直接影响到用户的购买决策。因此，建立一套完善的商品管理体系，对商品进行分类、标签化、质量监控等，不仅可以提高平台的运营效率，还可以提升用户的购物体验和满意度。商家治理的专业知识和技能有助于从业人员更好地管理和培养平台上的商家，提供市场分析、营销策略支持等服务，帮助商家成长和提升销售业绩。在电商平台中，商家是商品和服务的提供者，他们的质量和服务水平直接影响到平台的声誉和用户满意度。因此，从业人员需要具备商家治理的专业知识和技能，如如何选择合适的商家、如何提供有效的培训和支持、如何激励商家提供优质的商品和服务等。具备技术支持的知识可以帮助从业人员解决平台构建、维护和安全等方面的问题，确保电商平台的稳定运行。在数字化的今天，技术是电商平台运营的基础。从业人员需要具备一定的技术知识，如网站架构、数据库管理、网络安全等，以应对各种技术问题和挑战。同时，技术进步带来了一系列新工具和技术的涌现，包括大数据、人工智能、区块链等，这些都要求从业人员持续进行学习和专业发展。电商平台技术与管理的专业技能和知识对于跨境电子商务从业人员来说是必不可少的。

3）数据分析与市场调研

数据分析与市场调研是企业获取市场信息和制定战略的重要手段，它们包含一系列的知识和技能点。数据分析涉及从大量数据中提取有用信息和洞察的过程，通常包括数据采集、预处理、探索性分析、描述性和推断性统计分析、多变量分析、时间序列分析、机器学习算法应用、文本分析和数据可视化等。数据分析旨在通过科学方法揭示数据背后的模式和关联，预测未来趋势，并为企业的战略决策提供量化依据。市场调研是一种有目的、有计划的信息收集过程，目标是全面掌握市场的供需关系和未来发展方向，从而为制定营销战略和企业决策提供坚实的数据支持。它包括定性研究（如访谈、焦点小组）和定量研究（如问卷调查、实验）的方法。有效的市场调研需要清晰的目标、合理的研究设计、准确的数据收集和分析，以及深入的结论提炼和报告撰写能力。

在当今全球化的背景下，跨境电子商务已转变为企业进军国际市场的关键途径。然而，面对复杂多变的国际环境和激烈的竞争，从业人员必须掌握数据分析与市场调研的知识，以便更好地理解市场需求、优化用户体验、提升商品和服务质量、制定科学决策、降低经营风险、增强企业的竞争力和可持续发展能力。首先，数据分析与市场调研能够帮助从业人员深入了解市场动态和趋势。通过对各种数据的分析，可以把握市场需求现状、确定目标用户、明确产品核心价值、验证产品想法、优化销售决策以及寻找市场机会等。例如，通过分析消费者的购买行为和偏好，企业可以更准确地定位产品和服务，提高营销效果和销售业绩。同时，了解不同文化背景下的消费者行为也有助于企业在跨境电子商务中更好地满足客户需求，提升用户体验。其次，数据分析和市场调研能为企业决策过程提供基于证据的支持。在跨境电子商务中，企业需要面对复杂的国际市场环境，因此需要充分利用数据分析和市场调研的结果，以降低决策风险并提高成功率。例如，通过对竞争对手的数据分析，企业可以了解其优势和劣势，从而制定更有针对性的策略和行动。同时，数据分析还可以帮助企业预测未来的市场需求，为新产品开发提供方向。最后，数据分析和市场调研也能助力企业改进产品和服务。企业可以通过评估产品性能、服务质量以及顾客满意度的相关数据，及时发现产品和服务中存在的问题和不足，进而进行改进和优化。这不仅可以提高企业的运营效率和用户满意度，还可以提高企业的竞争力和市场份额。综上所述，学习数据分析与市场调研知识对于跨境电子商务从业人员来说是非常必要的。这些知识不仅助力他们更深入地洞察市场趋势和顾客需求，也为企业决策奠定了科学的根基，从而在复杂的国际市场环境中取得优势。随着科技的发展和市场的变化，数据分析与市场调研将成为跨境电子商务从业人员必备的核心能力之一。

4）数字营销与社交媒体策略

数字营销是一种利用数字工具和渠道推广产品或服务的现代营销方式。它结合了数据分析、搜索引擎优化（SEO）、电子邮件营销、内容营销、移动营销等多种策略来寻求新的市场发展和新的消费者挖掘。数字营销的核心在于其可度量性，即能够通过数据追踪和分析来衡量营销活动的有效性，从而不断优化策略以提升投资回报率（ROI）。它的特点包括及时性、相关性、定制化和成本效益，这些特点使得数字营销成为现代企业不可或缺的一部分。社交媒体是指那些允许用户创建个人资料、生成内容、分享信息和与他人互动的网络平台和应用。它基于 Web 2.0 技术，强调的是用户之间的社交互动和内容共享。社交媒体的媒体属性主要体现在用户生成内容（UGC）上，而其社交属性则体现在用户之间的连接关系上。社交媒体平台，包括微博、微信和博客等，已经转变成人们获取资讯和进行交流的主要渠道。在实际应用中，数字营销和社交媒体经常是相辅相成的。企业通过社交媒体平台发布内容，与消费者建立联系和互动，同时利用这些平台上的数据来进行市场分析和精准营销。这种结合使用的方式不仅能够提高品牌的知名度和用户的参与度，还能够帮助企业更好地理解目标市场，制定更有效的营销策略。

学习数字营销与社交媒体对于跨境电子商务从业人员至关重要，因为这两项能力直接关联到品牌全球化战略的成功实施和在线销售绩效的提升。数字营销与社交媒体的知识使从业人员能够利用网络平台高效地推广产品和服务，建立起全球消费者的品牌认知。数字营销的知识和技能可以帮助跨境电子商务精准定位目标市场，跨境电子商务从业人员应利用数据分析来洞察不同地区消费者的购物行为和喜好，从而制定出更加有效的营销策略。社交媒体作为与消费者沟通的重要渠道，能够帮助企业建立品牌形象，跨境电子商务从业人员应及时响应消费者需求，增强用户参与度和品牌忠诚度。此外，通过社交媒体的互动特性，跨境电子商务从业人员应及时收集宝贵的消费者反馈，优化产品和服务。同时，数字营销的成本效益相比传统营销更高，尤其适合资金相对有限的中小企业。跨境电子商务从业人员通过搜索引擎优化（SEO）、内容营销、电子邮件营销等手段，助力企业以较低的成本实现有效的市场渗透。此外，随着移动设备的普及，移动营销已成为不可忽视的领域，掌握相关技能对于抓住移动端用户群体至关重要。数字营销与社交媒体的知识不仅有助于跨境电子商务提升品牌知名度和销售业绩，还能够帮助企业适应数字化转型的趋势，保持在全球市场的竞争力。因此，对于跨境电子商务从业人员来说，学习和实践这些知识是实现职业发展和个人提升的必然选择。

5）供应链优化与物流管理

供应链优化是指使用一系列策略和技术的集合，旨在提升供应链的整体性能和效率。它涉及优化供应链的各个部分，目的是减少成本、提升顾客满意度以及增强公司的市场竞争力。物流管理是指对物流流程进行规划、组织、领导、协调、控制和监控的一系列行为，其目标是通过降低物流成本和提高效率，进而增进整体的经济性能。跨境电子商务人才需要了解如何设计一个高效的供应链，包括供应商选择、运输策略制定、仓库位置确定等；了解物流系统的组成部分，如运输、仓储、配送等，并掌握如何管理这些环节以提高整体效率；学习库存控制的方法和技术，包括需求预测、库存水平优化和补货策略等；掌握运输方式的选择、运输成本的计算和运输路线的优化；了解信息技术在供应链和物流管理中的运用，例如订单处理系统、运输管理系统（TMS）、仓库管理系统（WMS）等；了解如何通过关键绩效指标（KPIs）来评估供应链和物流的效率和效果；了解供应链和物流过程中的法律法规要求，以及如何进行风险评估和管理。

随着全球电商的蓬勃发展，跨境交易日益频繁，高效和可靠的供应链成为企业竞争力的关键。掌握供应链优化知识能够帮助从业人员更好地理解和改进产品从供应商到最终用户的流转过程，从而缩短交货时间、降低库存成本，并提高客户满意度。物流管理则是确保产品按时、按质、按量地到达目的地的重要环节。在跨境电子商务中，物流不仅涉及国内运输，还包括复杂的国际货运、海关清关和跨境支付等问题。有效的物流管理能够减少运输延误，避免关税和税收问题，确保产品质量和交付速度。因此，对于跨境电子商务从业人员来说，学习供应链优化与物流管理的知识不仅有助于提升个人职业技能，更是企业在全球市场中稳固立足的基石。这些知识能够帮助他们更好地应对国际市场的不确定性，优化资源配置，提高企业的响应速度和市场适应能力。

2.2.3.3　多语言与跨文化交际能力

1）外语能力

外语能力指在听、说、读、写和翻译等方面使用非母语的能力。这包括理解和使用外语的词汇、语法、发音、口语表达的能力，阅读理解能力，写作能力以及跨文化交际能力等。外语能力是国际交流和合作的重要工具，也是个人职业发展和文化素养的重要组成部分。

在跨境电子商务领域工作的专业人员需要具备强大的外语技能，以适应全球市场的通信需求。他们必须精通商务英语，能够流畅地通过电子邮件、电话会议或面对面交流进行沟通。此外，他们还应熟悉相关的专业术语，如电子商务、国际贸易和物流等，以确保准确无误的行业交流。书面和口头表达能力对于撰写报价单、合同和商务邮件至关重要，同时这也有助于在会议和谈判中清晰地阐述自己的立场。跨文化交际能力也不可或缺，它能帮助从业人员在不同文化背景下展现适当的商务礼仪和沟通技巧。如果业务涉及多语言国家，掌握第二外语将大大提升竞争力。基本的翻译和口译能力有时也是必要的，尤其是在理解关键信息时。提供多语种的客户服务和支持是跨境电子商务成功的关键，这要求从业人员能够用不同的语言解决客户的问题。市场营销和广告方面也需要使用外语来撰写吸引人的内容，以便触及更广泛的潜在客户群。对国际法律法规的基本了解有助于企业合规经营，而快速学习和适应新外语词汇和表达方式的能力则使从业人员能够跟上市场动态。外语能力直接影响到企业在全球市场中的沟通效率、客户服务质量、市场拓展能力和竞争力。外语是跨境电子商务从业人员与国际客户、供应商和合作伙伴沟通的桥梁。没有良好的外语能力，无法有效地进行商务谈判、维护客户关系或解决跨国交易中的问题。掌握外语能够帮助企业更好地理解和进入新的国际市场，通过精准的营销和广告策略吸引不同国家的潜在客户。外语能力不仅仅是语言技能，还包括对目标国家文化的理解和尊重，这种跨文化的理解有助于企业避免文化冲突，建立信任和长期的合作关系。了解国际法律法规和行业标准需要良好的外语基础。这对于确保企业的合规性和避免潜在的法律风险至关重要。能够以客户的母语提供服务显著增强了客户满意度和忠诚度。快速响应和解决客户的问题，用客户熟悉的语言进行沟通，对于建立品牌信誉至关重要。在竞争激烈的跨境电子商务市场中，良好的外语能力可以成为企业的一大竞争优势，帮助企业脱颖而出。综上所述，外语能力是跨境电子商务从业人员必备的技能，它不仅关系到个人的职业发展，也是企业在全球市场中获得成功的关键因素。

2）跨文化交流技巧

跨文化交际能力指的是个人在与不同文化背景的人交流时所表现出的敏感性、理解力和适应性。这种能力涉及对多元文化的认知和理解，包括语言能力、非语言沟通、社交礼仪、谈判技巧以及对不同文化价值观和行为模式的认知。具备跨文化交际能力的个体能够有效地跨越文化障碍，建立和维护良好的人际关系，并在多元文化的环境中有效地工作和交流。

跨境电子商务从业人员对跨文化交际能力有一系列的要求，这些要求帮助他们在多元文化的商业环境中有效地沟通和交易。他们需要拥有文化意识，了解不同国家和地区的文化特点、价值观、商业习惯和消费者行为；掌握语言技能，除了掌握英语等国际通用语言外，至少熟悉一种目标市场的语言，能够进行基本的沟通和商务交流；掌握沟通技巧，能够使用适当的沟通方式和策略，包括语言表达、非语言表达（如肢体语言、面部表情）以及书面沟通；拥有适应性和灵活性，能够适应不同的文化环境，灵活调整自己的沟通风格以适应对方文化的期望；了解社交礼仪，理解并遵守不同文化中的商务礼仪，如会议行为、餐桌礼仪、商务接待等；掌握谈判技巧，能够在跨文化背景下进行有效的谈判，理解对方的谈判风格和策略，并能够制定相应的应对措施；拥有冲突解决能力，能够在出现文化冲突时迅速应对，采取适当措施解决问题，避免误解和不必要的摩擦；熟悉客户服务，提供符合客户文化期望的服务，能够用客户的母语或文化习惯来解答问题和处理请求。

具备这些跨文化交际能力的跨境电子商务从业人员能够更好地与国际客户和合作伙伴建立信任关系，提高交易成功率，从而在全球市场中获得竞争优势。在全球化的商业环境中，跨境电子商务从业人员经常需要与来自不同文化背景的客户、供应商和合作伙伴进行沟通和交流。跨文化交际能力使他们能够克服语言障碍，避免文化误解，建立信任和尊重，这是成功交易的关键。例如，了解目标市场的商务礼仪可以帮助从业人员在谈判和营销中表现更加得体，而对非语言沟通的理解则有助于更准确地解读对方的反应和意图。此外，跨文化交际能力还涉及对国际法律法规的了解，这对于确保企业合规经营、避免法律风险至关重要。在处理国际物流、关税和进出口事务时，这种能力能够帮助从业人员更有效地解决问题，减少延误。总之，跨文化交际能力是跨境电子商务从业人员在全球市场中取得成功的关键。它不仅有助于提升个人的职业素养，也是企业建立国际品牌形象和扩大市场份额的重要工具。

3）国际市场商务礼仪

商务礼仪是指在商业环境中，个人或组织在与他人进行职业互动时应遵守的行为规范和礼节。它包括一系列的行为准则、沟通方式、着装要求、会议举止、餐桌礼节、商务接待和礼仪性赠礼等方面。商务礼仪的目的是展现专业性、尊重和效率，建立良好的第一印象，促进商业关系的建立和维护，以及确保商务活动的顺利进行。商务礼仪的具体内容可能因国家、文化、行业和公司而异，但基本原则通常包括诚信、尊重、守时、适当的着装和礼貌的沟通。了解并遵守商务礼仪对于职业发展和企业成功至关重要，因为它有助于构建信任和专业形象，同时避免不必要的误解和冲突。

由于从业人员时常需要跟来自不同国家和文化的客户、供应商以及合作伙伴互动交流，跨境电子商务工作岗位对商务礼仪能力的要求较高，比如：了解并尊重不同文化的商务礼仪，包括问候方式、交流习惯、商业礼节等；根据不同的商务场合选择合适的着装，展现出专业的形象和对职业的尊重；准时参加会议、交付工作成果，尊重他人时间；无论是面对面交流、电话会议还是电子邮件往来，都应保持礼貌和专业；了解不同文化中关于商务赠礼的规范，包括礼品的选择、赠送和接受的方式；熟悉不同国家的餐桌礼仪，如用餐顺序、餐具使用、敬酒习惯等；在会议中展现出适当的行为，如发言顺序、肢体语言和会议礼仪；知道如何恰当地接待国际客户，包括安排交通、住宿和餐饮等；在商务谈判中展现出专业素养和良好的商业道德，了解对方的谈判风格，并采取相应的策略；书写专业的商务信函和邮件，使用恰当的称呼、格式和语言。

跨境电子商务从业人员必须精通适宜的商务礼仪，因为这是他们在国际商业舞台上建立专业形象和维护良好关系的关键。这些礼仪细节能够展现出尊重和专业性，有助于跨越文化差异，建立信任，并促进合作。在多元化的商业环境中，了解并遵守不同文化的商务礼仪对于建立和谐的工作关系至关重要。此外，适宜的商务礼仪还有助于避免误解和冲突，确保沟通顺畅，从而提高工作效率和交易成功率。总之，适宜的商务礼仪不仅是跨境电子商务从业人员职业素养的体现，也是企业国际化战略的重要组成部分。

2.2.3.4 技术创新对人才能力的新要求

随着全球化贸易的不断深入和互联网迅猛发展，跨境电子商务已经成为连接生产者和消费者的重要桥梁。技术创新在这个过程中起到了决定性的作用，它不只转变了商业运作模式，也对从业人员的能力提出了新的要求。

技术适应力和持续学习能力。在技术不断进步的今天，跨境电子商务人才需要具备快速适应新技术的能力。这包括了解最新的电子商务平台、支付系统、物流管理软件等。同时，持续学习新的技术和工具，以保持自身技能的竞争力和市场敏感性。

数据分析和处理能力。数据是现代电商的核心资产。跨境电子商务人才需要能够分析和解读大量的市场数据、消费者行为数据以及运营数据，为决策提供科学依据。这不仅涉及对数据的基础认知，还包含运用先进分析工具，例如机器学习和预测建模的技能。

多语言和跨文化交流能力。全球化的市场要求跨境电子商务人才必须掌握多种语言，并且能够理解和尊重不同文化背景下的商业习惯和消费者需求。这种跨文化的沟通能力有助于企业更好地进入外国市场，建立国际品牌形象。

创新思维和解决问题的能力。技术创新带来了新的商业模式和消费趋势，跨境电子商务人才需要具备创新思维，能够在面对挑战时提出独特的解决方案。同时，他们还需要具备解决复杂问题的能力，能够在持续变动的市场条件下，找到有效的策略来应对。

网络安全和风险管理知识。随着网络攻击和数据泄露事件频发，跨境电子商务人才需要具备网络安全知识，能够保护企业和消费者的信息安全。此外，他们还需要了解如何评估和管理各种商业风险，包括汇率波动、贸易政策变化等。

用户体验和设计思维。技术创新推动了用户体验的不断提升。跨境电子商务人才需要了解用户体验（UX）设计的基本原则，能够优化网站界面和购物流程，提高用户满意度和忠诚度。

敏捷性和灵活性。在快速变化的市场中，敏捷性和灵活性成为跨境电子商务人才必备的素质。他们需要能够迅速适应市场变化，灵活调整策略和计划，以应对不断变化的消费者需求和竞争环境。

法规遵从和伦理意识。随着国际贸易法规和电子商务法律的不断完善，跨境电子商务人才需要了解并遵守相关法律法规。这包括知识产权保护、消费者权益保护、税务合规等方面。

综上所述，技术创新对跨境电子商务人才提出了更高的要求，这不仅是对技术能力的提升，还包括对市场洞察力、沟通协调能力、创新思维和法律意识等多方面能力的全面提升。为了应对这些新挑战，跨境电子商务领域的专业人士需要持续进修和更新自己的知识库，提升个人的综合能力，以便在全球竞争中保持优势。

2.2.4　政策环境对人才结构的影响

政策环境的变化对跨境电子商务人才结构产生了重大影响，它不仅改变了企业运营的外部条件，也对从业人员的技能和知识体系提出了新的要求。

合规性和风险管理专家的需求增加。随着全球贸易环境的复杂性增加，各国政府对跨境电子商务实施了更为严格的监管措施。新的法规和政策不断出台，如税收政策、消费者权益保护、数据保护法规（例如欧盟《通用数据保护法案》GDPR）等，这些都要求企业必须遵守相关法律法规以避免罚款或业务受限。因此，对于熟悉国际贸易法规、知识产权保护以及产品安全标准，能够处理税务合规问题的专家需求急剧增加。

供应链管理专家的重要性提升。政策的变动可能会对跨境物流和供应链造成显著影响。例如，关税变化、贸易壁垒、地缘政治风险等都可能影响货物流通。在这种环境下，对于能够优化供应链、降低成本、提高效率并应对突发状况的供应链管理专家的需求日益增长。

市场分析和策略规划人才的需求增长。不断变化的政策环境要求跨境电子商务企业必须具备快速应对市场变化的能力。这就需要拥有具备深厚市场分析能力和战略规划能力的人才，他们能够基于政策趋势进行有效的市场预测和策略调整，以确保企业能够迅速适应政策变化，抓住市场机遇。

多语言和跨文化交流能力的强化。在全球化的背景下，政策的变动往往与特定的地理区域相关联。这就要求跨境电子商务人才不仅要掌握多种语言，还要了解不同国家的文化、法律和商业环境。具备这些能力的专业人才能够帮助企业更好地进行市场拓展、风险管理，并建立起良好的国际形象。

技术和数据安全专家的需求上升。随着数据保护法规的加强，企业需要专业的技术人才来保护消费者数据不被泄露，并确保企业的技术系统符合最新的数据安全标准。这些专家需要熟悉数据加密、网络安全、云服务等方面的知识，以保护企业和客户的利益不受侵害。

客户服务和售后支持专家的角色扩大。政策的变化可能会影响消费者的购买决策和售后服务需求。因此，企业需要拥有能够提供专业客户支持和服务的人才，以维护品牌信誉和客户满意度。这些专家需要具备优秀的沟通能力、问题解决能力和服务意识，能够在政策变动带来的挑战中保持客户忠诚度。

可持续发展和社会责任专家的重视。随着全球对环境保护和社会责任的日益关注，相关政策也在逐步推出。跨境电子商务企业需要这类专家来帮助企业制定可持续的商业战略，满足环保和社会责任的要求。这些专家不仅需要了解环境科学和社会责任的基本概念，还需要具备将这些概念融入企业运营的能力。

综上所述，政策环境的变化促使跨境电子商务企业必须调整其人才结构，以适应新的市场需求。这要求企业更加重视人才队伍的多样性和专业性，同时也为跨境电子商务领域的专业人才成长提供了新的方向和机遇。企业需要通过持续的培训和教育，帮助现有员工提升技能，同时吸引具备新技能的专业人才，以构建一个能够应对政策变化挑战的强大团队。

2.3　跨境电子商务人才教育与培训

教育与培训体系作为人才培养的主要途径，对于满足具备专业技能和国际视野的跨境电子商务人才培养需求扮演着至关重要的角色。通过系统的课程设计、实践操作和跨文化交际能力的培训，教育与培训机构不仅为学生提供了必要的知识和技能，同时也为跨境电子商务企业培养了众多高素质的专业人才。

2.3.1　高等院校人才培养

在当今全球化的经济环境中，跨境电子商务成为推动国际贸易和经济增长的关键力量。对于国际贸易专业、商务英语专业等，学生天然具备的语言优势和商业知识背景为他们在这一领域的成功构筑了坚固的基础。然而，想要成为跨境电子商务领域的专业人才，高校还需要通过特定的培养方案来提升和拓展其技能。

加强电子商务课程。为了适应跨境电子商务行业的需求，需要设置一系列与电子商务相关的课程。这些课程应涵盖电子商务的基础理论、电子支付系统、国际物流和供应链管理等关键领域。通过这些课程的学习，学生能够深入理解电商平台的运作机制，掌握在线交易的流程和规则，以及对全球市场的物流动态有所了解。

提供实践机会。理论知识的学习需要通过实践来巩固。教育机构可以通过与企业合作，为学生提供实习机会，或者创建模拟的跨境电子商务环境，让学生亲自操作和管理一个虚拟的在线商店。这样的实践经验不仅能够帮助学生将理论知识应用到实际情境中，还能提升他们的动手能力和解决问题的能力。

强化数字营销教育。数字营销是跨境电子商务不可或缺的一部分。学生需要学习如何利用各种在线工具和平台进行品牌推广和产品销售。这包括搜索引擎优化（SEO）、社交媒体营销、内容营销等。通过这些课程的学习，学生将能够掌握如何有效地吸引和保留国际客户。

培训数据分析技能。数据是电商企业作出决策的重要依据，因此，数据分析技能的训练对于学生来说至关重要。课程应包括数据收集、处理和分析的方法，以及如何利用数据来优化营销策略和提高销售效率。

增加技术知识的学习。随着人工智能、区块链和大数据等技术的发展，学生需要对这些技术有一定的了解。课程应提供对这些技术基础知识的教学，以及它们如何被应用于跨境电子商务的实际情况。这将帮助学生更好地适应技术驱动的商业环境。

跨文化交际课程。学生虽然具有较强的语言能力，但在全球商务环境中，他们还需要熟悉不同文化环境中的商业礼节和交流技巧。跨文化交际课程将帮助学生克服文化差异，有效地与来自不同国家和地区的客户和同事交流。

创业精神的培养。鼓励学生发展创新思维和创业精神是培养跨境电子商务人才的重要方面。通过案例研究、创业竞赛或创业孵化项目，学生可以学习如何识别市场机会，开发新的商业模式，并实现自己的创业想法。

法律和伦理课程。跨境电子商务不仅涉及商业操作，还涉及国际法律和伦理问题。因此，专业的课程应包括国际贸易法规、知识产权保护、数据隐私和安全等内容。这将帮助学生在遵守法律的同时，也能够在道德和伦理上作出正确的决策。

认证和资质。为了进一步提升学生的专业资格，教育机构可以提供或指导学生获取跨境电子商务相关的专业认证。这些认证可以证明学生的专业知识和技能，增加他们在就业市场上的竞争力。

通过上述培养方案的实施，学生将能够全面发展成为具备专业知识、实践经验和国际视野的跨境电子商务人才。这不仅有助于他们个人的职业发展，也有助于推动整个跨境电子商务行业的进步和创新。

2.3.2 企业培训与职业发展路径

2.3.2.1 基础培训模块

在基础培训模块中，商务英语能力的提升是关键组成部分。由于跨境电子商务涉及国际交易，因此掌握专业术语至关重要。企业通常会组织专业英语课程，教授行业内常用的词汇和表达方式，确保员工能够准确理解和使用这些术语，以便在国际环境中进行有效沟通。除了专业术语的学习，商务写作与沟通能力也是培训的重点。良好的商务写作技巧可以帮助员工撰写专业的电子邮件、报告和提案，这对于维护客户关系和建立专业形象至关重要。企业往往会提供写作工作坊，通过实际案例分析和模拟练习，帮助员工提高书面沟通的效率和效果。口语交流与谈判技巧的培训则更加侧重于实战演练。在跨境电子商务领域，员工经常需要与国际客户进行电话会议或面对面会谈，因此流利的口语和高效的谈判技巧是必不可少的。企业会通过角色扮演、模拟谈判等方式，帮助员工熟悉各种商务场景，提升他们的交际能力和解决问题的能力。

在基础培训模块中，国际贸易基础知识的学习是不可或缺的。首先，贸易流程与合同的知识对于跨境电子商务人才来说至关重要。企业会组织专门的课程来教授国际贸易的整个流程，包括询问、提供报价、进行谈判、签订合同以及执行合同等各个阶段。这些课程的设计宗旨是帮助员工掌握国际贸易的流程，了解各种贸易术语，并理解各类贸易条款，掌握合同的要点和风险控制，确保交易的顺利进行。其次，关税与税收政策的培训也是基础模块的一部分。了解不同国家和地区的关税制度、税率和税收政策对于企业规避风险、降低成本至关重要。企业通常会提供相关的法律法规培训，帮助员工理解国际贸易中的税务问题，学习如何合理规划税收，以保障企业利益。最后，国际物流与供应链管理的知识对于跨境电子商务的成功运作同样重要。企业会提供物流管理的课程，教授员工如何优化供应链，提高效率，降低成本。这包括了解国际运输的各种方式，如海运、空运、陆运等，以及仓储、配送、库存管理等方面的知识。通过这些培训，员工能够更好地管理物流流程，确保产品按时、按质、按量地送达客户手中。①

在基础培训模块中，电商平台操作是核心部分之一。首先，平台选择与商品上架是电商成功的基础。企业会提供详细的培训课程，教授员工如何根据产品特性和目标市场选择合适的电商平台，以及如何在平台上有效地展示商品，包括产品描述、图片设计、关键词优化等，以吸引潜在买家的注意力。

---

① 庞燕. 跨境电子商务环境下国际物流模式研究 [J]. 中国流通经济, 2015, 29 (10)：15-20.

其次，订单管理与客户服务的培训对于帮助企业维护良好的客户关系至关重要。企业会教授员工如何处理订单，包括订单确认、发货、物流跟踪等流程。同时，也会提供客户服务技巧的培训，如如何响应客户咨询、处理投诉和退货等问题，以提高客户满意度和忠诚度。最后，数据分析与营销策略的培训旨在提升员工的市场洞察力和决策能力。企业会提供数据分析工具的使用培训，帮助员工学习如何收集和分析销售数据、消费者行为等信息，以便制定有效的营销策略。这包括了解不同市场的消费趋势、竞争对手分析、价格策略等，以促进产品的销售和品牌的推广。

在基础培训模块中，法律法规合规性是不可或缺的一部分。首先，知识产权保护是电商活动中的关键问题。企业会提供专门的知识产权培训，教授员工如何识别和避免侵犯他人的商标、专利、著作权等，同时也学习如何保护自己的知识产权不被他人侵犯。这包括了解国际知识产权法规、申请流程以及维权途径。其次，跨境电子商务监管政策的培训对企业的合规运作极为关键。因为跨境电子商务涉及多国法律法规，不同国家有不同的监管政策和规定。企业会组织相关法律专家进行讲座，帮助员工了解各国的电商监管政策，包括商品检疫、税收、消费者权益保护等多方面，以确保企业运营活动符合当地法律法规的要求。最后，国际贸易协定与合规的培训也是基础模块的一部分。了解国际贸易协定的内容和影响，可以帮助企业更好地利用贸易便利化措施，规避贸易壁垒。企业会提供有关国际贸易协定的培训，如关税与贸易总协定、WTO 规则、区域自由贸易协定等，以及如何在实际业务中确保合规的操作方法和注意事项。

2.3.2.2　进阶培训模块

在进阶培训模块中，高级市场分析是不可或缺的一部分，包含国际市场趋势预测、竞争对手分析和消费者行为研究。在进阶培训模块中，国际市场趋势预测的培训是培养员工洞察未来市场动向的能力。企业会教授员工如何使用先进的数据分析工具和模型，比如时间序列分析、经济指标预测等，来分析全球经济走势、行业发展趋势和市场需求变化。通过案例研究和模拟练习，员工将学会如何收集和解读宏观经济数据、行业报告以及消费者调研信息，从而能够准确预测市场趋势，为企业的战略决策提供支持。竞争对手分析的培训旨在强化员工对市场竞争格局的理解。在这一部分，企业会介绍不同的竞争情报收集方法，如 SWOT 分析、市场份额比较、竞争对手策略评估等。员工将学习如何识别主要竞争者的优势和弱点，分析他们的市场表现和战略动向。此外，还会探讨如何利用社交媒体、在线论坛和其他公开资源来监控竞争对手的活动。通过对竞争对手的深入了解，员工能够帮助企业制定有效的市场进入策略和竞争对策。消费者行为研究是进阶培训的重要组成部分，它会帮助员工更好地理解目标市场的消费者心理和购买行为。在这一环节中，企业会提供关于消费者心理学原理、文化差异、社会趋势影响等方面的知识。员工将通过实际的市场调研项目，掌握设计问卷调查、开展焦点小组讨论和进行深入访谈的技巧，以及如何运用定性和定量研究方法来分析消费者数据。这些技能将使员工能够有效地识别消费者需求，为产品开发和市场营销策略制定提供数据支持。

在当今数字化时代，跨境电子商务的成功越来越依赖于先进的数字营销策略和广告技巧。为了提升员工的专业技能，企业对跨境电子商务人才的进阶培训模块中的数字营销与广告成为重要的一环。这一模块主要包括搜索引擎优化（SEO）与搜索引擎营销（SEM）、社交媒体营销以及内容营销与品牌建设三个核心部分。搜索引擎优化（SEO）和搜索引擎营销（SEM）是提高在线可见性和吸引潜在客户的关键手段。在进阶培训中，企业会教授员工如何通过优化网站结构、内容和关键词布局来提高自然搜索排名。同时，通过搜索引擎营销（SEM），员工将学习如何利用谷歌广告、百度广告等平台进行有效的付费搜索广告投放。这些技能有助于员工为企业带来更有效的流量，并提高转化率。社交媒体已成为连接消费者和品牌的重要渠道。在这一部分的培训中，员工将掌握如何在多种社交媒体平台上规划和实施营销方案，包括脸书（Facebook）、推特（Twitter）等。企业会提供关于如何创建吸引人的内容、建立和维护社区以及通过社交媒体广告定位目标受众的实践指导。此外，员工还将了解如何利用社交媒体分析工具来衡量活动的效果，并根据数据调整策略。内容营销是一种通过创造和分发有价值的内容来吸引和保留受众的策略，而品牌建设则是通过一系列活动来塑造品牌形象和提升品牌认知度的过程。在进阶培训中，员工将学习如何策划和制作高质量的内容，如博客文章、视频、电子书等，以及如何通过故事讲述和视觉设计来传达品牌信息。同时，培训还会涵盖品牌一致性、品牌定位和品牌忠诚度等概念，帮助员工更好地理解如何通过内容营销来加强品牌建设。

在当今全球化的经济环境中，跨境电子商务企业的成功不仅取决于市场洞察力和技术能力，还需要具备强大的领导力和团队管理能力。为了培养这种能力，企业的进阶培训模块中通常会包括领导力与团队管理这一部分，重点关注团队建设与协作、项目管理技巧以及冲突解决与决策制定三个关键领域。在进阶培训中，团队建设与协作的部分旨在提升员工之间的沟通和合作能力。企业会通过团队建设活动和工作坊的形式，教授员工如何建立团队信任，鼓励开放沟通，促进多元文化背景下的协作。这些活动有助于员工理解团队动力，并学会怎样激发团队成员的潜能，以此提升团队的整体性能和创造力。项目管理是完成复杂任务和实现目标的关键。在这一部分的培训中，员工将学习如何规划项目、设定里程碑、分配资源以及监控进度。企业会介绍项目管理的最佳实践和工具，如甘特图、敏捷方法和项目管理软件。通过案例研究和模拟项目，员工将掌握如何有效地管理时间和优先级，确保项目的按时交付和质量标准。冲突解决与决策制定是领导力的重要组成部分。在进阶培训中，企业会提供关于如何处理工作中的冲突、协商技巧和影响他人的策略的训练。员工将学习如何识别和理解冲突产生的根本原因，以及如何使用恰当的手段来化解冲突，维护团队的和谐。此外，培训还会涵盖数据驱动的决策制定过程，教授员工如何利用数据分析来支持更明智的决策。

在当今快速变化的跨境电子商务领域，创新和战略规划是企业持续成功的关键。为了培养员工的这些能力，企业的进阶培训模块中通常会包含创新思维与战略规划这一部分，重点关注创新方法论、商业模式创新以及企业战略与执行三个核心领域。在进阶培训中，创新方法论的部分旨在激发员工的创造力和解决问题的能力。企业会介绍各种创新框架和工具，如设计思维、六顶思考帽和 TRIZ 理论①等，帮助员工系统地思考如何开发新产品、优化服

---

① TRIZ 为俄文"发明问题解决理论"的首字母缩写，由苏联发明家根里奇·阿奇舒勒也创立，揭示了创造发明的内在规律与原理，是成熟的、实用的创新方法学。

务或改进流程。通过工作坊和实践练习，员工将学会如何运用这些方法来挑战现状，提出创新的解决方案，并将其应用于实际工作中。商业模式创新是企业区别于竞争对手并在市场中获得优势的关键。在这一部分的培训中，员工将学习如何分析现有的商业模式，识别潜在的改进点，并探索新的商业机会。企业会提供关于价值主张设计、客户细分、收入流和成本结构等方面的知识，教授员工如何构建和测试新商业模式。这些技能有助于员工更好地理解企业如何创造、交付和获取价值。企业战略与执行部分的培训旨在提升员工的战略思维和执行力。在这一环节中，员工将学习如何制定战略目标、分析内外部环境、选择战略选项并制订行动计划。企业会介绍战略管理的工具和框架，如 SWOT 分析、波特的五力模型和平衡计分卡等。此外，培训还会涵盖战略执行的关键环节，包括资源分配、变革管理和绩效监控，确保员工能够将战略转化为具体行动并实现预期结果。

2.3.2.3　职业发展路径规划

在跨境电子商务领域，职业发展路径规划对于个人和企业都至关重要。对于企业来说，明确的职业发展路径可以吸引和留住人才，提高员工的忠诚度和工作积极性；对于个人来说，清晰的规划有助于职业生涯的成长和晋升。以下是企业跨境电子商务职业发展路径规划的概述：

入门级职位。在跨境电子商务的职业生涯初期，个人通常从入门级职位开始，如电商助理、客户服务代表、数据分析师等。这些职位要求员工掌握基本的市场知识、客户服务技能和数据分析能力。在这一阶段，个人应该专注于学习行业基础知识，提升沟通技巧，并积累实践经验。

中级职位。随着经验的积累和技能的提升，员工可以晋升到中级职位，如产品经理、市场营销专家、客户关系经理等。这些职位要求员工具备更深入的市场洞察力、项目管理能力和团队协作精神。在这一阶段，个人应该继续深化专业知识，同时开始培养领导力和团队管理能力。

高级职位。对于那些展现出卓越能力和领导潜力的员工，更高级的职位如运营总监、市场营销总监、供应链总监等将成为他们职业发展的下一步目标。这些职位要求员工不仅要具备丰富的行业阅历和扎实的专业知识，还要能够制定战略、管理大型团队并带领企业实现长期目标。在这一阶段，个人应该关注战略规划和创新思维的培养，同时加强跨部门和国际合作伙伴之间的协调能力。

领导层职位。最终，有些员工可能会进入企业的最高管理层，如商务发展总监、区域总裁或 CEO 等。这些职位要求员工具备全局视野、卓越的决策能力和强大的资源整合能力。在这一阶段，个人应该专注于企业的长远发展，推动组织创新，同时维护企业的社会责任和品牌形象。

在整个职业发展过程中，企业应该提供持续的培训和发展机会，帮助员工提升专业技能和软技能，例如，通过内部培训、外部研讨会、在线课程和国际交流项目等方式，员工可以不断学习新的知识和技术，适应行业的变化。同时，企业还应该建立明确的晋升机制和绩效评估体系，确保优秀员工能够得到认可和激励。此外，企业还应该鼓励员工进行职业规划，与他们一起制订个人发展计划，并提供必要的支持和资源。通过这种方式，企业不仅能够帮助员工实现个人职业目标，还能够促进整个组织的发展和壮大。总之，企业跨境电子商务职业发展路径规划是一个系统性的过程，需要企业和个人共同努力。通过明确的规划和不断的努力，员工可以在跨境电子商务领域实现自己的职业抱负，而企业也可以通过人才的成长和发展来实现其商业目标。

2.3.3 政府与社会机构作用

在全球化的经济环境中，跨境电子商务成为推动国际贸易和经济增长的关键力量。为了培养能够适应这一领域需求的专业人才，政府和社会机构必须采取一系列有针对性的措施。这些措施不仅涉及教育体系的整合和改革，还包括提供实践机会、政策与资金支持、行业合作以及持续教育与培训等。

教育体系的整合是培养跨境电子商务人才的基础。政府可以通过与教育机构的合作，开发和推广涵盖电子商务、国际营销、供应链管理、数据分析等相关领域的课程。这些课程应包含理论学习和实践操作，以培养学生的综合能力。此外，引入或推广与跨境电子商务相关的专业资格认证，鼓励学生获取官方认证，以此提高他们的专业能力和市场就业的竞争力。同时，支持学术研究，鼓励学生对跨境电子商务领域的创新和探索，为行业发展提供新的理论和技术支持。实践经验的提供对于学生理解和应用知识至关重要。政府可以与企业合作，为学生提供实习机会，或者设立实训基地，让学生能够在真实的商业背景下学习和应用所学知识。此外，提供创业指导服务，设立创业孵化中心，为渴望进入跨境电子商务行业的年轻人提供财务支持、技术和市场准入等方面的支持。政策支持和财政资助是培育跨境电子商务专才的关键途径。政府能够推出诸如减税、资金补助等优惠措施，激励企业加入跨境电子商务人才的培育行列。此外，政府还能成立特别基金，促进与跨境电子商务有关的教育项目和研究工作，以及企业的人才培养计划。行业合作是确保教育内容与行业需求相匹配的关键。政府、企业和教育机构可以共同开发培训课程，促进行业内的信息共享和最佳实践交流，帮助学生和在职人员了解最新的行业动态和技术进展。持续教育与培训是维持人才竞争力的重要途径。利用网络平台提供在线课程和培训资源，方便在职人员进行远程学习和技能提升。定期举办工作坊、研讨会和讲座，邀请行业专家分享经验，为学生和专业人士提供学习和交流的机会。

政府和社会机构在培养跨境电子商务人才方面扮演着关键角色。通过教育体系的整合、实践经验的提供、政策与资金支持、行业合作以及持续教育与培训等措施，可以有效地支持和促进跨境电子商务人才的培养，满足行业发展的需求，并推动国际贸易的增长和创新。

第 3 章

跨境电子商务教学理论体系构建

3.1 跨境电子商务教学标准解读

制定跨境电子商务教学标准的目的在于培养掌握跨境电子商务的基本特点、操作流程、法律法规及政策,具备相关的跨境电子商务业务能力,满足市场需求的跨境电子商务人才。

3.1.1 国家教育政策导向

3.1.1.1 教育政策背景

在 21 世纪经济全球化的大潮中,跨境电子商务以其独特的优势迅速发展,成为推动国际贸易增长的新引擎。随着互联网技术的不断进步和全球消费市场的日益融合,跨境电子商务不仅转变了传统的交易方式,同时也为人才培养带来了新的考验。为了适应这种变化,多国政府纷纷推出了相应的政策,以促进跨境电子商务的发展,并对教育领域提出了新的要求,即培养能够适应跨境电子商务市场需求的高素质人才。① 这些政策的出台不仅为跨境电子商务的发展提供了良好的环境,也为跨境电子商务教学标准的制定提供了政策背景与动因。全球经济一体化是现代世界经济进展的主要动向之一。随

---

① 郭四维,张明昂,王庆,等. 新常态下的"外贸新引擎":我国跨境电子商务发展与传统外贸转型升级 [J]. 经济学家, 2018 (8): 42-49.

着国家间贸易壁垒的逐渐降低，国际贸易活动变得更加频繁，这为跨境电子商务提供了广阔的市场空间。跨境电子商务突破了传统国际贸易的地理界限，让企业得以直接接触全球顾客，扩大了市场份额。这种新型的商业模式对人才的培养提出了新的要求，即培养更多符合市场所需的具备国际视野、专业知识和技能的复合型人才。为了适应这一变化，各国政府纷纷出台政策支持跨境电子商务的发展，并推动相关教学标准的制定。

跨境电子商务教学标准的制定需要紧密结合信息技术的发展，培养学生掌握和应用这些技术的能力，以适应未来市场的需求。信息技术的突破性进展为跨境电子商务的壮大提供了雄厚的技术支持。网络、大数据、云技术等的使用极大地促进了电商模式的创新和业务流程的优化。这些技术的使用不仅提高了交易效率，降低了运营成本，还为企业提供了更加精准的市场分析和客户服务。跨境电子商务教学标准的制定需要关注消费者的多元化需求，培养学生的市场分析和产品开发能力，以适应市场的变化。随着全球消费市场的日益融合，消费者对于商品和服务的需求日益多样化和个性化。跨境电子商务能够满足消费者获取海外产品的需求，为他们提供更多的选择。这种需求的多元化促使跨境电子商务不断创新，推出新的产品和服务以满足消费者的需求。法律法规政策的出台为跨境电子商务教学标准的制定提供了政策依据和指导方向。各国政府认识到跨境电子商务在促进外贸和经济扩展中所扮演的关键角色，相继推出了支持政策，并制定相关法规标准以规范市场秩序。这些政策包括税收优惠、资金支持、海关程序简化等方面，目的是减少企业的经营开支，增强跨境电子商务的国际竞争力。[①] 与此同时，政府也强化了对跨境电子商务的监督管理，制定了相关的法规标准，以保护消费者的权益和维护市场的公平竞争。跨境电子商务教学标准的制定需要关注国际合作与竞争的趋势，培养学生的国际交流和合作能力，以适应全球化的市场需求。随着国际市场竞争的加剧，各国通过建立跨境电子商务合作机制，促进国际电商规则的协调和统一。这种合作有助于降低贸易壁垒，提高跨境电子商务的国际竞争力。同时，各国也在积极推动电商规则的国际标准化，以适应全

---

① 张洪胜，潘钢健. 跨境电子商务与双边贸易成本：基于跨境电子商务政策的经验研究 [J]. 经济研究，2021，56（9）：141-157.

球市场的发展需求。

经济全球化、信息技术革命、消费者需求的多元化、政策扶持与规范以及国际合作与竞争等因素,共同塑造了跨境电子商务教学标准的核心内容和发展方向。经济全球化为跨境电子商务教学标准提供了宏观背景。在全球经济一体化的大趋势下,国家间的贸易壁垒降低,国际贸易活动频繁,这要求跨境电子商务教学标准必须体现出国际化的特征。教学内容需要涵盖全球市场分析、国际物流与关税、多币种支付系统等模块,以培养学生的国际视野和跨国经营能力。同时,由于经济活动的全球化,学生还需要了解熟悉不同国家和地区的市场状况、文化多样性和法律法规,以便能够在复杂的国际环境中准确判断并作出决策。信息技术革命对跨境电子商务教学标准的影响体现在技术和工具的使用上。互联网、大数据、云计算等技术的应用已成为电商领域的核心。因此,教学标准中须重视信息技术的利用和创新,包括电子商务平台的运营、网络营销策略、电子支付系统以及客户关系管理等。教育机构应提供相应的技术支持和实验平台,使学生能够在实践中掌握并应用这些技术,提升其技术适应能力和创新能力。消费者需求的多元化要求跨境电子商务教学标准注重市场导向和客户服务。随着消费者对商品和服务的需求日益多样化和个性化,教学内容应包括市场调研、消费者行为分析、产品定位与开发、品牌建设等模块。教学标准应鼓励学生从消费者的角度出发,理解和预测市场需求的变化,培育其敏感的市场感知力和应对多变情况的能力。政策扶持与规范为跨境电子商务教学标准提供了制度保障。各国政府出台的一系列政策优惠和法规标准,既为跨境电子商务企业的发展提供了便利条件,也为教学标准的制定提供了依据。教学标准需结合当前的政策环境,强调法律法规的教育,确保学生能够理解并遵守国内外的电商法规,同时了解政策背后的经济原理和市场监管机制,培养学生的法律意识和风险控制能力。国际合作与竞争推动了跨境电子商务教学标准的国际对接。[①] 在全球化背景下,教学标准不仅要考虑国内市场需求,还要与国际标准接轨。这意味着教学标准需要包含国际合作项目、跨文化交流、外贸英语沟通等模块,提前让学生

---

① 张艳. 新发展格局下跨境电子商务驱动经济高质量发展的动力机制与路径优化 [J]. 商业经济研究,2021 (22):84-88.

适应未来可能面临的国际工作环境。通过与国外高校或企业的联合培养，学生能拥有更广阔的国际视野和更强大的国际竞争力。

教学标准的制定不仅要顺应时代发展的潮流，还要预见行业发展的趋势，更要结合实际操作的需求。只有如此，才能培养出真正适应跨境电子商务行业发展的高素质人才，为推动全球电子商务的发展作出贡献。

3.1.1.2　人才培养要求

在全球经济一体化的背景下，跨境电子商务作为一种崭新的商业运作模式，正在以前所未有的速度发展壮大。为了适应这一变化，各国政府和教育机构越来越重视跨境电子商务人才的培养。跨境电子商务教学标准的制定，旨在为跨境电子商务行业培养出具备专业知识、技能和良好素质的高素质人才。这些专业人士不应只掌握国际贸易的根本理论和实际操作技巧，还需要具备良好的跨文化沟通能力、创新思维和终身学习的意识。

1）知识要求

国际贸易基础知识。在全球化的经济环境中，跨境电子商务人才必须了解和掌握国际贸易的基本理论与实务。这包括对贸易术语（如 FOB、CIF 等）的熟悉，各种国际支付方式（信用证、电汇等）的操作知识，以及国际物流运输的途径和技术。[①] 此外，关税和税收政策对于成本计算和价格策略至关重要，因此，对这些领域内的细则和影响有深入理解是必不可少的。

电商平台运营知识。随着电商平台的快速发展，操作这些平台成为跨境电子商务工作核心。跨境电子商务人才必须具备在电商平台，例如阿里巴巴国际站（Alibaba.com）、亚马逊（Amazon）、亿贝（eBay）等，进行商品上架、管理库存、处理订单、提供客户服务等日常运营活动的能力。同时，了解这些平台的推广策略以及利用数据分析工具来优化产品展示和提高销量同样重要。

市场营销知识。掌握国际市场的营销知识对于跨境电子商务的成功至关重要。这涉及市场调研以识别潜在机会，产品定位以满足特定市场需求，品

---

　① 庄小兰. 跨境电子商务的人才核心技能需求分析与培养对策 [J]. 管理观察，2015（17）：178-180.

牌建设以增加产品的识别度，以及客户关系管理以保持顾客忠诚度。这些能力有助于企业建立稳固的市场地位并实现长期增长。

法律法规与伦理知识。法律法规是跨境电子商务活动中不可忽视的部分。了解和遵守相关的法律法规，如知识产权保护、数据安全法规、消费者权益保护法律等，对于维护企业声誉和避免法律风险至关重要。同时，网络伦理也在电商活动中占有一席之地，它关系到企业的社会责任和道德标准。

跨文化交际知识。有效的跨文化沟通是跨境电子商务成功的关键因素之一。跨境电子商务人才需要具备跨文化交流的能力，理解和尊重不同国家和地区的文化差异，并能在此基础上与国际客户和合作伙伴建立良好的关系。这不仅涉及语言技能的提升，也包括对各国商业习惯、谈判风格及社交礼仪的理解。

2）技能要求

实务操作能力。在跨境电子商务行业，实际操作技能是日常业务执行的基石。这包括对各类跨境电子商务平台，例如阿里巴巴国际站（Alibaba.com）、亚马逊（Amazon）、亿贝（ebay）等，熟练操作，能够高效地完成产品上架、订单处理、物流安排和客户服务等任务。[①] 此外，对于支付方式的选择、风险评估和售后服务也需要有一定的处理能力，确保交易的顺利进行。

市场分析与营销能力。为了在竞争激烈的国际市场中占据一席之地，跨境电子商务人才需要具备强大的市场分析与营销能力。这意味着他们能够运用各种市场分析工具，比如谷歌分析（Google Analytics）、社交媒体分析工具等，来收集和分析市场数据，从而洞察市场趋势，识别目标客户群体，制定并实施有效的营销策略。

跨文化沟通能力。在全球化的商业环境中，跨文化沟通能力尤为重要。跨境电子商务人才应具备在多元文化背景下进行有效沟通的能力，这不仅包括语言交流的能力，还包括对不同文化商业习惯的理解与尊重。这种能力有助于建立和维护良好的国际合作关系，促进业务的顺利推进。

创新与创业能力。随着市场的不断变化和发展，跨境电子商务行业需要

---

① 范新民. 高等教育国际化与跨境外贸电商人才培养：跨界融合视角［J］. 河北师范大学学报：教育科学版，2015，17（3）：101-107.

不断创新以适应市场需求。因此，跨境电子商务人才需要具备创新思维和创业精神，能够从市场变化中捕捉到新的机会，并通过创新性的想法和方法来开发新产品或服务，推动企业的持续发展。

信息技术应用能力。信息技术是跨境电子商务运营的核心支撑。跨境电子商务人才需要熟练应用互联网、云计算、大数据等信息技术，这些技术能够帮助企业提高运营效率，优化客户体验，并进行精准营销。例如，大数据分析可以帮助企业了解消费者行为，云计算则提供了存储和处理大量数据的能力。

3）素质要求

专业素养。在跨境电子商务领域，专业素养是指具备扎实的国际贸易理论基础和实务操作技能。这包括对国际贸易流程、支付方式、物流安排等环节的深刻理解，以及在面对市场变化和复杂问题时，能够灵活运用专业知识进行有效决策和问题解决。专业素养是跨境电子商务人才在激烈的国际竞争中立于不败之地的基础。[①]

跨文化素养。随着全球贸易的日益频繁，跨文化交流成为常态。跨境电子商务人才需要具备良好的跨文化意识和适应能力，这意味着他们不仅要掌握多种语言，还要理解和尊重不同国家和地区的文化差异和社会习俗。具备跨文化素养的人才能够在多元文化的环境中建立有效的沟通和协作，促进国际业务的顺利开展。

创新意识。创新是推动企业发展的关键动力。跨境电子商务人才应具备敏感的市场观察力，能够迅速识别市场需求的新趋势，并运用创新思维开发新的商业模式或改进现有流程。同时，他们也应密切关注技术发展的最新动态，比如人工智能、区块链等，以便将这些新技术应用到电商业务中，提高效率和竞争力。

团队协作精神。跨境电子商务涉及多个环节和多方协作，因此团队协作精神尤为重要。跨境电子商务人才需要具备良好的团队合作能力，能够在团队中发挥积极作用，与团队成员共同协调资源、解决问题。他们应该能够在

---

① 苏曼. 跨境电子商务专业人才胜任素质模型研究 [J]. 高等工程教育研究，2016（3）：170-174.

多元化的团队环境中工作，充分发挥各自的优势，共同完成团队目标。

终身学习意识。在快速变化的跨境电子商务行业中，持续学习是必不可少的。跨境电子商务人才应具备终身学习的意识和能力，不断更新自己的知识和技能，以适应行业发展的新需求。这包括关注行业动态、参加专业培训、学习新的技术和工具等。终身学习不仅有助于个人职业发展，也有助于企业长期竞争力的提升。

跨境电子商务教学标准的制定，旨在为跨境电子商务行业培养出具备专业知识、技能和良好素质的高素质人才。这些人才将在推动跨境电子商务行业的发展中发挥关键作用。为了满足这一人才培养目标，教育机构需要不断完善教学体系，更新教学内容，并加强与行业的合作，培养出更多适应未来市场需求的跨境电子商务人才。同时，政府和社会各界也应给予更多的支持和关注，共同推动跨境电子商务人才的培养和发展。

3.1.2　行业人才标准与资格认证

3.1.2.1　企业人才标准

在全球化的经济背景下，跨境电子商务已转变为公司拓宽国际领域的关键渠道。随着电子商务技术的不断发展和国际贸易壁垒的逐渐降低，日益增多的企业正迈向跨境电子商务的道路。这一潮流不仅给企业开辟了新的商业机遇，同时也对跨境电子商务人才提出了更高的要求。[①] 企业需要一支具备国际视野、专业知识和技能的团队来应对全球市场的挑战，从而实现可持续发展。

企业希望招聘到具备扎实国际贸易基础知识和实务操作能力的专业人才。这些人才需要熟悉国际贸易的法律法规、支付方式、物流运输等环节，并能够在实际工作中灵活运用这些知识解决问题。此外，他们还需要了解各国的文化差异和消费习惯，以便更好地满足不同市场的需求。在国际贸易知识方面，专业人才需要掌握国际贸易的基本理论和政策，包括贸易协定、关税和

---

① 陈俏丽. 基于社会需求的跨境电子商务运营人才核心素养及培养策略研究 [J]. 商展经济,
2024 (1)：185-188.

非关税壁垒等。他们还需要了解各国的进出口政策和法规，以确保企业的国际贸易活动合法合规。在实务操作能力方面，专业人才需要具备处理国际物流、报关和报检等事务的能力。他们需要了解国际物流的运作模式和流程，能够选择合适的物流渠道和服务商，确保货物安全、高效地运达目的地。同时，他们还需要熟悉报关和报检的程序和要求，能够准确地填写各类单证，顺利地完成货物的进出口手续。

随着电商平台的兴起，企业越来越重视线上销售和推广。因此，具备跨境电子商务平台运营和推广能力的跨境电子商务人才成为企业的热门需求。这些人才需要掌握电商平台的运营规则、数据分析工具和营销策略，能够有效地提升企业在平台上的知名度和销售额。同时，他们还需要关注行业动态和技术发展，不断优化企业的电商模式和流程。在电商平台运营方面，跨境电子商务人才必须熟悉电商平台运营规则和政策，包括商品上架、交易流程、售后服务等。他们需要了解电商平台的商业模式和盈利方式，能够根据平台特点制定合适的运营策略。此外，他们还需要关注电商平台的技术和功能更新，及时调整企业的电商模式和流程，以适应市场变化。在电商推广方面，专业人才需要掌握各种线上营销工具和方法，包括搜索引擎优化（SEO）、社交媒体营销、内容营销等。他们需要根据目标市场的特点制定有针对性的推广方案，提高企业在海外市场的知名度和影响力。同时，他们还需要关注数字营销的最新趋势和技术发展，不断优化企业的推广策略。

在跨境电子商务交易中，企业需要与来自不同国家和地区的客户、供应商和合作伙伴进行沟通与协作。因此，具备跨文化沟通与协作能力的专业人才对企业尤为重要。这些人才需要具备良好的语言能力和沟通技巧，能够在多元文化背景下建立有效的合作关系。此外，他们还需要了解国际商务礼仪和谈判技巧，以便在商务活动中取得更好的成果。在跨文化沟通能力方面，专业人才需要掌握至少一门外语，能够与非母语国家的客户和合作伙伴进行顺畅的交流。他们需要了解不同国家和地区的文化背景和习俗，尊重并适应不同的文化环境。同时，他们还需要具备良好的沟通技巧和表达能力，能够清晰、准确地传达自己的观点和需求。在协作能力方面，专业人才需要具备团队合作精神和协调能力。他们需要与企业内部的同事以及外部的供应商、客户等各方密切合作，共同完成跨境电子商务的各项任务。此外，他们还需要具备一定的谈判技巧和商务礼仪知识，以便在商务谈判中争取到最有利的条件和资源。

在竞争激烈的跨境电子商务市场中，企业需要不断创新以保持竞争优势。因此，具备创新思维和市场敏锐度的专业人才成为企业的宝贵财富。这些人才需要具备敏锐的市场洞察力和创新精神，能够从市场变化中发现新的机会并提出创新的解决方案。同时，他们还需要关注新兴技术和商业模式的发展，以便及时调整企业的战略方向。在创新思维方面，专业人才需要具备开放的心态和勇于尝试的精神。他们需要不断挑战传统观念和做法，积极寻求新的解决方案和商业模式。同时，他们还需要关注新兴技术的发展和应用前景并判断其对企业的潜在影响，及时作出调整。在市场敏锐度方面专业人才需要密切关注全球市场的动态变化，及时发现市场需求的新趋势和新机会。他们需要通过各种渠道收集市场信息进行分析和预测以便为企业制定更加精准的市场战略提供支持。同时他们还需要关注竞争对手的动态变化及时调整自身的市场策略以保持竞争优势。

3.1.2.2 行业资格认证

随着跨境电子商务的快速发展，企业对跨境电子商务专业人才的需求也日益增长。为了规范行业发展，提升从业人员的专业水平，多种跨境电子商务行业资格认证应运而生。这些认证旨在通过专业的培训和考核，帮助从业者提升自身的国际商务能力、市场分析能力以及跨文化交流能力，从而更好地适应全球化的电商环境。[①]

国际贸易专业人员认证（Certified International Trade Professional，CITP）是一项旨在评估和证明个人在国际贸易领域专业知识和技能的认证。它涵盖了贸易合规性、市场分析、供应链管理等多个方面，适合希望深入国际贸易领域的专业人士。通过国际贸易专业人员认证的人员将能够更加熟练地处理国际交易中的各种问题，从而在激烈的市场竞争中脱颖而出。

国际电子商务专家认证（Certified International E-Commerce Professional，

---

① 张华，柯丽菲，陈红军. 1+X 证书制度下高职院校跨境电子商务专业人才培养模式构建与实践 [J]. 职业技术教育，2022，43（11）：17-21.

CIEC）是专为跨境电子商务领域设计的认证，重点在于培养从业人员在电商平台运营、国际支付方式、跨境物流以及跨文化交流等关键技能方面的专业能力。通过国际电子商务专家认证的人员将能够更加高效地管理跨境电子商务业务，为企业在全球市场的拓展提供有力支持。

针对在阿里巴巴（Alibaba）平台上开展业务的跨境电子商务人才，阿里巴巴（Alibaba）跨境电子商务人才认证提供了从店铺运营到营销推广的全方位培训。通过该认证的人员将能够更好地利用阿里巴巴（Alibaba）平台的资源，拓展国际市场，并为企业创造更多的商业价值。

亚马逊（Amazon）卖家认证主要针对希望在亚马逊（Amazon）平台上开店的卖家，提供产品上架、账户管理、物流服务等方面的培训和指导。通过亚马逊（Amazon）卖家认证的卖家将能够顺利地在亚马逊（Amazon）平台上开展业务，并利用亚马逊（Amazon）提供的资源和服务实现业务增长。

跨境电子商务专业人才认证（Cross-border E-commerce Professional Certification，CEP）是一项针对跨境电子商务行业的综合性认证。它不仅涵盖了国际贸易的基础知识和技能，还包括跨境电子商务平台的运营、国际物流、跨境支付等方面的内容。通过跨境电子商务专业人才认证的人员将具备全面的跨境电子商务业务能力，能够在复杂的国际市场环境中游刃有余。

跨境电子商务行业资格认证的过程通常包括报名、培训、考试和认证颁发几个阶段。报名阶段，考生需要选择适合自己的认证项目并进行报名。培训阶段，考生可以通过线上或线下的方式接受系统的专业培训。考试阶段，考生需要参加由认证机构组织的专业考试，并在规定时间内完成考试。认证颁发阶段，通过考试的考生将获得相应的认证证书。获得跨境电子商务行业资格认证的个人将会在职业生涯中获得多重价值。

跨境电子商务行业资格认证对于个人和企业都具有重要的意义。对于个人来说，获得认证不仅能够提升自身的职业形象，增加就业竞争力，还能够通过系统的学习，掌握跨境电子商务的核心知识和技能，为自己的职业发展奠定坚实的基础。对于企业而言，员工持有跨境电子商务行业资格认证，意味着企业将拥有一支训练有素的专业团队，这将直接影响企业的服务质量和市场竞争力。

3.2 跨境电子商务课程教学理念

在构建跨境电子商务课程的教学理念时，采纳以学生为中心的教学模式是至关重要的。这一模式要求深入了解和分析学习者的需求与特性，以便提供更加个性化、有效的教学策略。

3.2.1 学生中心教学模式

3.2.1.1 学生需求与特性

1）分析学生背景

在采纳以学生为中心的教学模式时，对于跨境电子商务课程来说，首要任务是深入了解学习者的需求和特性。这要求对学生的背景进行透彻的分析，以便为不同水平和需求的学生提供定制化的教学计划。

分析学生背景首先要评估他们的教育经历。一些学生可能已经通过先前的课程或专业学习，对电子商务的基本理论和实践有了深入的了解。他们可能需要更高级的内容，包括市场分析、国际支付系统、物流管理等复杂主题。而其他学生可能缺乏相关知识，需要从最基本的电商概念和操作开始。文化背景也是一个关键因素。国际学生可能带来丰富的跨文化交流经验，这对于理解多元市场中的消费者行为至关重要。这些学生的视角可以丰富课堂讨论，增加教学内容的实际应用场景。语言能力亦不容忽视，特别是在跨境电子商务环境中，良好的语言技能是必备的。对于那些母语为非英语的学生，额外的语言支持可能是必需的，以确保他们能够充分理解课程材料，并与国际电子商务平台有效交流。此外，了解学生在电商领域的先前知识和技能也很重要。一些学生可能已经通过实习或个人项目积累了实践经验，可以利用这些经验在课程中进行深层次的学习。同时，教师应识别哪些学生需要更多的实践机会，如模拟练习或与企业合作项目，来增强他们的实战技能。

通过对跨境电子商务学生背景的综合分析，能够更好地定位教学起点，设计出既能够满足初学者基础学习需求，又能够挑战有经验学生的课程内容。

这种方法不仅有助于学生实现个性化学习，也为教师提供了不断调整和优化教学策略的机会，以适应学生多样化的需求。

2）识别学习风格

在以学生为中心的教学模式中，识别跨境电子商务学生的学习风格对于提供有效的教学策略至关重要。学习风格一般指的是学生在接触、整理及领会新知识时所倾向采用的方法。这些风格可以大致分为几种类型：视觉型、听觉型、读写型和动手操作型。

视觉型学习者更喜欢通过图表、图像、视频和其他视觉媒介来学习。他们通常能够更好地记住所看到的内容，如流程图或图解。在跨境电子商务课程中，教师可以通过提供丰富的视觉材料来满足这类学生的需求，例如使用幻灯片将国际市场的数据可视化，或者通过视频案例研究来展示电子商务的实际应用。

听觉型学习者则偏好通过听讲座、讨论和音频资料来学习。他们能够通过听的方式来强化记忆和理解。为了满足这类学生的需求，教师可以采用口头讲解、小组讨论以及课堂上的互动问答等方式。此外，提供有声教材或在线讲座也能帮助他们复习和巩固知识。

读写型学习者喜欢通过阅读和写作来学习，他们倾向于通过文字来整理思路和吸收新知。对于这类学生，教师可以提供详尽的阅读材料，如教科书章节、研究报告和案例分析。同时，要求学生进行书面作业、报告或论文写作，以进一步促进他们的学习。

动手操作型学习者则更倾向于通过实践学习，他们喜欢亲自动手做事来探索和解决问题。在跨境电子商务课程中，教师可以设计实际操作的项目，如建立微型电商网站、模拟电商平台的广告活动或者进行市场调研等。

要识别学生的学习风格，教师可以采用问卷调查、观察学生的课堂行为、分析他们的作业和考试结果等方式。了解每位学生的学习风格后，教师可以结合多种教学方法，设计出能够满足不同学生需求的课程内容。这不仅有助于提升学习效果，还能让每个学生在自己的学习风格中找到最佳的学习方法。

3）确定动机与期望

在以学生为中心的教学模式中，了解跨境电子商务学生的动机与期望对于设计有效的教学计划至关重要。学生的动机通常是指他们学习的内在驱动力，而期望则是他们对学习成果的希望和目标。①

对于跨境电子商务学生而言，他们的学习动机可能包括以下几个方面：

（1）职业发展。许多学生选择学习跨境电子商务，是因为他们认识到了电商在全球范围的快速发展和巨大潜力。他们希望通过课程获得的技能和知识能够帮助他们在未来找到优质的工作机会或推动自己的创业项目。

（2）技能提升。一些学生可能已经在某个领域工作，例如市场营销或供应链管理，他们希望通过学习跨境电子商务来扩展自己的技能集，以适应日益国际化的工作环境。

（3）对新知识的好奇。部分学生对新兴的电商模式、技术和市场趋势抱有浓厚的兴趣，他们渴望了解和探索这些内容。

（4）个人成就感。有些学生可能出于个人成就感来学习跨境电子商务，他们享受学习过程中的挑战和克服难题带来的满足感。

学生的期望通常与他们的学习动机紧密相关，他们可能期望能够：

（1）掌握实际操作的技能。包括市场分析、电商平台运营、国际支付和物流等方面的实操技能。

（2）理解理论知识。如国际贸易法规、跨境电子商务的法律问题、知识产权保护等。

（3）增强跨文化沟通能力。在全球化的市场中有效沟通和解决跨文化问题是跨境电子商务成功的关键。

（4）获得实际经验。通过实习、案例研究和项目工作等方式亲身体验跨境电子商务的运作。

可以通过问卷、访谈或小组讨论等方式来了解学生的动机和期望。了解这些信息后，可以设定相应的课程目标，并采用相关的教学方法来激发学生的学习热情，同时也可以帮助学生设定现实且可达成的学习目标。这样的教学模式不仅有助于提升学生的学习体验和成效，也能够满足他们个性化的学习需求。

---

① 吴松传，颜颖. 探索学习困难的归因分析和实践教学研究：以《跨境电子商务交际英语》为例 [J]. 电脑与信息技术，2021，29（2）：65-67，85.

3.2.1.2　互动性强的课堂活动

互动性是促进学习者参与度、提高学习效果的关键因素。有效的互动可以激发学生的兴趣，增强其对知识的理解和记忆。在设计互动性强的跨境电子商务课堂活动时，首先需要了解的是教育互动的核心原理。学习者中心原理指活动设计应以学生为中心，注重学生的需求和兴趣，鼓励学生主动参与和探索。实践导向是通过模拟真实的跨境电子商务环境，让学生在实践中学习和掌握知识。利用多种互动方式，如小组讨论、角色扮演、实时反馈等，提高学生的参与度和互动性。运用现代信息技术工具，如在线平台、社交媒体、虚拟现实等，增强教学的互动性和趣味性。

基于上述原理，可以设计以下几种跨境电子商务课堂活动方案：

（1）虚拟市场模拟。创建一个模拟的跨境电子商务平台，让学生分组进行商品上架、营销推广、订单处理等活动。通过模拟真实操作，学生可以更好地理解跨境电子商务的流程和管理技巧。

（2）国际买家角色扮演。学生分组扮演不同国家的买家，与其他组进行交流和谈判，模拟真实的国际贸易场景。这种活动可以提高学生的跨文化沟通能力和谈判技巧。

（3）实时数据分析。利用数据分析工具，让学生分析真实的跨境电子商务数据，如销售数据、客户行为数据等。通过数据分析，学生可以学习如何根据数据作出商业决策。

为了增强课堂活动的互动性，可以运用在线协作平台，如 Zoom、Teams等，用于远程教学和小组讨论，支持实时互动和文件共享。还可以运用互动白板，如 Miro、Jamboard 等，用于头脑风暴、思维导图制作等，支持多人同时编辑和讨论。同时，通过虚拟仿真（VR）技术，学生可以身临其境地体验跨境电子商务的各个环节，如参观虚拟的仓库、体验商品打包过程等。设计互动性强的跨境电子商务课堂活动需要结合教育原理和技术工具，创造一个富有实践性和互动性的学习环境。通过这样的活动，学生可以更好地掌握跨境电子商务的知识，并为未来的职业生涯做好准备。

3.2.1.3 个性化学习路径

跨境电子商务领域因其涉及多个环节,且要求学习者具备不同的技能和知识,为了适应不同学习者的需求,提供个性化的学习路径显得尤为重要。

定制化跨境电子商务学习材料是一套综合性的教学资源,旨在为从事跨境电子商务或希望进入跨境电子商务领域的个人和企业提供专业、系统的知识和技能训练。这些材料按照不同的主题和领域进行编排,以确保学习者能够全面掌握所需的各项核心能力,比如:外贸基础知识,深入讲解国际贸易的基本原理,包括贸易术语、支付方式以及风险管理策略等,为学习者构建坚实的理论基础;电商平台操作,详细介绍如何在各大电商平台,例如亚马逊(Amazon)、亿贝、Wish 和全球速卖通(AliExpress),搭建店铺、上传产品、管理库存、优化产品列表以及提供优质客户服务的操作方法;市场分析工具,教授如何运用市场分析工具来识别消费者需求、进行竞争对手分析和把握市场动态;产品定制知识,探讨产品个性化定制(POD)模式的特点及运作机制,帮助初创企业和小卖家了解按需生产的商业模式;物流与法规,解析国际物流流程、运输方式选择、关税计算以及各国进口法规标准,确保学习者对物流和法规有充分了解;营销策略,指导如何制定并实施有效的跨境营销策略,涵盖搜索引擎优化(SEO)、社交媒体营销和内容营销等多个方面;客户服务技巧,强调优质客户服务在维护客户忠诚度中的重要性,并提供沟通技巧和处理投诉反馈的方法;品牌建设,对于追求长期发展的企业,提供关于建立和维护品牌形象的指导。

定制化跨境电子商务学习资料的形式可以多样化,以满足不同学习者的个性化需求,可能包含网络教学和视频引导、电子版读物和指南、互动式教学模块、案例研究和分析报告、论坛和社区讨论、博客文章和新闻更新、工具和资源清单、直播研讨会和网络研讨会、个性化学习路径和计划、作业和测验、"一对一"辅导和咨询、移动应用等。这些形式的学习资料可以根据学习者的学习习惯、时间安排和技术能力进行选择和搭配,以实现最佳的学习效果。

灵活的跨境电子商务学习进度安排是个性化学习路径中的一个关键组成

部分，它允许学习者根据自己的时间管理、学习能力和生活节奏来设定和调整学习计划。灵活进度安排的方法包括制订个人学习计划、利用学习管理系统（LMS）或时间管理工具、设置里程碑等。灵活的学习进度安排旨在赋予学习者更多的控制权和自由度，使他们能够在保证学习质量的前提下，根据个人实际情况来安排学习，从而提升整体的学习效率和满意度。

　　针对性的跨境电子商务学习反馈与指导是确保学习者能够在个性化学习路径上取得最佳成效的关键。首先，通过个性化评估，教育提供者能够了解学习者的基础知识水平、技能掌握情况以及他们的具体学习需求。这一过程有助于为每位学习者定制一个符合其个人目标和能力的学习计划，并设定相应的评估标准，以便更有效地衡量学习成果。随着学习者开始他们的课程，实时进度跟踪功能允许教育者通过学习管理系统（LMS）或其他在线工具，持续监测学习者的进展和表现。这种监控不仅帮助学习者保持对课程进度的清晰认识，也为教育者提供了宝贵的数据，以调整教学方法和材料。其次，为了进一步深化学习体验，定期安排"一对一"辅导会议是一种有效的方式。无论是通过在线视频会议还是面对面的交流，都能为学习者提供深入的个性化反馈，帮助他们理解复杂概念，克服学习障碍，并针对其独特的挑战提供解决方案。同时，定制化学习建议根据学习者的具体情况而设计，包括推荐合适的学习资源、提供有效的学习策略，以及引导他们如何利用各种工具和平台来优化自己的学习过程。再次，互动式问题解答环节允许学习者在学习过程中遇到疑问时及时寻求帮助。通过在线问答或论坛讨论，学习者可以与同伴、导师甚至行业专家进行互动，共同探讨问题并寻找答案。最后，绩效反馈报告为学习者提供了详尽的反馈，这不仅涵盖了他们的优点和成就，也指出了需要改进的地方。报告中还包括具体的行动计划，指导学习者如何在下一阶段的学习中进一步提升自己的能力和知识。

3.2.2　成果导向教学方法

　　成果导向教学方法在跨境电子商务课程中应用的前提条件是课程应具有明确的教学目标与成果。设定具体可衡量的目标是构建成功教育体系的基石。对于跨境电子商务课程来说，这些目标不仅需要明确，还应涵盖从基础理论到实践操作的全方位技能。例如，目标可以包括掌握国际贸易的基本规则、理解不同电商平台的运作机制、学会进行市场分析以及制定有效的跨境营销策略等。每个目标都应具体到能够通过测试、项目作业或其他评估方式来衡量学习者是否已经达到预期水平。这种明确性有助于学习者了解他们的学习目的，并对进度有清晰的认识。教学目标和成果应与行业需求紧密对接。跨境电子商务是一个快速变化的领域，行业对人才的需求也在不断进化。因此，教育机构必须与行业专家合作，定期更新课程内容，确保所教授的技能和知识与当前市场的实际需求保持一致。这可能意味着加入关于最新电商平台的内容、教授最新的营销技术或提供有关最近国际贸易协议的信息。这样的对接不仅有助于学习者的就业，也促进了整个行业的健康发展。透明化评估标准是保障教学质量和公平性的关键。学习者和教育机构都需要清楚地知道评估的标准是什么，以及如何通过这些标准来衡量学习成果。① 这些标准应当公开透明，易于理解，且与课程目标直接相关。例如，如果一个课程目标是让学习者能够有效使用搜索引擎优化（SEO）来提升产品在搜索引擎中的排名，那么评估标准可能会包括对搜索引擎优化（SEO）策略的理解、实际应用的能力以及通过数据分析来优化策略的技巧。透明的评估过程允许学习者自我监控进度，并在必要时寻求帮助以提高表现。明确的教学目标与成果是跨境电子商务教育成功的核心。通过设定具体可衡量的目标、确保教学内容与行业需求紧密对接以及制定透明化的评估标准，教育机构可以为学习者提供一个结构化、目标驱动的学习环境。这不仅有助于学习者获得必要的知识和技能，也为他们日后在跨境电子商务行业内取得成功打下了稳固的基础。

在跨境电子商务教育中，实施基于项目的学习方法是一种高度有效的成果导向教学策略。这种以学生为中心的教学方法不仅能够促进学生的积极参与，还能够提供实际应用知识和技能的机会。设计与现实业务相关的项目是实施基于项目的跨境电子商务学习的首要步骤。这些项目应当模拟真实的商业环境，使学生能够在类似真实职场环境里运用所掌握的知识。例如，课程可以包括创建一个虚拟的跨境电子商务店铺，让学生从市场调研、产品选择、

---

① 黄跃进. 成果导向教育理念下高职英语学习者个人情绪分析：以"跨境电子商务"的混合学习为例 [J]. 黑龙江教育：理论与实践，2022（10）：31-34.

店铺开设、营销推广到处理订单和客户服务等环节都亲自操作。通过这样的项目，学生不仅能够将理论知识与实践相结合，还能够理解跨境电子商务业务的全貌。引导学生主动探索与解决问题是基于项目学习的核心。在这种学习模式中，教师的角色由过去的信息传授者转变成为引导者和激励者。教师要为学生提供足够的空间，让他们自行探索问题的答案，并鼓励他们提出创新的解决方案。例如，在面对如何提升产品销量的问题时，学生可以通过分析市场数据、调整营销策略或优化产品页面来寻找答案。这种自主探索的过程不仅能够深化学生的理解，还能够培养他们的批判性思维和创新能力。评估项目过程中的学习成果是确保基于项目的学习方法有效性的关键。评估不应仅仅关注最终的项目成果，而应更加注重学生在项目过程中的表现和学习进展。这包括他们在团队协作、问题解决、时间管理和创新思维等方面的表现。评估方法可以多样化，包括但不限于同行评审、自我评估、教师评价以及实际业绩指标。通过这些评估，学生能够获得关于自己学习过程的反馈，进而更深刻地认识到自身的长处和需要改善的方面。基于项目的跨境电子商务学习方法通过模拟真实业务环境，引导学生主动探索和解决问题，并通过多维度的评估来监控学习过程，这不仅能够提高学生的学习兴趣和参与度，还能够为他们提供实际操作经验和应对未来职业生涯挑战的能力。这种教学方法的成功实施，需要教师具备相应的专业知识和实践经验，同时也需要教育机构提供必要的资源和支持。通过这种方式，跨境电子商务教育能够更好地满足行业的需求，培养出更多具备实战能力的专业人才。

3.2.3　持续改进与创新思维

在跨境电子商务教育中，建立一个有效的学习反馈机制和持续评估体系对于课程持续改进至关重要。收集学生、同行与行业的反馈是建立反馈机制的第一步。学生的反馈可以直接反映出教学活动的有效性和课程内容的相关性。通过问卷调查、访谈或数字平台，可以定期收集学生对课程的看法、建议以及他们在学习过程中遇到的困难。同行评审也是一个重要的反馈来源，其他教育工作者可以提供关于教学方法和材料的专业意见。此外，行业反馈能确保教学内容与市场需求保持一致，企业代表和专业人士可以提供宝贵的见解，指出行业中的最新趋势和技能需求。定期进行教学效果评估是确保教学质量和持续改进教学的关键。这种评估应该是全面的，不仅包括学生的学习成果，如考试和项目作业的成绩，还应该考虑学生的参与度、满意度以及他们在实际工作中的表现。评估可以采用定量和定性的方法，例如，通过分析学生的成绩分布来评估教学效果，或者通过学生的自我评估和教师的观察来评价学生的实践技能。这些评估结果应该被记录和分析，以便发现问题并提出解决方案。根据评估结果调整教学策略是一个持续改进教学的过程。评估结果可以为教育机构提供关于如何改进课程内容、教学方法和资源分配的指导。例如，如果评估发现某个主题的教学效果不佳，教育机构可以增加该主题的教学时间，引入新的教学材料，或者提供额外的辅导和支持。同样，如果行业反馈显示市场对某种新技能的需求增加，教育机构应及时更新课程，以确保学习者的技能与行业标准保持一致。建立跨境电子商务学习反馈机制与持续评估体系是一个动态的过程，它要求教育机构不断收集和分析来自学生、同行和行业的反馈，定期评估教学效果，并根据评估结果调整教学策略。[①] 通过这种方式，教育机构能够提供高质量的教学，帮助学习者获得必要的知识和技能，从而在竞争激烈的跨境电子商务领域取得成功。

在跨境电子商务领域，教师的专业持续发展与创新思维培养对于提升教学质量和学习者的学习成果至关重要。支持教师继续教育与培训是鼓励跨境电子商务教师专业发展的基础。随着全球电子商务的不断发展，新的商业模式、技术和法规层出不穷。因此，教师需要不断更新自己的知识和技能，以保持教学内容的时效性和相关性。教育机构可以通过提供资金支持、灵活的时间安排以及访问最新教育资源的机会来鼓励教师参与专业培训和研讨会。这些培训可以帮助教师掌握最新的跨境电子商务趋势、教学技术和研究方法，从而更有效地指导学生。促进教师间的交流与合作对于建立强大的教育共同体至关重要。通过分享最佳实践、教学经验和资源，教师可以相互学习，提高教学效果。教育机构可以创建专门的平台或论坛，鼓励教师讨论教学挑战、协作开发课程材料或共同进行项目研究。此外，定期组织的教师研讨会和工

---

① 罗宝涓. "1+X" 证书背景下跨境电子商务课程可持续化改革研究 [J]. 科技经济市场，2022（5）：142-144.

作坊可以成为教师交流想法和建立合作关系的场所。这种合作不仅能够提升教师的专业能力，还能够促进教育创新，为学习者提供更丰富的学习体验。激励教师进行教学研究与创新是推动跨境电子商务教育发展的关键。教师不仅是知识的传播者，也是教学创新的先行者。教育机构应该鼓励教师探索新的教学方法、评估技术和学习工具，以提高教学效率和学习者的参与度。为此，可以设立教学研究基金、创新奖项或成果分享会，以表彰在教学中取得显著成就的教师。同时，教育机构也应该支持教师发表研究成果、参加国际会议或与其他机构合作，从而将他们的创新成果推广到更广泛的教育社区。鼓励跨境电子商务教师专业发展需要一个全面的策略，包括支持教师参加继续教育与培训、促进教师间的交流与合作以及激励教师进行教学研究与创新。通过这些措施，教育机构不仅能够提升教师的专业水平，还能够创造一个充满活力和创新的教学环境，最终惠及所有学习者。

在跨境电子商务领域，技术的迅速发展和理念的不断更新要求教育课程能够与时俱进且不断创新。探索在线教育与混合式学习是跨境电子商务课程发展的重要方向。随着互联网技术的普及和进步，传统的面授教学已经不能满足所有学习者的需求。在线教育提供了具有灵活性和可访问性的学习体验，使更多人能够在不受时间和地点限制的情况下学习。混合式学习，融合了网络教育和现场授课的优势，给予学习者更定制化和灵活的学习感受。利用在线平台、虚拟教室和互动工具，教育机构可以创造出一个丰富的学习环境，让学习者能够根据自己的节奏和偏好进行学习。利用大数据分析优化教学是提高教学质量和效率的关键。大数据技术可以帮助教师和教育机构收集和分析学习者的学习成绩、行为模式和反馈信息。这些数据可以用来识别学习者的需求、预测学习成果以及定制个性化的学习计划。例如，通过分析学习者在在线平台上的活动，教师可以了解哪些内容引起了学习者的兴趣，哪些部分需要更多的解释或练习。此外，大数据的分析也能辅助教育机构评定课程的成效，从而作出更有针对性的改进。关注行业动态，不断更新课程内容是确保跨境电子商务课程与市场需求保持一致的必要条件。跨境电子商务是一个快速变化的领域，新的市场趋势、政策法规和技术工具不断涌现。教育机构需要与行业专家、企业和协会保持紧密联系，及时了解最新的行业发展情况。这些信息可以用来更新课程内容,确保学习者掌握最新的知识和技能。例如,随着人工智能和机器学习技术在电商领域的应用越来越广泛,教育机构应该将这些新技术纳入课程,让学习者有机会接触和理解这些前沿技术。综上所述,在跨境电子商务课程中融入新技术与新理念是提升学习者竞争力和满足行业需求的关键。通过探索在线教育与混合式学习、利用大数据分析优化教学以及关注行业动态并不断更新课程内容,教育机构可以为学习者提供高质量、实时更新的教育资源。这些努力将有助于培养出能够适应未来跨境电子商务市场变化的人才。

3.3 跨境电子商务课程设置

3.3.1 教学目标定位

在制定跨境电子商务课程目标时,首先进行行业需求的深入分析,关注当前市场中对电商运营、国际支付、物流管理以及跨文化沟通技能的高度需求。同时,预见到随着技术的发展,数据分析和市场营销的专业知识将成为未来跨境电子商务领域的重要资产。在确定课程需要涵盖的关键领域后,进一步识别学习者的特点,包括他们的教育背景、工作经验和个人职业发展目标。[1]

基于这些信息,制定了以下具体的课程目标供参考:

(1) 学习者能够熟练掌握至少两种主流跨境电子商务平台实操流程,包括产品上架、订单管理和客户服务。

(2) 学习者能够掌握国际支付方式和风险管理策略,能够进行有效的财务规划和资金流转。

(3) 学习者能够了解全球市场的法律法规,特别是关于知识产权保护和消费者权益保护的法律要求。

---

[1] 余浩然,张蕾,沈萌. 基于 OBE 理念的跨境电子商务专业实践课程体系构建研究 [J]. 老字号品牌营销,2022 (21):180-182.

（4）学习者能够学会使用市场分析工具来识别潜在客户，并能够根据市场数据制定营销策略。

（5）学习者能够提高跨文化沟通能力，能够在不同文化背景下与国际客户和供应商有效交流。

3.3.2　教学内容设计

3.3.2.1　教学内容的选择原则

在精选跨境电子商务教学内容时，应遵循一系列原则，确保课程不仅与行业发展同步，而且能够满足学习者的实际需求。首先，注重行业相关性，选择与当前和未来跨境电子商务趋势紧密相连的内容，如电商平台的最新功能、国际贸易的动态变化以及跨境支付系统的创新。为了保持课程内容的前瞻性，不断融入最新的技术和管理理念，如人工智能在电商中的应用、大数据分析等。其次，以市场需求为导向，通过深入分析市场报告和职业能力模型来确定必备的技能点。强调教学内容的综合性与系统性，确保涵盖从市场研究到客户服务的整个业务流程，同时提供系统化的知识架构。实践性和操作性也是选择教学内容的重要标准，通过案例研究、模拟演练和项目作业等手段，让学习者在实践中学习和掌握知识。再次，重视跨文化交际能力的培养，帮助学习者在全球化的商业环境中有效沟通和交流。教学内容灵活且适应性强，能够根据学习者的反馈和行业发展迅速调整。最后，确保使用准确的行业术语和语言，强化道德和合规性教育，同时提供丰富的学习资源，如在线资料和视频教程，以支持学习者的深入学习和持续进步。[①] 通过这些原则，跨境电子商务课程为学习者提供了一个内容丰富、实用、与时俱进的跨境电子商务学习体系，帮助他们在跨境电子商务领域取得成功。

3.3.2.2　理论知识模块构建

构建跨境电子商务课程的理论课知识模块时，需要涵盖该领域的核心知

---

① 潘静. 创业教育语境下跨境电子商务英语课程设计研究 [J]. 产业与科技论坛，2022，21（9）：145-146.

识点，以确保学习者能够全面理解并准备进入这个全球性的市场。以下是一系列可能的知识模块，它们共同构成了跨境电子商务理论课程的框架。

1）跨境电子商务概述

（1）跨境电子商务的发展历程

（2）主要跨境电子商务平台介绍

（3）跨境电子商务的业务模式

（4）跨境电子商务的市场规模和增长趋势

2）国际贸易基础

（1）贸易术语（如 FOB、CIF 等）

（2）进出口流程和文档

（3）关税和税收

（4）国际贸易条约和组织

3）国际支付系统

（1）国际支付方式（如信用证、电汇、PayPal 等）

（2）货币兑换和汇率风险管理

（3）支付安全和欺诈防范

（4）国际支付法规和合规性

4）物流与供应链管理

（1）国际运输方式（海运、空运、陆运）

（2）仓储和配送策略

（3）海关清关流程

（4）供应链优化和成本控制

5）跨境市场营销

（1）目标市场分析

（2）跨文化营销策略

（3）社交媒体和网络营销

（4）客户关系管理和服务

6）法律法规与伦理

（1）知识产权保护

（2）消费者权益保护法

（3）数据保护和隐私法

（4）反洗钱法规

7）电商平台操作与管理

（1）电商平台的选择和比较

（2）商品上架和分类管理

（3）订单处理和客户服务

（4）数据分析和运营优化

8）跨境电子商务风险管理

（1）市场风险和信用风险

（2）操作风险和供应链风险

（3）法律风险和合规风险

（4）风险评估和管理策略

9）跨境电子商务创新与趋势

（1）世界电子贸易平台（eWTP）

（2）区块链技术在跨境电子商务中的应用

（3）人工智能和机器学习在电商中的作用

（4）未来跨境电子商务的发展方向

　　每个模块都应该包含理论知识讲解、案例研究、实际操作示例和讨论话题，以确保学习者能够将理论知识与实际经验相结合。此外，课程还应该提供额外的资源，如行业报告、专家讲座和相关的工具软件教程，以帮助学习者扩展知识和技能。①

---

　　①　施薇. "湘品出境" 创业背景下的 "349" 《跨境电商》课程内容重构研究 ［J］. 科技经济市场，2021（1）：147-149.

3.3.2.3 实践技能训练安排

构建跨境电子商务课程实践课的实训模块时，重点是提供真实或模拟的工作环境，让学习者通过动手操作来巩固和应用理论知识。[①] 以下是一系列实训模块的例子，它们共同构成了跨境电子商务实践课程的核心内容。

1）电商平台操作实训

（1）创建和管理卖家账户

（2）商品上架和描述编写

（3）价格管理和促销策略

（4）订单处理和物流跟踪

2）国际支付操作实训

（1）设置和管理各种支付方式

（2）汇率查询和货币兑换操作

（3）支付风险评估和欺诈预防

（4）实际交易的支付流程模拟

3）跨境物流管理实训

（1）包装和标签要求

（2）运输方式选择和成本比较

（3）海关申报和清关流程模拟

（4）物流信息系统的使用和管理

4）市场分析与营销策略实训

（1）使用市场分析工具进行数据分析

（2）制订针对特定市场的营销计划

（3）社交媒体营销和广告投放实操

（4）营销效果监控和调整

---

① 向红梅. 高职跨境电子商务个性化学习课程内容设计策略研究 [J]. 计算机产品与流通, 2018（5）：205.

5）客户服务与沟通技巧实训

（1）客户咨询响应和问题解决

（2）跨文化沟通模拟和角色扮演

（3）售后服务流程和管理

（4）客户关系管理系统（CRM）的使用

6）法律法规合规性实训

（1）知识产权保护的实际操作

（2）消费者权益保护的案例分析

（3）数据保护和隐私政策的制定

（4）反洗钱法规的合规性检查流程

7）风险管理模拟实训

（1）识别和评估各类跨境贸易风险

（2）制订风险管理计划和应急预案

（3）模拟应对市场变化和突发事件

（4）风险控制策略的实施和评估

8）跨境电子商务综合项目实训

（1）综合运用所学知识和技能进行模拟电商项目

（2）从市场调研到产品销售的全过程管理

（3）团队合作和项目管理技能的培养

（4）项目成果展示和评审

每个实训模块都应该提供详细的操作指南、案例背景、实训任务和评估标准。此外，可以通过与企业合作，提供真实的业务场景和问题，让学习者在企业导师的指导下进行实训，以增强课程的实践性和应用价值。

3.3.3　教学步骤与常规方法

3.3.3.1　课堂教学流程规划

在规划跨境电子商务课堂教学流程时，需确保课程内容系统性、互动性强，并且能够灵活调整以适应不同学习者的需求。① 以下是一个典型的跨境电子商务课堂教学流程规划。

1）课程导入

（1）激发兴趣：通过展示行业案例、最新趋势或者播放相关短视频，引起学生对跨境电子商务的兴趣和好奇心。

（2）提出问题：提出一些与当天课程主题相关的问题，让学生思考，为接下来的学习做好铺垫。

2）知识讲授

（1）理论讲解：教师根据课程大纲，系统地讲解理论知识，使用 PPT 或其他教学辅助工具来帮助学生理解和记忆关键点。

（2）重点强调：对于课程中的关键概念和重要知识点进行强调，并通过例子或数据来支持理论。

3）互动讨论

（1）小组讨论：将学生分成若干小组，围绕特定的主题或问题进行讨论，鼓励他们分享观点和经验。

（2）全班互动：通过提问、头脑风暴或辩论等方式，让全班学生参与到课堂讨论中来，增加互动性。

4）案例分析

（1）案例呈现：选取与课程内容紧密相关的跨境电子商务案例，让学生分析和讨论。

（2）实践联系：引导学生将案例中的情境与理论知识相结合，讨论理论在实际情境中的应用。

5）实操演练

（1）操作演示：教师或嘉宾演示具体的电商平台操作、工具使用等实操环节。

---

① 陈雪丽. 建设精品在线开放课程 重塑高职大学英语教学流程 [J]. 山西青年, 2021 (12)：11-12.

（2）学生练习：学生在教师的指导下进行模拟操作，如设置店铺、上架产品、模拟交易等。

6）总结反馈

（1）课程回顾：在课程的最后阶段，教师总结当天的学习内容，回顾重点和难点。

（2）问答解疑：留出时间回答学生的问题，解决他们在学习过程中遇到的困难。

7）课后作业

（1）布置作业：根据课堂学习内容，布置相关的课后作业，如案例研究报告、实际操作任务等。

（2）阅读材料：推荐一些额外的阅读材料或资源，供学生课后自主学习和深入研究。

整个教学流程应该是灵活的，教师需要根据学生的反馈和课堂氛围适时调整教学方法和进度。

3.3.3.2　常用教学方法与技巧

跨境电子商务课程旨在向学生传授在全球化电子商务环境中所需的知识和技能。为了提高教学效果，教师通常采用多种教学方法和技巧，以适应不同学习风格和需求。

案例教学法。通过分析真实的跨境电子商务案例，学生可以更好地理解理论知识如何应用于实际情境。案例教学法强调批判性思维和问题解决能力的培养，使学生能够在讨论和分析过程中学会从多个角度审视问题。

互动式讲授。教师通过提问、小组讨论、头脑风暴和角色扮演等互动方式，激发学生的参与度和兴趣。这种方法有助于增强学生对课程内容的理解，并鼓励他们主动思考和贡献自己的观点。

模拟实操。借助电商平台模拟器或实际的电商平台环境，学生可以进行模拟操作，如店铺设置、商品上架、订单管理和客户服务等。这种实践操作有助于巩固学生的实际操作能力，并为他们提供直接的经验。

翻转课堂。学生在课前通过观看视频、阅读材料或完成在线课程来学习理论知识，课堂时间则用于讨论、实操练习和深入探究。翻转课堂可以提高课堂效率，让学生有更多时间进行互动和应用学习。

项目导向学习。学生通过团队合作完成一个跨境电子商务项目，包括从市场调研、产品选择到营销策略和销售实施。这种方法强调跨学科知识的整合和团队工作技能的培养，同时提供真实商业环境的体验。

这些教学方法和技巧的有效结合，可以创造一个动态、互动和实践相结合的学习环境，帮助学生全面掌握跨境电子商务的核心知识和技能。

3.3.4　教学资源创建

3.3.4.1　教材与辅助材料开发

在开发跨境电子商务教材与辅助材料时，须确保这些资源能够紧跟行业发展的步伐，同时兼顾理论知识与实际操作技能的结合。教材应当全面覆盖跨境电子商务的核心领域，如国际市场营销、电商平台管理、跨境支付系统、物流与供应链解决方案以及相关法律法规等。为了提高教学效果和学习体验，辅助材料应包括丰富的案例研究、互动式模拟练习、视频教程以及各类实操工具的演示。此外，考虑到多样化的学习需求，教材与辅助材料应设计成模块化结构，方便教师根据不同的教学计划和学生的进度灵活选用。通过持续更新内容和形式，这些教学资源将有助于学生建立扎实的跨境电子商务知识基础，并培养他们解决实际问题的能力。

跨境电子商务教材与辅助材料的开发应涵盖从基础知识到高级应用的各个方面，以下是一些具体的举例。

1）教材类

跨境电子商务基础与实务教材的内容涵盖跨境电子商务概述、平台操作、国际物流、支付系统、跨境营销、客户服务、风险管理等，结构包含案例分析、习题和章节小结，便于学生巩固和应用所学知识。

国际贸易与跨境电子商务政策教材详细介绍了国际贸易理论、政策法规、税收制度等内容，并结合最新的国际贸易协议和跨境电子商务政策变化，分析其对电商活动的影响。

2）工作簿和练习册

跨境电子商务实操练习册提供了一系列实操练习，如模拟电商平台上架产品、订单处理流程、客户服务情景模拟等，旨在通过实际操作加深学生对电商流程的理解。

跨境电子商务案例分析工作簿精选一系列真实跨境电子商务案例，引导学生进行分析讨论，帮助学生学习如何在实际情况中应用理论知识。

3）视频教程和网络课程

跨境电子商务平台操作教程包括在电商平台，如亚马逊、亿贝、全球速卖通等上创建店铺、管理库存、处理订单等。视频形式可清晰展示操作步骤。

跨境电子商务法律与风险管理网络课程通过网络平台提供互动式学习体验，讲解跨境电子商务中的法律法规和风险应对策略，包含讲座视频、在线测试和论坛讨论区。

4）模拟软件工具

跨境电子商务模拟软件允许学生在虚拟环境中模拟开设和管理一个跨境电子商务店铺，帮助学生练习市场分析、商品定价、营销推广等技能。

国际市场分析工具提供市场分析工具的演示和教学，帮助学生学会如何使用工具进行市场研究和趋势预测。

5）阅读材料和资源链接

推荐阅读书目中列出与跨境电子商务相关的书籍和文献，供学生深入学习，包括行业报告、市场分析和研究论文等。

资源链接库提供了一个包含有关跨境电子商务的最新文章、研究报告、在线论坛和博客的资源列表，方便学生获取最新信息和扩展阅读。

这些教材和辅助材料的开发应当考虑到不同学习者的需求，以及教师在教学过程中采用的便利性。通过不断更新和优化这些资源，可以确保跨境电子商务教育内容的实用性和前瞻性。

3.3.4.2　信息资源库建设与维护

信息资源库建设与维护是跨境电子商务课程发展的重要组成部分，它为教师和学生提供了一个集中化的知识平台，促进了教学和学习效率的提升。[1] 在构建这样的资源库时，需要考虑到内容的多样性、数据的更新性以及用户界面的友好性。

信息资源库应当包含丰富的内容类别，以满足不同用户的学习和教学需求。这包括基础的跨境电子商务理论知识、行业报告、市场分析、案例研究、法律法规、操作指南、视频教程、专家讲座等。这些资源应当经过精心筛选和整理，确保其准确性、可靠性和实用性。为了保证信息资源库的时效性和前瞻性，需要定期对内容进行更新和维护。这不仅包括添加最新的行业资讯和学术成果，还包括对现有资源的重新评估和修订。例如，随着国际贸易政策的变化和新电商平台的出现，相关的教材和指南也需要相应更新。用户界面的友好性是信息资源库被广泛使用的关键因素之一。一个直观、易用的用户界面可以让用户更快捷地找到所需资源，提高工作效率。此外，资源库还应支持搜索功能，允许用户通过关键词快速定位特定内容。为了进一步提升用户体验，还可以提供个性化的服务，如根据用户的历史浏览和偏好推荐相关资源。信息资源库的建设还需要考虑到技术支持和安全性问题。技术上，应确保资源库的稳定性和可访问性，无论是通过校园网络还是互联网，用户都能够顺畅地访问资源库。在安全性方面，需要采取适当的措施保护知识产权和用户隐私，防止数据泄露或未授权访问。为了有效地管理和运营信息资源库，还需要建立一套完善的后台管理系统。这包括资源上传、审核、分类、存储和备份等功能。同时，也应设立专门的团队负责资源库的日常维护工作，包括技术支持、用户服务和内容更新等。为了更好地服务于教学和学习，信息资源库应当与课程设计紧密结合。这意味着资源库的内容和结构应当与教学大纲和学习目标相匹配，以便教师能够将其作为教学资源的有效补充。同时，鼓励教师和学生参与到资源库的建设中来，例如，通过提交自己的教学材料或反馈意见来丰富和完善资源库。

信息资源库的建设与维护是一个持续的过程，它需要多方面的考虑和综合管理。通过不断完善和提升资源库的质量和服务水平，可以极大地促进跨

---

① 朱嘉琪. 基于协同理论的跨境电子商务信息服务体系构建 [J]. 图书情报导刊, 2021, 6 (5)：32-37.

境电子商务教育的发展，帮助学生和教师更好地适应这个快速发展的行业。

3.3.5　教学考核与评价

3.3.5.1　多样化考核方式

跨境电子商务作为一个实践性极强的领域，其教育和培训的考核方式应当能够全面反映学生的学习成果和实际能力。传统的笔试和理论知识考核虽然能够评价学生对基本概念和原理的掌握程度，但不足以全面衡量学生在跨境电子商务实践中的操作技能、市场分析能力、问题解决能力以及团队协作精神。[①] 因此，考核方式的多样化成为提升教学质量和学习效果的关键。

项目式学习评估要求学生完成一个与跨境电子商务相关的项目，如开设一个虚拟的在线店铺、制订一份市场进入计划或进行一次产品推广活动。这种方式可以让学生将所学知识应用于实际情境中，同时培养他们的项目管理和执行能力。评估标准包括项目的创新性、可行性、实际操作过程以及最终的成果展示。

实操技能测试关注学生在跨境电子商务平台上的具体操作能力，如商品上架、订单处理、客户服务等。通过模拟或真实的电商平台环境，教师可以直观地评估学生的操作熟练度和效率。这种考核方式强调实践技能的重要性，并鼓励学生在日常学习中积极练习。案例分析报告要求学生选择一个重要的跨境电子商务案例，开展全面研究和分析。报告中应包括市场背景、商业模式、运营策略、面临的问题以及解决方案等内容。通过案例分析，学生可以提高自己的批判性思维能力和解决实际问题的能力。口头报告和演讲可以评估学生的沟通和表达能力。在这种考核方式中，学生需要准备一个关于跨境电子商务主题的报告或演讲，向同学和教师展示他们的研究成果或观点。这种方式有助于提高学生的公共演讲技巧，并能够促进课堂互动和讨论。团队合作项目考核的是学生的团队精神和协作能力。在这类项目中，学生需要分组完成一个共同的任务，如共同经营一个跨境电子商务店铺或共同开发一个

---

① 马松林. 以学为中心的跨境电子商务理论与实务课程教学策略设计 [J]. 黑龙江科学，2019，10（17）：32-33.

市场推广计划。评估标准包括团队成员之间的协作效率、任务分配的合理性以及团队整体的表现。自我评估与同伴评估鼓励学生对自己的学习过程和成果进行反思，并对同伴的学习表现提供反馈。这种方式可以帮助学生建立自主学习的意识，同时也能够培养他们的自我管理能力和评价能力。随着教育技术的发展，数字化考核工具如在线测验、电子作业提交、互动式模拟测试等，为考核方式的多样化提供了更多可能性。这些工具不仅方便快捷，而且可以提供即时反馈，帮助学生及时了解自己的学习进度和不足之处。

跨境电子商务的考核方式应当根据课程目标和学生的实际需求来设计，确保考核内容既能够覆盖必要的理论知识，又能够评价学生的实践技能和综合素质。通过多样化的考核方式，可以激励学生积极参与学习，提高他们的综合能力。

3.3.5.2 教学效果评估机制

跨境电子商务课程教学效果评估机制是确保教学质量和持续改进的重要环节。这一机制应该能够全面、客观地评价学生的学习成果，同时反映课程内容和教学方法的有效性。为了实现这一目标，评估机制需要包括多元化的评估方法、定期的评估周期以及基于评估结果的反馈和改进措施。

1）学生学习成果的评估

（1）知识和理解能力：通过传统的笔试、在线测验或口试来评估学生对跨境电子商务基础知识和理论的理解。

（2）应用和分析能力：通过案例分析、项目报告和实操演练来评估学生将知识应用于实际问题的能力。

（3）综合和评价能力：通过论文撰写、研究提案和综合讨论来评估学生的批判性思维和创新能力。

（4）沟通和协作能力：通过团队项目、口头报告和同伴评价来评估学生的沟通技巧和团队合作精神。

2）教学方法和内容的评估

（1）教师自评：教师对自己的教学内容和方法进行反思和评价，以识别改进的空间。

（2）学生反馈：通过问卷调查、课堂反馈和一对一访谈来收集学生对课程的看法和建议。

（3）同行评审：邀请其他教师或专家对课程设计和教学实践进行评价，提供专业的改进建议。

（4）教学观察：通过课堂观察和记录来分析教学互动和学生参与情况。

3）定期的评估周期

（1）课程中期评估：在学期中期进行一次正式的评估，以便及时发现问题并调整教学计划。

（2）课程结束评估：在学期末进行全面的评估，总结学生的学习成果和课程的整体表现。

（3）持续的非正式评估：在整个学期中，持续收集学生的反馈和表现数据，以便实时监控教学效果。

4）基于评估结果的反馈和改进措施

（1）反馈机制：建立及时有效的反馈机制，确保学生、教师和其他利益相关者能够获得评估结果。

（2）改进计划：根据评估结果制订具体的改进计划，包括调整教学内容、采用新的教学方法和增强学习支持等。

（3）实施和监督：对改进措施的实施情况进行监督，确保改进计划得到有效执行。

（4）循环迭代：将评估和改进作为一个持续的循环过程，每一轮的教学都基于前一轮的评估结果进行优化。

跨境电子商务课程教学效果评估机制应该是一个全面、系统的过程，它不仅关注学生的学习成果，也关注教学方法和课程内容的有效性。通过多元化的评估方法、定期的评估周期以及基于评估结果的反馈和改进措施，可以持续提升教学质量，确保学生能够在跨境电子商务领域获得必要的知识和技能，为他们未来的职业生涯做好准备。

3.3.6 教学情境

3.3.6.1 模拟商业环境搭建

为了培养适应跨境电子商务发展趋势的应用型人才，搭建一个模拟的跨境电子商务商业环境对于教学尤为关键。这样的环境不仅能够帮助学生理解理论知识，而且能够提供实践经验，让他们在安全的环境中尝试和学习。搭建跨境电子商务模拟商业环境的首个步骤是创建一个真实感强的教学平台。① 这个平台应该包含以下几个核心组成部分。

虚拟市场环境。模拟真实的国际市场环境，包括不同国家和地区的消费习惯、支付方式、物流规则等。这可以通过构建一个多层次、交互式的教学系统来实现，让学生能够深入了解全球市场的多样性和复杂性。

电商平台体验。提供一个仿真的电商平台操作界面，使学生可以模拟开设店铺、上架产品、管理库存和处理订单。通过这种模拟，学生能够获得实际操作经验，了解电商平台的运作流程和基本功能。

跨境交易流程。模拟跨境交易的全过程，从寻找供应商、谈判采购、产品上架、营销推广到订单处理、物流配送和售后服务。这个环节可以通过案例研究、角色扮演和项目任务等方式来实施。

法律法规与合规性。教授学生关于国际电商法律法规的知识，包括进出口关税、知识产权保护、数据隐私法规等。这部分内容可以通过专题讲座和模拟法庭审判等形式进行。

货币兑换与支付系统。引入货币兑换的概念和实践，以及国际支付系统的操作，如 PayPal、西联汇款等。学生可以通过模拟交易来理解汇率变动对成本和定价的影响。

多语言客户沟通。提供模拟的国际客户沟通场景，训练学生的跨文化沟通能力。这可以通过设置不同语言的虚拟客户档案和即时通信工具来实现。

数据分析与市场调研。教授学生如何利用数据分析工具来进行市场调研

---

① 许辉. "互联网+"背景下跨境电子商务实战教学模式构建 [J]. 中国职业技术教育，2018 (2)：40-46.

和消费者行为分析,以便更好地定位产品和服务。

风险管理与问题解决。模拟各种可能出现的风险和问题,如货物损坏、退货退款、交易纠纷等,训练学生的风险评估和问题解决能力。

通过这样的模拟商业环境,学生不仅能够将理论知识与实践相结合,还能够提升他们的创新思维和国际视野。教师可以根据课程目标和学生的需求,设计不同的教学模块和活动,使教学内容更加丰富和灵活。此外,这种模拟环境还有助于激发学生的学习兴趣,提高他们的参与度和互动性。

3.3.6.2　真实案例研讨与分析

跨境电子商务真实案例研讨与分析是提升教学质量和学生实践能力的重要手段。通过深入剖析成功或失败的跨境电子商务实例,学生不仅能够将理论知识与实际操作相结合,还能从中学习如何应对国际贸易中可能遇到的挑战。

开展真实案例研讨与分析时,以下步骤可以作为指导。

精选案例。选择与课程内容紧密相关的跨境电子商务案例,确保案例具有代表性和教育性。案例应涵盖不同的市场环境、业务模式、运营策略等,以便学生能够从多角度进行学习。

提前分发资料。在课堂讨论前,提前将案例资料分发给学生们,让他们有足够的时间阅读和准备。这包括公司背景、市场情况、所面临的挑战、采取的策略等。

课堂引导。教师在课堂上简要介绍案例的背景和主要问题,然后引导学生进行深入探讨。教师的角色更多是作为引导者和协调者,而非单方面的信息提供者。

分组讨论。把学生分成几个小组,每个组针对案例里的具体问题展开讨论,可以鼓励学生之间进行交流与合作,以增加他们对问题理解的深度。

角色扮演。在某些情况下,可以让学生扮演公司决策者、客户、供应商等角色,以便更好地理解各方的需求和立场。

关键问题剖析。围绕案例中的关键问题展开深入分析,如市场进入策略、供应链管理、法律法规遵守、跨文化沟通、市场营销、技术创新等。

经验教训总结。在讨论的最后阶段，总结案例中的经验教训和最佳实践，让学生明确哪些是成功的策略，哪些是需要避免的错误。

实际应用。鼓励学生将案例中学到的知识应用到模拟的商业计划或项目中去，以实现知识的实践转化。

互动反馈。教师可以提供反馈，评价学生的讨论表现和思考深度，同时也可以听取学生对案例研讨的看法和建议，以不断改进教学方法。

通过这样的研讨与分析，学生可以获得宝贵的行业见解，提高解决实际问题的能力，为未来的跨境电子商务职业生涯做好准备。

第4章

跨境电子商务人才培养与教学路径

4.1 制定跨境电子商务人才培养方案

跨境电子商务人才培养方案是指专门为培养具备国际电子商务知识和技能的专业人才而设计的教育计划[①]。这个方案通常由高等教育机构、职业培训学校或企业内部培训部门制定，旨在通过系统的课程和实践活动，为跨境电子商务领域输送合格的人才。

4.1.1 培养目标与教育理念

跨境电子商务人才培养目标的明确化是确保教育与培训有效性的关键步骤。为了培养能够适应国际市场变化和满足行业需求的专业人才，以下是一些明确的培养目标。

知识结构的国际化。培养具有国际视野的人才，理解全球市场的运作机制和国际贸易的规则。

实操能力的强化。提升实际操作能力，包括电商平台的使用、国际营销策略的制定、跨境物流的管理等。

多语言和跨文化沟通技能。加强外语教学，特别是商务英语应用能力与

---

① 程达军，周俊华. "互联网+"背景下高职商务英语专业人才培养的转型与升级 [J]. 中国职业技术教育，2017（17）：39-44.

跨文化交际技巧。

数字技术的应用。掌握最新的电子商务技术，如大数据分析、云计算、人工智能在电商领域的应用。

创新思维和问题解决能力。发展创新思维，提高解决复杂问题的能力，以适应快速变化的市场环境。

法律和伦理意识。加深对国际法律法规的理解，特别是在知识产权保护、数据安全和隐私保护方面。

市场分析和战略规划。培养分析国际市场的能力，以及制定有效的业务战略和营销策略的能力。

供应链和物流管理。掌握有效的供应链管理知识，包括库存控制、运输选择和成本效益分析。

自我学习和终身教育的意识。拥有自我学习动力，使其具备终身学习的习惯，以持续适应行业发展。

职业素养和团队协作。具备职业素养，包括工作责任感、团队合作精神和领导力。

跨境电子商务领域的持续发展和日新月异的技术革新要求人才培养教育理念必须与时俱进。传统的教育模式已经难以满足行业对高素质、多技能人才的需求。[1] 因此，教育理念的更新变得尤为重要。

从知识传授到能力培养。在跨境电子商务教育中，应更加注重实际能力的培养，而非单纯的知识传授。这包括批判性思维、解决问题的能力、创新与创造力以及适应变化的能力。教育机构需要通过案例分析、角色扮演、模拟经营等方式，让学生在实际操作中学习和掌握知识。

实践与理论并重的教育模式。理论学习是基础，但不应局限于课堂。教育应结合实践操作，如通过实习、实训基地和企业合作项目，让学生亲身体验跨境电子商务的各个环节，从而更好地理解和应用理论知识。

跨学科的综合学习。跨境电子商务涉及多个学科领域，包括国际贸易、市场营销、数据分析、信息技术等。教育理念的更新应鼓励学生跨专业学习，

---

① 龙丽莹，韦小蕾. 基于 OBE 理念的高职跨境电子商务实践课程教学改革 [J]. 现代商贸工业，2022，43（1）：180-182.

整合不同学科的知识，成为具有综合竞争力的人才。

国际化视野的培养。为了适应全球化的市场需求，跨境电子商务教育应培养学生的国际化视野。这可以通过国际交流项目、与海外院校的合作、引入外籍教师和开展专家讲座等方式实现。

终身学习的重要性。教育理念的更新还应强调终身学习的概念。教育不仅要为学生的当前就业做准备，还要培养他们的自主学习能力，鼓励他们在将来的职业生涯里不断优化和完善知识和技能。

紧密的产教融合。教育机构应与企业建立紧密合作关系，了解行业的最新需求和趋势，定期更新课程内容，确保教学内容与企业实际需求保持一致。

跨境电子商务人才培养的教育理念需要紧跟行业发展的步伐，注重实践与理论的结合，强化跨学科学习，培养国际化视野，强调终身学习，利用技术提升教学质量，与企业紧密合作，重视软技能的培养，并建立有效的评估与反馈机制。[①] 通过这些理念的更新，可以为跨境电子商务行业培养出更加适应市场需求、具备竞争力的专业人才。

4.1.2　培养模式创新

4.1.2.1　四位一体人才培养模式

跨境电子商务四位一体人才培养模式是一种综合性的教育模式，旨在通过理论学习、实践操作、能力提升和职业规划四个方面的整合来培养适应跨境电子商务行业需求的专业人才。跨境电子商务基础知识，包括国际贸易理论、电子商务法规、市场营销、供应链管理等课程。理论知识为学习者提供了必要的专业背景和理解框架。通过实习、模拟项目、案例研究和与企业的合作，让学生在真实的商业环境中应用所学知识，助力学习者更好地理解理论，并提高实际操作能力。通过工作坊、研讨会和其他培训活动，帮助学生提升在跨境电子商务领域所需的特定技能，如跨文化交流、数据分析、数字营销、客户服务等。引导学生根据个人兴趣和市场需求制订职业发展计划。

---

① 关浩杰. 基于 OBE 理念的跨境电子商务课程教学改革研究 [J]. 河南教育：高教，2020
(9)：38-40.

教育机构可以提供职业咨询、行业洞察和就业服务，帮助学习者了解行业趋势，规划未来的职业道路。四位一体的人才培养模式强调了知识与实践的结合，以及个人能力的全面发展。① 通过这种模式，教育机构能够培养出既有理论基础又有实践经验，同时具备必要职业技能和良好职业规划的跨境电子商务人才。

4.1.2.2 复合应用型人才培养模式

跨境电子商务复合应用型人才培养模式旨在培养能够适应快速变化的国际市场，具备跨学科知识和技能的复合型人才。这种模式通常涉及结合国际贸易、商业管理、信息技术、外语等多学科课程的跨学科教育，使学习者能够在跨境电子商务的各个领域都能够胜任工作。通过实习、模拟交易平台操作、案例分析等方式的实践教学，让学习者在真实或模拟的商业环境中学习和应用知识，侧重于训练学习者在跨境电子商务领域的专业技能，如电子商务平台管理、数字营销、跨境支付、物流与供应链管理等，提高解决实际问题的能力。鼓励学习者发展创新思维和创业精神，通过项目制学习、创业竞赛和孵化计划等方式的创新与创业教育，培养学习者创新意识和能力。通过国际交流项目、外籍教师授课、多语言环境等方式，帮助学生建立国际化的视野和提高跨文化沟通能力。注重学生的职业道德和责任感培养，以及团队合作意识、领导力和沟通技巧等软技能的训练，提升职业素养。强调终身学习的重要性，培养自主学习能力，在职业生涯中不断更新知识和技能。与企业和行业组织紧密合作，确保教育内容与行业需求保持一致，同时为学生提供就业机会和职业发展路径。② 通过这种复合应用型的人才培养模式，教育机构能够为跨境电子商务行业输送既具备深厚专业知识又能够灵活应对市场变化的高素质人才。这些人才不仅能够有效地管理和运营跨境电子商务业务，还能够在全球化的竞争环境中推动企业的创新和发展。

---

① 杜卉. 融入工匠精神的高职"四位一体""双创"人才培养策略 [J]. 创新创业理论研究与实践, 2023, 6 (24): 87-90.
② 郑颖. RCEP 框架下复合型跨境电子商务人才培养策略研究：以浙江省为例 [J]. 现代商业, 2022 (18): 96-98.

4.1.2.3　高职工学结合人才培养模式

跨境电子商务高职工学结合人才培养模式通过将高等教育资源与企业实际工作经验相结合，旨在培养能够迅速适应行业需求、具备高级职业技能的专业人才。[①] 校企合作，指教育机构与跨境电子商务企业建立紧密的合作关系，共同制定培养方案，确保教学内容与企业的实际需求相匹配。工学交替，指学生在学习期间，通过实习、实训或工作学习交替的方式进行实践，使自身能够在真实的工作环境中学习和锻炼。课程设计围绕实际的商业项目进行，让学生参与项目的各个阶段，从规划、执行到评估，以提高学生的项目管理和实际操作能力。采用真实商业案例进行教学，帮助学生理解理论与实践的结合，提升解决问题的能力。企业为学生提供专业的导师，导师负责指导学生的职业发展和实践操作，帮助学生更好地理解行业和企业文化。结合职业资格认证体系，为学生提供必要的职业技能培训和认证，增强学生职业技能和就业竞争力。鼓励学生在职业生涯中持续学习和发展，通过在线课程、研讨会、行业会议等方式，保持与行业发展同步。教育机构提供职业规划服务和就业辅导，帮助学生根据个人兴趣和市场需求制订职业发展计划。通过这种高职工学结合的培养模式，学生不仅能够获得理论知识，还能够通过实际工作经验来提升自己的职业技能和综合素质。这种模式有助于将学校教育与企业需求相融合，为跨境电子商务行业培养出即战力强、适应性高的高级人才。

4.1.2.4　创新型人才培养模式

跨境电子商务创新型人才培养模式注重于培养学生的创新思维和能力，以适应不断变化的全球电子商务环境。创新型人才培养模式将创新作为教育的核心，鼓励学生发展独立思考、批判性分析和创造性解决问题的能力。[②] 跨学科课程设计，结合不同学科的知识，比如信息技术、数据分析、商业管理

---

① 张洁清. 创新高职工学结合人才培养模式的研究与实践 [J]. 科教导刊：下旬，2017 (21)：29-30.

② 梁健屏，吴崀. 跨境电子商务创新创业人才培养模式研究 [J]. 广东职业技术教育与研究，2021 (3)：138-141.

和市场营销等，提供综合性课程，以培养学生的多元化思维。通过实验室、创业孵化器、模拟项目等方式，提供实践学习的机会，让学生在真实和模拟的环境中测试和发展他们的创意。与企业合作，为学生提供实习机会，让他们将理论运用于跨境电子商务实践中，并从业界专家那里学习创新实践。项目驱动的学习，通过参与实际的商业项目或研究项目，让学生在解决复杂问题的过程中锻炼创新能力。通过国际交流项目、外籍教师授课、多语言环境等方式，帮助学生建立国际化的视野和提高跨文化沟通能力。提供创业培训、导师指导和资金支持，鼓励学生将创新想法转化为实际的商业计划。教育机构提供职业规划服务和就业指导，帮助学生根据个人兴趣和市场需求制订职业发展计划。通过这种创新型人才培养模式，教育机构能够培养出不仅具备专业知识和技能，而且能够在竞争激烈的跨境电子商务领域中进行创新和创业的人才。这些人才将成为推动行业发展和技术进步的关键力量。

4.1.3 课程体系与教学内容

4.1.3.1 课程体系设计

在设计课程体系结构时，教育机构需要构建一个全面且灵活的框架，旨在为学生提供必要的理论知识、实践技能和行业洞察，以便他们能够在全球化的电子商务环境中成功。以下是一个综合性的课程体系结构设计示例。

1) 基础课程模块

(1) 国际贸易概论：介绍全球贸易的基本概念、流程和参与者。

(2) 电子商务原理：探讨电商模式、在线交易机制和电子支付系统。

(3) 市场营销基础：教授市场分析、消费者行为分析和营销策略。

(4) 多语言商务沟通：强调语言技能在国际贸易中的重要性，提供实际沟通训练。

(5) IT 和技术应用：涵盖电子商务所需的信息技术基础。

2) 专业核心课程模块

(1) 跨境电子商务平台运营：详细介绍主流跨境电子商务平台的功能和管理技巧。

（2）国际物流与供应链：教授有效的库存管理、运输选择和物流优化策略。

（3）跨境支付与风险管理：分析不同国家的支付方式和风险控制方法。

（4）法律法规与合规性：解读国际贸易法律、税务规定和知识产权保护等。

3）实践操作课程模块

（1）电商平台实操：通过模拟或真实平台进行商品上架、营销推广和客户服务等操作。

（2）案例研究：分析成功的跨境电子商务案例，理解其策略和运营模式。

（3）实习项目：与企业合作，提供实地实习机会，让学生获得实际工作经验。

4）高级专业课程模块

（1）数字营销深度课程：深入学习搜索引擎优化（SEO）、搜索引擎营销（SEM）、内容营销和社交媒体策略。

（2）跨文化交流与谈判：提升学生的跨文化沟通能力和国际商务谈判技巧。

（3）数据分析与决策制定：教授如何使用数据分析工具来指导业务决策。

5）软技能培养课程模块

（1）个人发展与职业规划：帮助学生识别职业目标和发展路径。

（2）领导力与团队协作：强化团队合作、领导力和冲突解决能力。

通过这样的课程体系结构，学生不仅能够掌握跨境电子商务的核心知识，还能够通过实践活动和案例学习，提升实际操作能力和解决问题的能力。同时，软技能的培养和职业规划指导将帮助学生更好地适应未来的工作环境，为他们的职业发展打下坚实的基础。

4.1.3.2　教学内容安排

跨境电子商务教学内容应当涵盖电子商务的基础知识、国际贸易的规则、市场分析、营销策略、物流管理、法律法规、技术应用等多个方面。[①] 以下是

---

① 庄静. 跨境电子商务英语教材出版现状与反思 [J]. 海外英语，2023（10）：121-123.

一些具体的教学内容模块。

1）电子商务基础

（1）电子商务的定义和发展历程

（2）电商模式（B2B，B2C，C2C，B2G 等）

（3）电子支付系统和支付工具（如信用卡、电子钱包、移动支付等）

（4）网站建设和管理

（5）用户体验（UX）和用户界面（UI）设计

2）国际贸易理论与实务

（1）贸易术语（如 FOB，CIF 等）

（2）进出口流程和文档

（3）关税和非关税壁垒

（4）国际贸易协定和组织

（5）货币兑换和汇率风险管理

3）市场营销与策略

（1）市场细分、目标市场选择和定位

（2）消费者行为分析

（3）产品定价策略

（4）促销和广告策略

（5）品牌建设和知识产权保护

4）数字营销

（1）搜索引擎优化（SEO）和搜索引擎营销（SEM）

（2）社交媒体营销

（3）内容营销

（4）电子邮件营销

（5）数据分析和转化率优化

5）物流与供应链管理

（1）国际物流流程

（2）运输方式选择（海运、空运、陆运等）

（3）仓储管理和库存控制

（4）订单处理和配送

（5）供应链风险管理

6）法律法规与合规性

（1）跨境电子商务法律环境

（2）数据保护和隐私法律

（3）知识产权法

（4）反洗钱法规

（5）出口管制和进口限制

7）跨文化交流与沟通

（1）文化差异对商务的影响

（2）跨文化沟通技巧

（3）国际商务礼仪

（4）多语言能力的培养

8）技术应用与创新

（1）电子商务平台技术架构

（2）移动商务和应用程序开发

（3）大数据分析在电商中的应用

（4）人工智能和机器学习在电商中的作用

（5）区块链技术的潜在应用

9）职业规划与发展

（1）跨境电子商务行业趋势分析

（2）职业路径规划

（3）职业道德和责任感培养

（4）个人品牌建设

教学内容不仅需要理论知识的传授，还应该结合实际案例分析、模拟项目、实习实训和企业合作等方式，以提高学生的实际操作能力和就业竞争力。

4.1.4 实践教学环节规划

4.1.4.1 实训室建设与管理

跨境电子商务课程实训室的建设与管理是为了满足跨境电子商务人才的培养需求，提高学生的实践能力和就业竞争力。在建设过程中，需要充分考虑实训室的功能布局、设备配置、课程设置和师资力量等方面。[①]

实训室的功能布局应合理规划，包括理论教学区、实操操作区、仓储物流区等，以满足不同课程的教学需求。同时，要保证实训室的安全性，设置必要的安全设施和警示标识。实训室的设备配置应紧跟行业发展，配备先进的跨境电子商务平台、电子支付系统、物流管理系统等，以便学生能够熟练掌握各种工具的使用；引入虚拟仿真（VR）技术、模拟操作软件等辅助教学方式，激发学生学习积极性和达到满足行业需求的效果。课程设置中，根据行业发展和企业需求，设计符合实际的跨境电子商务课程体系，包括基础知识、市场分析、产品选品、营销推广、客户服务等方面的内容。同时，要注重课程的实践性，增加案例分析和项目实操，让学生在实践中掌握知识。师资力量是实训室建设的关键因素。学校应引进具有丰富实战经验的跨境电子商务专业人才，加强教师队伍的培训和提升。邀请企业专家进行讲座或指导，为学生提供更多实际经验分享。在管理方面，实训室应建立健全的管理制度，包括实训室使用规定、设备维护保养制度、课程安排和考核制度等。同时要加强与企业的合作，定期组织实习实训活动，为学生提供更广阔的实践平台。跨境电子商务课程实训室建设与管理是一个系统性工程，需要多方面的考虑和综合施策。通过不断优化和完善，实训室将为培养高素质的跨境电子商务人才发挥重要作用。

4.1.4.2 实习实训项目开发

跨境电子商务实习实训项目的开发是为了满足市场对专业人才的实际需

---

① 谢东娜. "1+X" 证书制度背景下高职院校人力资源管理专业实训基地建设探索与实践研究 [J]. 现代职业教育，2023（32）：77-80.

求，通过模拟真实的商业环境，帮助学生将理论知识与实际操作相结合，提升其职业技能和解决实际问题的能力。①

在开发这样的项目时，项目内容的设计应基于行业分析和企业调研的结果，确保所涵盖的知识点和技能训练与市场需求紧密对接，包括市场分析、产品定位、国际物流、跨境支付、外贸法规、客户服务、电商平台操作等模块。实习实训项目注重实践操作，提供沙盒模拟系统或合作企业的真实案例，让学生在模拟的商业环境中进行实际操作，例如，学生可以在模拟的跨境电子商务平台上进行商品上架、营销推广、订单处理等操作，或者参与企业的实际项目，进行市场调研、数据分析等工作。项目开发引入行业专家和企业导师，他们可以为学生提供实时的行业信息、经验分享和指导反馈。这种产教融合的模式有助于学生更好地实现理论与实践结合，同时也为企业输送了了解企业文化和业务流程的潜在人才。为了保证实习实训项目的质量，应建立一套完善的评估体系，对学生的实训成果进行考核。评估标准应结合专业知识掌握程度、实际操作能力、团队协作精神、问题解决能力等多个维度。

4.2　开发跨境电子商务课程资源

随着互联网技术的不断进步和全球电商市场的蓬勃发展，对于具备国际视野和电子商务技能的专业人才的需求日益增长。为了满足这一市场需求，一套系统的跨境电子商务课程资源变得尤为重要。

4.2.1　教材与教辅材料编写

4.2.1.1　教材内容更新与优化

当前跨境电子商务市场的主要趋势之一是消费习惯的数字化。互联网和

---

① 吕宏晶，孙明凯. 基于产教融合的高职跨境电子商务实训项目开发模式的研究 [J]. 杨凌职业技术学院学报，2022，21（3）：48-51.

移动支付技术已深深植根于人们的日常生活中，极大地改变了现代生活，比如消费者的购物方式。① 随着智能手机和其他移动设备的广泛使用，越来越多的消费者倾向于在线购物。他们通过社交媒体、移动应用程序以及各类电商平台来发现和购买商品。数字化消费不仅提高了购物的便捷性，还使得消费者能够随时随地进行购买决策。消费者期望通过个性化推荐、增强现实（AR）试穿等技术来获得更加丰富的购物体验。为了适应这种变化，跨境电子商务平台正在积极运用大数据和人工智能技术来洞察和预测消费者行为，从而提供定制化服务和改善用户体验。教材内容应当包含数字营销的基础理论与实践，例如社交媒体营销、移动营销、内容营销等。同时，应教授学生如何利用数据分析工具来理解消费者行为，以及如何通过个性化推荐和增强现实技术来提升用户体验。教材应及时反映这些行业发展趋势，并教导学生如何利用数字工具来满足当代消费者的期待。

物流是跨境电子商务的核心环节，其效率直接影响到顾客满意度和商家信誉。在跨境电子商务领域，物流体系的创新不断推进，以应对日益增长的国际贸易需求和消费者对快速配送的期待。创新的物流解决方案如海外仓建设、智能物流系统、无人机递送以及自动化分拣中心等正在重塑传统的物流模式，它们旨在缩短货物的运输时间，降低运输成本，同时提升货物追踪的透明度和精准性，例如，通过海外仓可以大大减少国际物流的距离和时间，提高客户满意度；智能物流系统则运用先进的信息技术来优化库存管理和配送路径。② 一些领先企业还在尝试使用无人机和机器人来进行小件商品的快速配送。在编写教材时，应加入这些物流创新案例，使学生了解最新的物流和供应链管理技术。教材中应涵盖最新的物流技术和策略，如海外仓的概念、智能物流系统的应用、无人机递送和自动化分拣中心的优势。案例研究可以帮助学生了解这些技术是如何在实际中被应用的，以及它们对提高物流效率和顾客满意度的影响。

在当今跨境电子商务行业中，大数据与人工智能（AI）技术的应用变得

---

① 李勇坚. 数字化推动服务消费：理论逻辑、实践方式与政策建议 [J]. 人民论坛·学术前沿，2023（22）：96-107.

② 林琛. 基于跨境电子商务环境下的国际物流模式探讨 [J]. 商展经济，2024（2）：28-31.

愈发广泛，这一趋势正逐渐改变着企业的运营模式及市场竞争格局。通过对海量数据的深入挖掘和智能分析，企业能够洞察市场趋势、预测消费者需求、实现精准营销，并优化供应链管理。大数据技术也使得个性化推荐成为可能，而 AI 驱动的聊天机器人和虚拟助手则在提升客户服务效率方面发挥着重要作用。随着技术进步，这些应用正朝着更加高效、智能的方向发展，成为跨境电子商务竞争力提升的关键因素。① 教材应当介绍大数据分析和人工智能在跨境电子商务中的应用，包括市场趋势分析、消费者需求预测、精准营销、供应链优化等。同时，应当教授学生如何利用 AI 工具，如聊天机器人和虚拟助手，来提高客户服务效率。

在当今跨境电子商务行业，多渠道营销策略的应用已经变得非常广泛。随着电子商务平台的多样化和消费者购物行为的碎片化，商家需要通过不同的营销渠道来接触和吸引潜在客户。社交媒体营销、内容营销、搜索引擎营销、联盟营销等手段被结合使用，以实现最大化的市场覆盖和客户接触。借助数据分析工具，企业可以精准地了解不同渠道的营销效果，优化广告投放策略，提高转化率。多渠道营销不仅增加了品牌的可见度，还能提升用户购物体验，从而在市场竞争中占据优势。随着技术的发展和消费者习惯的演变，多渠道营销策略的重要性将越来越突出。教材应当包含多渠道营销的理论和实践，教授学生如何结合不同的营销手段来最大化市场覆盖和客户接触。此外，应当强调数据分析在优化广告投放策略和提高转化率中的重要性。

在跨境电子商务行业，监管合规要求的日益严格也成为一个显著的趋势。随着跨境电子商务的快速增长，各国政府正逐步加强对这一领域的法律法规建设，以确保消费者利益得到维护，市场秩序得到保障，并推动公平的竞争环境。企业必须遵守所在国及目标市场国家的法律法规，面对不断变化的监管环境，企业需定期更新其合规策略并投入相应资源以保证持续合规。教材应当详细介绍跨境电子商务面临的法律法规挑战，包括税务合规、知识产权保护、产品安全标准、数据保护法规等。案例研究和最佳实践可以帮助学生理解如何在不断变化的监管环境中保持合规。

为使教材内容与跨境电子商务市场的实际需求保持同步，教材的编写者

---

① 汤莉. AI+跨境电子商务描绘全域创新图景［N］. 国际商报，2023-06-01（003）.

需要不断追踪行业的最新动态，并将这些信息纳入教学内容中，确保学生在学习过程中获得最前沿的知识。

4.2.1.2 辅助教学材料开发

1）互动式学习工具设计

跨境电子商务课程的辅助教学材料开发旨在增强学生的学习体验，提高教学效果。互动式学习工具的设计是这一过程中的关键组成部分，因为它们能够激发学生的积极参与，促进知识的深入理解。[①]

设计一个模拟真实跨境电子商务环境的虚拟跨境电子商务平台，学生可以在这个平台上创建自己的虚拟店铺。通过这个平台，学生可以学习如何上架产品、设置价格、进行市场分析、运用营销策略等。此外，平台可以提供虚拟货币，让学生在模拟环境中进行广告投放和促销活动，从而理解电商运营的各个方面。建立一个包含多个真实跨境电子商务案例研究的数据库。这些案例可以是成功的例子，也可以是失败的教训，涵盖市场进入、物流管理、法律合规、客户服务等多个方面。学生可以通过分析这些案例来学习决策制定和问题解决的技巧。开发一个互动式的全球法规地图，展示不同国家和地区的跨境电子商务相关法律、税收政策、知识产权保护等信息。学生可以通过点击不同的国家或地区来获取相关信息，进而理解跨境交易中的合规要求。利用人工智能技术开发一个智能问答系统，学生可以通过这个系统提出有关跨境电子商务的问题，系统会根据最新的行业数据和知识库提供答案。这种即时反馈可以帮助学生更好地掌握知识点。设计一个角色扮演游戏，让学生扮演跨境电子商务中的不同角色，如卖家、买家、物流经理、客服代表等。通过模拟真实的工作场景，学生可以在游戏中学习如何处理订单、解决客户投诉、管理库存等问题。提供一套数据分析工具，让学生可以上传虚拟或真实的销售数据进行分析。工具可以包括销售趋势图、顾客行为分析、市场细分等功能，帮助学生学习如何利用数据来优化营销策略和提高销售业绩。建立一个在线讨论论坛，鼓励学生就跨境电子商务的各种话题进行讨论。论坛

---

① 计晗芬，陈江涛. 互动学习工具支持的发现式探究教学模式研究［J］. 软件导刊：教育技术，2017，16（6）：20-22.

可以设立不同的主题板块，如最新趋势、技术分享、经验交流等，为学生提供一个交流思想和建立联系的平台。开发一个移动应用程序，整合上述所有工具和资源，使学生可以随时随地访问学习材料。应用可以包括推送通知功能，及时更新行业新闻和课程内容，确保学生获得最新的信息。

通过这些互动式学习工具，跨境电子商务课程的教学将更加生动有趣，同时也有助于提升学生们的实际操作技能和问题解决能力。这些工具不仅能够帮助学生更好地理解理论知识，还能够让他们在一个安全的环境中不断试错，从而积累宝贵的经验。

2）实践操作指南与模拟测试

跨境电子商务课程辅助教学材料开发中，实践操作指南与模拟测试是至关重要的组成部分。它们不仅能帮助学生将理论知识转化为实际操作技能，还能够通过模拟真实环境来评估学生的学习成果。

开发一份详尽的实践操作指南，该指南应涵盖跨境电子商务的各个环节，从市场调研、产品选品、供应链管理到客户服务等。指南中应包含步骤说明、最佳实践、注意事项和常见问题解答。例如，在物流管理部分，指南可以详细介绍如何选择合适的物流合作伙伴、如何跟踪货物运输状态、如何处理关税和进口税等问题。在市场营销部分，指南可以教授如何利用社交媒体进行品牌推广、如何设置有效的关键词广告等。此外，实践操作指南还应提供各种模板和工具，如产品描述模板、价格计算器、库存管理系统等，以帮助学生在实际中快速应用所学知识。

设计一系列模拟测试，让学生在模拟的跨境电子商务平台上进行实际操作。这些测试可以是虚拟的产品上架、订单处理、客户服务情景等，旨在让学生在无风险的环境中练习和掌握必要的技能。例如，可以设置一个虚拟的国际购物节，让学生在限定时间内完成一系列的营销活动和订单处理任务。通过这种方式，学生可以在压力下测试自己的反应能力和决策能力，同时学习如何在紧张的工作环境中保持效率和准确性。

创建一系列互动式案例研究，让学生通过分析真实情境来学习如何解决实际问题。这些案例可以基于历史事件或虚构场景，涵盖跨境电子商务中可能遇到的各种挑战，如知识产权侵权、供应链中断、国际贸易争端等。学生需要运用他们的知识来提出解决方案，并与同伴或教师讨论其策略的优劣。

在实践操作指南和模拟测试中集成实时反馈系统。当学生完成任务或测试时，系统可以即时提供评价和建议，指出学生的优点和需要改进的地方。这种及时的反馈可以帮助学生更好地理解自己的学习进度，并在必要时进行调整。

提供一个绩效跟踪工具，允许学生和教师监控学习进度和成果。这个工具可以记录学生在模拟测试中的得分、完成任务的时间和准确性等数据。通过分析这些数据，学生可以识别自己的强项和弱点，而教师可以根据学生的表现调整教学方法和内容。

在课程结束时，设计一次模拟的认证考试，模拟真实的跨境电子商务行业认证过程。这次考试不仅应该测试学生的知识和技能，还应该评估他们的分析和解决问题的能力。通过这个考试，学生可以得到一个正式的认证，证明他们已经具备了从事跨境电子商务工作所需的基本能力。

通过上述实践操作指南与模拟测试的开发，跨境电子商务课程的教学将更加贴近实际工作需求，帮助学生建立信心，提升他们进入职场的竞争力。这些工具不仅增强了学生的实践操作能力，还为他们提供了一个全面了解和准备跨境电子商务职业生涯的平台。

4.2.2 网络教学资源构建

网络教学资源的构建是现代教育体系的一个重要组成部分，尤其是在跨境电子商务领域，由于其涉及内容广泛、更新迭代快，线上教育具有的灵活性和便捷性变得尤为重要。[①]

4.2.2.1 在线课程搭建

1) 平台功能规划与技术选型

在线课程搭建的核心在于平台的功能规划与技术选型，这将直接影响到教学资源的有效性和用户体验。在线课程平台的功能规划应当以用户需求为中心，兼顾教师教学和学生学习的双重需求。平台应构建强大的内容管理系

---

① 胡文锐. 基于跨境电子商务的民办高职院校商务英语专业人才培养新模式探究：与第三方在线教育服务商合作共建与实施 [J]. 现代职业教育，2019 (7)：34-35.

统（CMS），使教师能够方便地上传和更新教学内容，包括视频、幻灯片、案例分析、阅读材料等。为了增强互动性，平台集成论坛、问答、实时聊天等功能，让学生能够随时提出问题并得到及时解答。考核与反馈机制包括在线测试、作业提交、自动评分系统等，以便教师能够跟踪学生的学习进度并提供个性化反馈。除了基础的教学功能，平台支持多种设备访问，包括电脑、平板和手机，确保学生无论在何种设备上都能获得良好的学习体验。在技术选型方面，需考虑稳定性、可扩展性、安全性和成本效益。云计算服务因其高可用性和易于扩展的特点，成为在线课程平台的理想选择。通过云服务，平台可以根据用户数量的变化动态调整资源，保证服务的连续性和响应速度。对于数据存储，应选择支持大数据解决方案的数据库系统，以应对可能的海量数据交互和存储需求。同时，采用先进的缓存技术和内容分发网络（CDN）可以进一步提升加载速度和内容获取的效率。

在开发框架和技术的选择上，优先考虑成熟稳定且社区支持良好的开源框架。这些框架通常有丰富的插件和库，可以加快开发进程并降低后期维护的难度。为了保障平台的安全性，需要采用最新的安全协议和加密技术，定期进行安全审计和漏洞扫描。技术选型还应考虑到未来的发展趋势和潜在需求。例如，随着人工智能和机器学习技术的发展，可以考虑将这些技术应用于个性化推荐、智能评估等场景，以提升教学质量和学习效率。

网络教学资源的构建是一个系统工程，需要综合考虑功能规划和技术选型。一个成功的跨境电子商务在线课程平台，不仅需要提供丰富多样的教学资源和高效的学习工具，还需要有一个稳定可靠的技术支持。通过精心规划和先进技术的应用，可以构建出一个既符合当前需求又能适应未来发展的在线教学环境，为跨境电子商务领域的教育和培训提供强有力的支持。

2）用户体验设计与课程接入

在线课程平台的用户体验设计是确保学习者能够愉快并有效地使用平台的关键因素。设计应当以用户为中心，充分考虑到用户的需求、习惯以及情感。界面设计应简洁直观，避免过多的复杂性，确保用户能够快速找到他们需要的信息和功能。图标和按钮应该清晰易懂，颜色和字体的选择也要符合视觉舒适性和可读性。导航的流畅性是用户体验的另一个重要方面。平台应该提供清晰的导航结构，帮助用户轻松地在课程内容、讨论区、资源库和个人账户之间切换。此外，个性化的元素，如适应用户偏好的推荐系统和可定制的仪表板，可以大大提高用户的参与度和满意度。对于教学内容的呈现，应该考虑到多样化的学习风格。视频、文本、图表和互动元素的组合可以满足不同用户的学习偏好。同时，提供字幕、音频描述和多语言支持也是提升无障碍学习体验的重要措施。反馈和支持系统的及时性对于维护良好的用户体验至关重要。用户在使用过程中遇到问题时，应能轻松地找到帮助信息或联系客服。实时聊天、常见问题（FAQs）、在线教程和社交媒体渠道都是有效的用户支持工具。

课程接入是指如何让学习者能够顺利地开始他们的学习之旅。注册流程应该尽可能简化，避免冗长的表单和复杂的验证步骤。一旦注册完成，新手引导程序可以帮助新用户熟悉平台的功能和操作，提高他们的自信心和学习动力。课程内容的接入点应该多样化，以满足不同用户的入门需求。例如，提供免费的试听课程或简短的介绍视频可以让潜在学生对课程内容有一个初步的了解。此外，通过分级测试或评估来确定用户的学习水平，并根据结果推荐合适的课程，可以提高课程的相关性和吸引力。为了鼓励用户深入学习，课程接入策略还应该包括激励机制。积分系统、徽章、证书和学习里程碑都是激励用户完成课程的有效手段。同时，提供团队学习和社区参与的机会也能增强用户的归属感和学习动力。

4.2.2.2 数字资源库建立与维护

1）资源分类体系与标准化

跨境电子商务网络教学资源的构建是为了满足在线学习的需求，提供一个高效、互动性强的学习环境。其中，跨境电子商务课程数字资源库的建立与维护是关键步骤之一，它不仅需要包含丰富多样的教学材料，还需要有一个清晰和科学的资源分类体系以及一套标准化流程，以确保资源的质量和易用性。[①]

---

① 李猷. 高职院校教学资源库数字资源颗粒化建设研究 [J]. 中国现代教育装备，2024（1）：43-45.

一个良好的分类体系能够帮助用户快速定位和检索所需的教学资源。对于跨境电子商务课程资源库来说，首先应该按照课程内容的主要领域进行大类的划分，例如市场分析、产品选品、供应链管理、营销策略、物流与关税、客户服务、数据分析等。在这些大类的基础上，进一步细分子类别，以便更精确地描述资源的内容和用途。为了确保一致性和互操作性，资源分类体系应当遵循一定的标准化原则。这包括统一的命名规则、明确的分类级别和逻辑清晰的层级关系。例如，可以采用国际通行的教育资源标准，如学习对象元数据（IEEE Learning Object Metadata，简称 LOM），或国内的教育行业标准来构建分类体系。这些标准提供了一套共享的语言和框架，有助于不同来源的资源整合和交换。

除了分类体系之外，资源库中的内容也需要遵循一定的标准化流程，以确保每项资源的质量和可用性。标准化流程包括资源的创建、审核、发布和维护等环节。在创建阶段，应制定一套详细的资源开发指南，明确资源的格式、大小、分辨率、文件类型等技术要求，以及内容的教学目标、适用对象、使用场景等教学要求。这样可以帮助内容提供者了解如何制作高质量的教学资源。审核阶段则需要一组专业人员对提交的资源进行质量检验，包括内容的专业性、准确性、无版权争议等。只有符合标准的资源才能被收录入库，以保证资源库的质量。发布阶段涉及资源的上传、编码、元数据标记和索引编制等技术处理，确保资源能够在平台上正确显示并被用户检索到。维护阶段则包括定期更新资源、修复链接错误、响应用户反馈等，以保持资源库的活跃度和时效性。

2）数据库维护与内容更新策略

数据库是跨境电子商务课程数字资源库的核心，它的维护和内容的定期更新对于保证教学质量和学习体验至关重要。有效的数据库维护策略应包括数据的备份、恢复、安全性检查、性能优化等方面。①

定期进行数据备份并将其存放在安全地方，是预防数据丢失的关键措施。这样在发生系统故障或数据损坏时，可以迅速恢复数据，减少教学中断的时

---

① 战忠丽，王强，李红. 基于行动导向的"Oracle 数据库管理与维护"课程教学改革［J］. 教育与职业，2014（26）：142-143.

间。安全性检查是保护数据库不受未授权访问和攻击的关键。定期执行数据库的安全审计以识别可能的漏洞和风险，并实施必要措施以加强安全性。此外，对用户访问权限的管理也非常重要，确保只有授权用户才能访问敏感数据。性能优化可以提高数据库的响应速度和处理能力。通过对数据库结构和查询语句的优化，可以减少数据检索的时间，提升用户体验。同时，监控数据库的性能指标，如响应时间、并发连接数等，有助于及时发现并解决性能瓶颈。内容更新策略是保持资源库活跃和时效性的关键。随着跨境电子商务行业的不断发展，新的规则、技术和市场趋势不断涌现。因此，资源库中的内容需要定期进行评估和更新。这包括移除过时或不再相关的资源，添加新的案例研究、最新的市场分析报告、更新的法规政策等信息。通过与行业专家和教育机构的合作，可以确保资源库的内容始终保持前沿性和实用性。为了鼓励用户参与和反馈，可以设立一个机制，允许用户推荐和提交新的内容。这些内容经过专业的审核和加工后，可以纳入资源库。这样不仅丰富了资源库的内容，也增强了用户的参与感和满意度。

　　跨境电子商务课程数字资源库的建立与维护是一个持续的过程，需要教育工作者、技术开发者和行业专家共同努力。通过实施科学的资源分类体系和标准化流程，可以极大地提高教学资源的可访问性和使用效率，从而支持跨境电子商务领域的教育和培训工作。这不仅有助于提升学习者的知识水平和实践技能，也为跨境电子商务行业的发展贡献力量。

4.3　创新跨境电子商务教学模式

　　创新教学模式是一种旨在提高教学效果和学生学习兴趣的教育方法。创新教学模式的核心在于打破传统的教育模式，通过引入新的教学理念和技术，以更加灵活和互动的方式来提升学生的学习体验。这些模式通常强调学生的主动参与、批判性思维的培养以及实践技能的提升。在当今全球化的商业环境中，跨境电子商务已成为一个不可或缺的领域。为了培养能够适应这一不断变化领域的专业人才，教学模式的创新变得尤为重要。

4.3.1　课堂教学模式创新

4.3.1.1　翻转课堂

翻转课堂教学法是一种革新的教育方式，它颠覆了常规教学流程，将传统教学模式下的课堂讲授与家庭作业环节翻转。在翻转课堂中，学生在课前通过教师提供的材料自主学习课程内容，而课堂时间则用于深入讨论、实践操作和解决问题。这种教学法的核心在于将学习的主动权交给学生，让他们上课前学习和理解基础知识，课堂上有更多的时间和机会进行互动、探究和实践。① 教师也从传统知识传授者摇身一变成为引导者、协助者和评估者，他们不仅需要精心准备课前的学习材料，还需要在课堂上组织各种活动来促进学生的深入学习。翻转课堂教学法的优势在于它能够提高学生的参与度和学习成效。课前学生已经初步了解课程内容，因此课堂上他们更加主动地参与讨论和实践，从而加深对知识的理解和掌握。此外，翻转课堂教学法培养了学生自主学习能力、团队协作能力和创新思维能力，有助于学生为未来的职业生涯做好准备。

在跨境电子商务课程中，翻转课堂教学法的应用为学生提供了一个互动且充满实践的学习环境。在课前阶段，学生通过观看教师预先准备的视频讲座和阅读相关材料来自主学习跨境电子商务的基础知识，如国际贸易理论、电商平台操作、跨境支付方式以及国际物流等。这使学生在课堂开始之前就建立起了对课程内容的基本框架和理解。在课堂上，传统的讲授被各种互动活动所取代。学生参与小组讨论，共同分析跨境电子商务的案例研究，或者扮演不同角色进行模拟谈判，或者通过团队合作来策划一个虚拟的电商项目。这些活动不仅加深了学生对跨境电子商务复杂性的理解，而且培养了他们的沟通、协作和解决问题的实际能力。进一步地，学生在真实或模拟的跨境电子商务平台上进行实践操作，如创建和管理在线商店，制定和执行营销策略，处理订单和客户服务问题。这种实践经验使学生能够将理论知识与实际技能

---

① 崔晓晋，冯筱璐. 微课与翻转课堂在跨境电子商务旅游英语教学中的理论和实践探讨［J］. 校园英语，2021（40）：3-4.

相结合，更好地了解和适应真实的商业环境。评估和反馈环节对于学生的学习过程至关重要。教师会根据学生在课堂讨论和实践操作中的表现提供专业的评价和建议。同时，学生也被鼓励进行自我反思，评估自己的学习成果和需要改进的地方。这样的评估机制不仅帮助学生总结学习经验，还促进了他们对未来学习路径的深入思考。

翻转课堂教学法在跨境电子商务课程中的应用，通过课前的自主学习、课堂的互动活动和操作实践，以及评估与反馈的循环，形成了一个完整的教学周期。这种方法不仅提高了学生的主动学习能力，还为他们提供了必要的技能和知识，以应对未来跨境电子商务领域的挑战。

4.3.1.2　5E 教学法

5E 教学法是一种建构主义研究性教学方法，它由美国生物课程研究学会提出，旨在帮助学生树立科学概念，确保教学目标的实现。它被广泛用于中高等教学中，适用于任何学科。5E 教学法包括五个阶段：引入（Engage）学生的注意力，激发他们的好奇心和学习兴趣；让学生进行探究（Explore）和调查，通过实践活动来发现问题和解决问题；对学生在探究阶段所发现的问题进行解释（Explain）和总结，确保他们理解科学概念和原理；进一步扩展（Elaborate）学生对科学概念的理解，通过更多的实践活动和应用来加深对知识的掌握；对学生的知识和理解进行评估（Evaluate），以确保教学目标的实现。[①] 这种教学法强调学生的主动参与和实践，通过探究和实践活动来促进学生的学习和发展。它可以提高学生的参与度和学习效果，并培养学生的创新能力和批判性思维能力。

在跨境电子商务课程中，5E 教学法的应用为学生提供了一个系统性和实践性兼备的学习框架。在"引入"阶段，教师通过展示全球电商的发展趋势和案例，或者让学生分享个人的网购经历，来唤起学生对跨境电子商务主题的兴趣和参与意愿。这种初始的激发是整个学习过程的基础，让学生明确课程的目标和方向。进入"探究"阶段，学生开始主动深入课程内容。他们可

---

① 赵子楚．"三教"改革背景下高职英语任务型语言教学法应用研究［J］．英语教师，2023，23（5）：71-74.

能被分配到不同的团队，研究特定的跨境电子商务平台、物流解决方案或国际支付系统，通过项目式学习来探索实际问题并寻找创新的解决方案。这一过程中，学生不仅需要收集和分析数据，还要学会如何在团队内沟通和协作。在"解释"阶段，学生把他们的发现带回课堂，与同伴和教师共享他们的研究成果和经验教训。通过这种方式，他们能够巩固自己的理解，同时也从他人的见解中获益。教师在这一阶段的引导至关重要，要确保学生能够正确地理解核心概念，并对跨境电子商务的各个方面有清晰的认识。随后的"扩展"阶段鼓励学生将学到的知识应用到更广泛的情境中。他们可能会参与到模拟的跨境电子商务项目中，实际操作一个虚拟的在线商店，或者直接与跨境电子商务企业合作，解决实际问题。这样的实操经验帮助学生深化理论知识，并获得宝贵的行业经验。最后，在"评估"阶段，教师和学生共同反思整个学习过程，评价学生的学习成果。评估可以通过多种形式进行，包括直接的测试、项目报告的提交、口头陈述或同行评议等。学生能够通过反馈更清晰地认识到自己的学习进展和存在的不足，而教师则可以依据这些信息调整和优化教学策略，以便更加精准地满足学生的个性化学习需求。

4.3.1.3 对分课堂

对分课堂指教师将课堂时间划分为两部分，一部分由教师主导来讲授知识，另一部分由学生主导来进行讨论、实践和反思。这种教学模式旨在提高学生的参与度和学习效果，并培养学生的自主学习能力和批判性思维能力。[①] 在对分课堂中，教师首先会利用一部分时间进行知识传授，向学生介绍基本概念、理论和知识点。这一阶段的目的是为学生提供必要的基础知识，帮助他们建立对课程内容的基本理解。随后，学生在另一部分时间内进行讨论、实践和反思。他们可以以小组为单位，就教师讲授的内容进行深入探讨，提出问题、分享观点，并尝试应用所学知识解决实际问题。这一阶段的目的是让学生通过互动和实践来巩固知识，同时培养学生的合作能力、解决问题能力和创新能力。对分课堂教学模式的优势在于它能够充分发挥教师和学生的主动性和创造性。教师可以通过讲授来引导学生学习，同时留出足够的时

① 张学新. 对分课堂：大学课堂教学改革的新探索 [J]. 复旦教育论坛，2014, 12 (5)：5-10.

间让学生进行自主探索和实践。学生则有机会通过讨论和实践来深化对知识的理解和应用，提高自身的学习效果和综合素质。然而，对分课堂教学模式也需要教师具备一定的教学技巧和组织能力。教师需要合理安排课堂时间，确保知识传授和学生讨论的时间平衡；同时还需要引导学生进行有效的讨论和实践，帮助他们发现问题、解决问题，并促进他们之间的合作与交流。此外，教师还需要根据学生的学习情况和反馈及时调整教学内容和方法，以满足学生的学习需求和提高教学质量。

在跨境电子商务课程中，对分课堂教学模式的有效运用可增强学生学习体验和提升教学成果。课堂的时间被明智地分割为教师主导的知识传授阶段和以学生为中心的讨论与实践阶段。在知识传授阶段，教师向学生系统地讲授跨境电子商务的核心概念、市场分析、操作流程等关键知识点。通过多媒体展示、实例演示或特邀行业专家的讲座，教师为学生提供了丰富的学习资源和深入的行业见解，确保每个学生都能够获得必要的理论基础和行业背景知识。随后，在学生讨论与实践阶段，课堂氛围变得活跃起来。学生被鼓励以小组形式合作，针对教师提出的问题或实际案例进行探讨。他们可能需分析某个成功电商企业的案例，讨论其市场策略，或者围绕如何优化国际物流成本等问题进行辩论。这一阶段不仅锻炼了学生的批判性思维和解决问题的能力，还提高了他们的沟通协作技巧。当各小组完成讨论后，学生们将他们的发现和建议在班上共享。这个成果分享环节允许每个学生从同伴的学习中受益，并通过教师的反馈进一步完善自己的理解。这样的互动促进了知识的深化和巩固，也激发了创新的思考。课后，教师根据课堂讨论和学生表现，布置针对性的作业，如撰写反思报告或进行案例分析，旨在帮助学生整合所学并应用于实际情景。通过这些活动学生进行自我检验并自我反思，从而在不断进步的过程中，更加深刻地掌握跨境电子商务的知识和技能。通过这样有计划、有步骤的教学安排，对分课堂教学模式在跨境电子商务课程中展现了其独特的优势，既有教师的引导以确保知识传递的准确性，又有学生的主动参与以促进深入理解和实践经验的积累，最终培养出能够适应全球化电子商务环境的专业跨境电子商务人才。

4.3.1.4 ADDIE 模型

ADDIE 模型是一种系统的教学和培训课程开发框架，它包括分析（Analysis）、设计（Design）、开发（Develop）、实施（Implement）和评估（Evaluate）五个阶段。[①] 在分析（Analysis）阶段，开发人员需要确定课程的目标、目标受众的特征、学习环境以及任何可能影响培训成功的外部因素。这一步骤是整个模型的前提，确保课程设计与学习者的需求相匹配。设计（Design）阶段涉及制定详细的课程结构，包括学习目标、内容大纲、教学策略和评估方法。在这一阶段，教学设计师需要决定如何最有效地呈现信息并促进学习。在开发（Develop）阶段，课程内容、材料和活动得到创建和组装。这包括制作或采集教学资料，如讲义、幻灯片、视频和其他必要的支持工具。实施（Implement）阶段是将课程内容实际交付给学习者的过程。这通常涉及教学、辅导和其他形式的参与式学习活动。最后，评估（Evaluate）阶段是对课程效果的检验。这包括收集反馈信息以评价学习成果，确保课程目标已经达成，并对未来的培训课程进行必要的调整和优化。

在跨境电子商务领域，随着全球电子商务的蓬勃发展，专业人才的需求日益增长。为了满足这一需求，教育机构和培训组织正在采用 ADDIE 模型来系统地开发和优化相关课程内容。需求分析（Analysis）是课程开发的起点。教育者需要通过市场调研、访谈潜在学员以及与行业专家合作，了解目标群体的特性和学习需求。例如，他们可能希望掌握如何使用不同的跨境电子商务平台如亚马逊（Amazon）、阿里巴巴（Alibaba）等进行有效销售，或者熟悉国际贸易的法律法规。接下来是设计（Design）阶段，教育者根据需求分析的结果制定课程框架。这包括确定课程的学习目标、教学内容、教学活动类型及评估标准。这应涵盖跨境电子商务的核心知识，如比较优势理论、国际物流、支付方式、税收政策等关键领域，并考虑将 AIGC 技术等新兴工具融入课程中。在开发（Develop）阶段，教育者创建具体的教学材料和资源。这可能涉及制作在线视频教程、案例研究、互动模拟和实践项目，来提高学生

---

① 刘迫，刘佳. 基于 ADDIE 模型的系统培训模式研究 [J]. 中国人力资源开发，2012（9）：47-50，78.

操作技能和解决问题的能力。同时，确保这些材料能够反映出最新的市场趋势和技术工具，如人工智能和大数据分析在电商中的应用。实施（Implement）阶段要求教育者运用有效的教学策略来执行课程计划。这包括选择合适的教学模式，无论是面对面授课还是在线学习，并确保所有的教学资源都能够得到有效利用。良好的课堂管理和沟通技巧对于维持学生的参与度至关重要。最后，在评估（Evaluate）阶段，对课程成效进行全面审查。这不仅仅包括学生的学习成果，如考试成绩和项目作业，也包括对课程设计和教学方法的反思。收集学生和同行的反馈，对课程内容进行调整和改进，以确保它能够持续满足行业的变化和学员的期望。

4.3.1.5　BOPPPS 模型

BOPPPS 模型是一种以学生为中心，注重参与和反馈的教学过程模型。BOPPPS 模型的全称是由六个教学环节的英文首字母组合而成。导入（Bridge-in），吸引学生的兴趣，建立新旧知识之间的联系。明确课程的教学目标（Objectives），让学生明白学习的预期成果。前测（Pre-assessment）是评估学生的先验知识与技能，从而为后续教学提供科学依据。参与式学习（Participatory Learning）鼓励学生积极主动地参与教学活动，通过互动学习掌握知识。后测（Post-assessment）是检验学习的成果，评估是否达到教学目标，并对知识进行延伸。回顾和总结（Summary）课程内容，巩固知识点。[①] 此外，BOPPPS 模型是闭环的教学活动，它要求教师在教学设计中综合考虑核心理念、目标、预估、教学辅助、教学计划和教学策略，以创造积极互动和有效的学习环境。这种模型支持教师使用多种教学资源和策略，如讲授、讨论、小组活动、探究性学习等，以满足不同学生的学习风格和需求。

在跨境电子商务课程中，BOPPPS 模型的应用为学生提供了一个结构化而全面的学习体验。课程伊始，教师通过一个实际的跨境电子商务案例引起学生的兴趣，比如讨论阿里巴巴（Alibaba）如何成功地打造了一个全球性的电商平台，从而顺利地导入（Bridge-in）课程内容。接下来，在目标（Objec-

---

① 张建勋，朱琳. 基于 BOPPPS 模型的有效课堂教学设计 [J]. 职业技术教育，2016，37（11）：25-28.

tives）环节中，教师明确阐述课程目标，确保学生明白他们将会学到如何分析国际市场、处理跨境支付和物流等关键技能。学生了解这些目标后，将能够有针对性地学习并衡量自己的进步。前测（Pre-assessment）环节通过小测验或提问来评估学生对跨境电子商务基础知识的了解程度，这有助于教师调整教学计划，满足学生个性化的学习需求。到了参与式学习（Participatory Learning）阶段，学生被鼓励通过团队合作项目、模拟练习和互动讨论来深化理解。例如，在学习跨境电子商务的营销策略时，学生可以分组进行案例研究，分析特定国家市场的特点，并提出相应的市场营销方案。完成所有的教学内容后，在后测（Post-assessment）环节，学生需要完成实际案例分析或者操作演练，如计算不同国家的关税和税务，以此来检验他们的实际应用能力。最后，在总结（Summary）阶段，教师带领学生回顾整个课程，强调跨境电子商务的核心概念和策略，巩固知识点，并分享最佳实践。这样的闭环教学不仅加深了学生的理解，而且提高了他们将知识应用到实践中的能力。BOPPPS模型的核心在于促进学生的全方位参与式学习，适用于各种教学场景，并通过及时的反馈信息来调整教学活动，以确保教学目标的顺利达成。

4.3.2　学生自主学习能力培养

4.3.2.1　自我导向学习策略

跨境电子商务课程涉及的内容广泛，包括国际贸易法规、市场营销、电商平台操作、物流与供应链管理等。仅凭课堂教学难以完成所有内容的学习，为了全面学习，学生需要采取自我导向学习策略，主动掌握知识和技能。

设定明确的学习目标：确定短期和长期的学习目标，这些目标遵循SMART 原则，目标是具体（Specific）、可衡量（Measurable）、可实现（Attainable）、相关性强（Relevant）和时限性的（Time-bound）。[①] 具体性指学习目标应该明确指出学生需要掌握的知识和技能。例如，不仅仅说要 "了解跨境电子商务"，而是要具体到 "了解怎么通过阿里巴巴国际站（Alibaba.

---

① 岳鸣宇，刚昆鹭，马于川. SMART 原则及其与绩效管理之间的关系研究 ［J］. 中国商论，2021（12）：133-135.

com）进行产品发布和销售"。目标应该是可以衡量的，这样学生才能清楚地知道何时达到了目标。例如，"完成至少三个不同国家的市场分析报告"是一个可衡量的目标。可实现性指目标应该是现实的，可以在给定的时间和资源限制内实现。避免设定过于宏大或不切实际的目标。相关性指学习目标应该与跨境电子商务的职业需求紧密相关，确保学生所学的内容与实际工作场景相符。时限性指为学习目标设定明确的时间框架，比如"在本学期结束前，能够独立完成跨境电子商务平台的注册和商品上架流程"。

时间管理：在跨境电子商务课程中，学生的自主学习能力培养是教学的核心目标之一，而时间管理技能的培养则是实现这一目标的关键组成部分。为了帮助学生掌握时间管理，课程应首先介绍时间管理的基本原则，并强调制订和遵循学习计划的重要性。教师可以推荐各种时间管理工具，如日历应用和待办事项列表，以便学生能够更好地规划自己的学习时间。通过设定明确的截止日期和优先级排序，学生可以学会如何有效地分配时间和精力，确保关键任务得到优先完成。定期的复盘和反馈有助于学生评估自己的时间管理策略，并进行必要的调整。此外，通过案例分析和自我监控，学生可以更深入地理解时间管理的实际意义和应用，从而在学习过程中实现更高效的时间利用。

主动学习：在跨境电子商务课程中，实现主动学习是培养学生适应快速变化的全球电子商务环境的关键。为此，教师需要设计一系列策略来激发学生的积极参与和自我驱动的学习态度。首先，课堂互动如小组讨论和案例分析能够鼓励学生分享观点并提高他们的参与度。问题导向学习则通过中心问题激发学生的好奇心，促使他们积极寻找答案。允许学生根据个人兴趣选择主题，可以增强他们的学习动力。实际案例的分析和项目式学习让学生在解决实际问题的过程中深化理解。利用技术工具如模拟电商平台可以增强学习体验，而定期的反思和自我评估帮助学生识别学习进度和挑战。同伴评审和与行业专家的互动为学生提供了不同视角和实践经验。提供持续学习的资源鼓励学生在课程结束后继续探索和学习。这些策略共同构成了一个支持主动学习的环境，助力学生掌握跨境电子商务知识。

利用多种学习资源：在跨境电子商务课程中，为了提升学生的学习效果和体验，教师需巧妙地利用多种学习资源。这包括引导学生浏览网络资源，如电子商务模拟软件和专业论坛，以及开放教育资源，比如免费的在线课程和教学视频。同时，学校图书馆的各类书籍、学术期刊和市场报告也是宝贵的知识来源。通过专家访谈和讲座，学生能够获得实战经验和行业洞见。实际案例分析和项目式学习使学生在解决实际问题中深化理论知识的应用。实地考察可以增强学生的实践经验。互动式学习工具和多媒体内容则增加了学习的趣味性和互动性。此外，同伴学习和小组合作鼓励学生共享资源并协作解决问题。这些多元化的学习资源和方法共同构建了一个丰富的学习环境，使学生能够全面地掌握跨境电子商务的知识，并激发他们的创新思维和解决问题的能力。

反思和自我评估：在跨境电子商务课程中，学生可以通过维护学习日志、设定个人目标、进行自我检测、参与同伴评价和分析项目成果等方式来实现反思和自我评估。通过这些方法，学生能够从不同角度审视自己的学习过程，识别自己的强项和改进空间。此外，利用外部反馈、与标准比较、定期回顾和参与讨论也是重要的自我评估手段。学生还可以通过 SWOT 分析来系统地评估自己的学习状况，并制定相应的改进策略。这些自我评估的活动不仅有助于学生深化对跨境电子商务知识的理解，还能够培养他们的批判性思维和自我提升能力，对他们的学术成长和职业发展具有积极的影响。

建立网络：在跨境电子商务课程中，学生可以通过积极参与行业交流活动、加入专业社群、建立联系、利用校友网络以及参与实习和志愿服务等方式来建立自己的职业网络。这些活动不仅有助于学生与行业内的专业人士建立联系，还能够提供宝贵的实践机会和行业洞察。此外，通过参与在线课程和论坛、创建个人品牌、主动求知、参与项目合作以及持续学习，学生可以不断扩展自己的知识边界，提升专业技能。

寻求反馈：在跨境电子商务课程中，学生可以通过多种方式寻求反馈来实现自我导向型学习。主动与教师沟通、参与同伴评审和小组讨论，可以让学生从教师和同学那里获得及时的指导和建议。利用在线论坛和社交媒体平台发布自己的工作，邀请更广泛的行业人士和同行提供反馈。通过实习和实际工作经验，学生可以从专业人士那里获得宝贵的反馈和指导。参加研讨会和工作坊也是获取反馈的有效途径，同时，创建个人项目和直接与客户互动也能让学生从客户的角度学习和改进。寻找行业内的导师并定期交流，可以获得专业的意见和建议。最后，通过自我反思，学生可以评估自己的学习成果和过程，识别改进的空间。这些反馈机制共同构成了一个互动和持续改进的学习环境。

4.3.2.2　批判性思维训练

在跨境电子商务课程中，批判性思维的培养可以通过鼓励提问、分析和评估、辩论和讨论、案例研究、反思练习、评判性阅读、研究项目、模拟活动、多视角分析、专家互动等活动来实现。

鼓励提问训练，教师可以在课堂上提出开放式问题，激发学生的好奇心和探究欲，设立"疑问箱"，让学生随时提交他们对课程内容的疑问，定期在课堂上讨论。通过小组讨论，鼓励学生相互提问，挑战彼此的观点。分析和评估训练，教师分配阅读材料或案例研究，并要求学生分析其背后的逻辑、假设和论据。通过作业或项目，让学生评估不同的电商策略，如市场定位、客户服务和物流管理。辩论和讨论训练，学生围绕跨境电子商务热点话题开展辩论，如知识产权保护、税收政策等。在课堂上实施鱼骨图分析法，帮助学生从多个角度探讨问题的原因和影响。案例研究训练，教师使用实际的跨境电子商务案例，让学生深入研究并分析企业的成功因素或失败教训。通过角色扮演，让学生从不同角色的视角审视案例，如消费者、卖家、平台运营者等。反思练习训练，教师要求学生撰写反思日志，记录他们在学习过程中的思考和感悟。定期进行自我评估，让学生反思自己的学习方法和进步空间。评判性阅读训练，教授学生如何识别文章中的论点、证据和推理，以及如何评估信息的可靠性和有效性。安排阅读会议，让学生分享他们的批判性阅读体验和发现。研究项目训练，设计独立或小组研究项目，让学生探索特定的跨境电子商务议题，如市场趋势分析、消费者行为研究等。通过数据收集和分析，让学生建立自己的论点，并提出解决方案。模拟活动训练利用模拟软件或游戏，让学生模拟电商平台的运营，面对市场变化作出决策。通过角色扮演模拟谈判，让学生在模拟的商业环境中实践沟通和协商技巧。多视角分析，鼓励学生从不同国家和文化的角度分析跨境电子商务问题，考虑全球化背景下的复杂性。通过国际新闻和案例，让学生了解不同市场的法律法规和商业习惯。专家互动，邀请跨境电子商务领域的专家来举办讲座或研讨会，让学生有机会直接向专家提问和挑战其观点。安排实地考察或在线访谈，让学生与行业实践者交流，获取第一手的行业信息和经验。

通过这些活动，学生不仅能够获得知识和技能，还能够培养批判性思维，这对于他们未来的学习和职业生涯都是极其宝贵的。

4.4　改革跨境电子商务课程教学方法

在跨境电子商务课程教学中，采用多元化的教学方法至关重要。互动式教学法、案例教学与模拟演练、任务教学法、合作学习法、项目导向法、微课教学法、体验式教学法的综合运用不仅能够增强课程内容的吸引力和实践性，还能为学生提供一个全面发展的学习环境。

4.4.1　互动式教学法

互动式教学法是一种注重教师与学生之间互动的教学模式，旨在通过双向交流提高教学效果。互动式教学法的中心理念在于营造一个多方互动的学习氛围，其中教师与学生在平等的条件下展开沟通和讨论。[①] 此教学法着重于激发双方的积极性和探究精神，借助不同视角的交锋和融合，唤起学生的好奇心和投入感，旨在通过这种方式增强教学成效。

4.4.1.1　交互式讨论实施策略

在跨境电子商务课程中，为了有效实施交互式讨论，教师需要采取一系列策略来引导和优化这一过程。首先，教师应设定明确的讨论目标，确保学生了解讨论的主题和预期成果，从而有针对性地探讨诸如市场趋势、物流解

---

① 周华文，李金林，田作堂. 互动式教学法研究分析 [J]. 北京理工大学学报：社会科学版，2007 (S1)：104-107.

决方案或技术创新等关键问题。同时,创建一个安全的学习环境至关重要,这样学生才能自由地表达自己的观点,即使这些观点可能与众不同。使用启发式提问是激发学生思考的重要手段,而分组讨论则能让更多学生参与到互动中来,确保每个人的声音都能被听到。角色扮演活动可以帮助学生从不同的角度理解跨境电子商务的复杂性,从而增加讨论的深度。此外,利用技术工具不仅能够促进课下的讨论,还能帮助教师实时获取学生的反馈,调整教学策略。将真实案例引入课堂,让学生通过研究和解决实际问题来学习,这样的实践可以大大增强讨论的应用价值。专家的参与则为讨论增添了行业洞见,帮助学生建立理论与实践之间的桥梁。通过总结和反馈环节,教师可以帮助学生梳理讨论内容,明确学习成果,并指导未来的学习方向。这些策略共同构成了一个互动且富有成效的讨论环境,不仅促进了学生的批判性思维和问题解决能力,还增强了他们的沟通技巧和团队合作能力。通过这种方式,跨境电子商务课程的交互式讨论成为一个生动且动态的学习体验。

4.4.1.2 互动平台运用及管理

在跨境电子商务课程中,学生互动平台的运用和管理是提升教学互动性和学习成效的关键环节。首先,教师需要根据课程的具体要求和学生的实际需求,精心选择最合适的互动平台,如集成了讨论论坛的学习管理系统(LMS)或是便于实时交流的社交媒体工具。一旦选定平台,就需要制定清晰的使用规则和行为准则,并通过详尽的操作指导帮助学生熟悉平台的各项功能。为了激发学生的参与热情,教师可以设计一系列吸引人的互动活动,比如在线辩论、案例分析和同伴互评等,同时设置奖励机制或将其纳入评分体系以鼓励学生积极互动。此外,教师应定期监控互动平台上的活动,提供及时反馈,确保讨论的健康和有序,同时整合课程资源到平台中,以便学生随时访问所需资料。技术支持团队的作用不可忽视,他们保障了平台的顺畅运行,并解决学生在使用过程中遇到的技术问题。通过评估和收集反馈,教师能够不断优化平台的使用策略,提升学生体验。同时,保护学生隐私和数据安全是至关重要的,这要求平台具备强大的安全措施。为了确保教师能够高效地运用互动平台,提供必要的培训是必不可少的。这样,教师就能熟练地管理平台，促进学生之间的有效互动。通过这些综合性策略的实施，学生互动平台将成为跨境电子商务课程中促进知识交流、批判性思维和协作学习的重要工具，极大地丰富了教学内容，为学生的全面发展提供了支持。

4.4.1.3　师生互动技巧与方法

为了建立有效的互动，教师需采纳多样化的策略和手段，以唤起学生的参与热情和学习兴趣。首先，教师应创建一个开放的沟通环境，让学生感到自己的观点受到尊重并且安全地表达自己的想法。启发式提问能够引导学生深入思考，而倾听和反馈则有助于学生认识到自己的进步和需要改进的地方。通过个性化教学，教师可以更好地满足每位学生的学习需求，同时案例研究和角色扮演的活动能够增加课程的实践性和互动性。小组合作学习不仅促进了团队协作，还鼓励了知识的共享。利用技术工具，如在线论坛和社交媒体，可以拓展学习的时空界限，让互动不仅限于课堂内。实时互动的工具使得课堂更加动态，而专家讲座和访谈则为学生提供了宝贵的实战经验。同学之间的相互评估和同伴评价不只增强了批判性思考技能，也促进了彼此间的学习和交流。此外，鼓励学生进行反思和自我评估有助于他们更深刻地理解学习过程，并在未来取得更好的成绩。持续的动态评估帮助学生了解自己的学习进度，同时也为教师提供了调整教学策略的机会。通过这些综合性的互动技巧和方法的应用，跨境电子商务课程能够成为一个充满活力和互动性的学习环境，极大地提升了学生的学习动力和课程的教学效果。

4.4.2　案例教学与模拟演练

案例教学法是一种基于现实案例的教学模式，它通过模仿或重塑实际生活中的情境，吸引学生参与并借助讨论与研讨来促进学习。① 这种方法的特色在于其开放和互动的特性，而教师在此过程中更多地充当策划者和鼓舞者，而非仅仅是知识的传递者。

---

① 刘红梅. 任务驱动式案例教学法的构建与应用 [J]. 江苏高教，2016（4）：71-73.

4.4.2.1 案例分析步骤与技巧

　　跨境电子商务课程精选案例分析是一种通过研究具体的商业实例来理解和应用跨境电子商务知识的方法。跨境电子商务课程精选案例分析的步骤包括选择案例、收集资料、理解背景、确定分析框架、识别关键问题、分析与讨论、应用理论、总结与建议和反思。

　　选择与学习目标和兴趣相符的案例，确保案例具有代表性和教育性。例如，可以选择成功的跨境电子商务平台如亚马逊（Amazon）、阿里巴巴（Alibaba）等的案例，或者是特定商家的成功故事。在开始分析之前，收集尽可能多的关于所选案例的资料。这可能包括公司报告、新闻文章、市场研究报告、财务数据、用户评论、社交媒体内容等。了解案例的背景信息，包括公司历史、市场环境、竞争对手、供应链结构、客户群体等。这有助于更好地理解案例的复杂性和特点。选择一个适合的分析框架，如 SWOT 分析（优势、劣势、机会、威胁），PESTEL 分析（政治、经济、社会、技术、环境、法律因素）或五力模型等，以系统地评估案例。通过阅读和研究案例，识别出关键的问题和挑战。这些问题可能是关于市场营销策略、运营效率、客户服务、技术应用等。深入分析案例中的关键问题，讨论其原因和影响。尝试从不同角度审视问题，并考虑不同的解决方案。将所学的跨境电子商务理论知识应用到案例分析中，解释理论是如何在实际情境中得到体现的。基于自己的分析，总结案例的关键教训，并提出可能的改进措施或建议。这些应该基于实际数据和理论支持。反思整个分析过程，评估自己的分析和推理能力，思考如何在未来做得更好。

4.4.2.2 商业模拟软件

　　跨境电子商务商业模拟软件是一种能够帮助用户模拟跨境电子商务运营的软件工具。通过使用这类软件，可以在虚拟环境中进行跨境电子商务的各个环节，包括产品选择、供应链管理、订单处理、客户服务等。选择的跨境电子商务商业模拟软件需要具备以下特征：功能全面性、真实性、用户界面友好、数据驱动、案例丰富和教程详细、良好的客户支持、可扩展性和性价比高。选择功能全面的软件，确保能够模拟跨境电子商务的所有关键环节，包括市场调研、产品上架、营销推广、订单管理、物流配送等。软件应尽可能地模拟真实市场环境和业务流程，包括货币汇率变动、关税和税收政策、国际贸易法规等。选择界面直观、易于操作的软件，以便于快速上手和有效使用。软件应提供数据分析功能，帮助用户根据市场数据和业务数据作出决策。选择提供丰富案例和详细教程的软件，以便用户能够学习和理解跨境电子商务的各个方面。良好的客户支持可以帮助用户解决使用过程中的问题，提供必要的技术支持和咨询服务。软件应具备一定的灵活性和可扩展性，能够适应不同规模和类型的跨境电子商务业务。考虑到软件的成本效益，选择性价比高的软件，尤其是对于初创企业和教育机构来说更为重要。

4.4.2.3　案例教学与模拟演练评估

要全面评估跨境电子商务课程中案例教学与模拟演练的有效性，采取多维度的评估方法是关键。首先，可以通过设计问卷并在课程结束后发放，来搜集学生对这两种教学方法的看法及建议，进而获得初步的反馈信息。此外，小组讨论活动能促进学生交流，如分享他们的学习体验和对教学内容的感悟。学习成果的评估同样重要。通过定期的测试和最终考核，可以实现对学生知识掌握程度的量化分析。同时，布置具有实践性的项目作业并对其进行评价，有助于考查学生将理论知识应用到实际情境的能力。课堂观察也是一种有效的评估手段，教师或第三方可以直接观察并记录学生的参与度和互动情况。同行评审亦不容忽视。同学之间的互评不仅能够提高学习的互动性，还能促进彼此的自我学习和提高。而教师的专业评审则为学生提供了专业的指导和反馈。在绩效指标方面，课程完成率和毕业生就业率是两个重要的数据，它们分别反映了学生的学习坚持度和课程对职业发展的帮助程度。长期跟踪毕业生的职业发展情况和收集行业反馈，可以为课程的持续改进提供宝贵的外部信息。通过这些综合评估方法，不仅能够对跨境电子商务课程的教学效果有一个全面的了解，还能够为未来的教学实践和课程设计提供指导性的见解。

4.4.2.4　案例教学法案例展示

市场进入策略案例：通过研究特定品牌进入新兴市场的案例，了解市场调研、产品定位以及渠道选择等关键因素。

跨文化沟通案例：分析跨国公司如何克服语言障碍和文化差异以成功营销其产品，强调适应地方文化的重要性。

电商平台选择案例：探讨企业在亚马逊（Amazon）、亿贝（eBay）、阿里巴巴（Alibaba）等大型平台上选择合适销售渠道的案例，理解不同平台的优势和劣势。

物流与配送案例：通过实例讲述如何优化国际物流流程，降低运输成本同时保证货物递送的时效性。

关税与进口税案例：借助具体案例讨论关税和进口税对跨境电子商务商品价格的影响，以及如何合理规划税务成本。

支付系统案例：分析不同国家的支付偏好，如 PayPal、支付宝等，讨论货币转换、支付安全等议题。

知识产权保护案例：学习如何处理跨境电子商务中遇到的知识产权侵权问题，通过相关案例强调版权、商标和专利的重要性。

客户服务与支持案例：通过实际案例展示如何建立高效的客户服务体系，包括售后支持、退换货政策等。

网络营销与广告案例：分析成功的社交媒体营销案例，讨论内容营销、搜索引擎优化（SEO）和付费点击广告（PPC）等策略。

数据分析与市场预测案例：通过案例学习如何使用数据分析工具预测市场趋势，为库存管理和定价策略提供依据。

4.4.3　任务教学法

任务教学法（Task-based Language Teaching，简称 TBLT）是一种以任务为核心的语言教学方法，强调通过完成具体的任务来促进学生的语言学习和实践。[1] 任务教学法的核心思想在于构建与实际生活息息相关的任务，促使学生在执行这些任务时主动使用目标语言进行沟通，借此在实际语境中习得语言的知识和技巧。

---

[1]　方文礼. 外语任务型教学法纵横谈 [J]. 外语与外语教学，2003（9）：17-20.

4.4.3.1　学习计划设计

在构建跨境电子商务课程的任务驱动型学习计划时，首先需确立清晰的教学目标，明确学生应当掌握的核心知识与技能，以及期望实现的学习成效。接着，基于这些目标，设计一系列贴近实际业务情境的任务，如进行市场调研、制定商品策划、管理店铺运营和执行数据分析等，确保任务能全面覆盖跨境电子商务的关键操作流程。随后，将这些任务拆解为具体的学习活动，并制订出详尽的学习计划，其中包括每项任务的目标、内容细节、时间安排和评估准则。然后，根据计划将任务分配给学生们，无论是个人还是小组形式，都要让学生明白自己的学习职责和目标。学习过程中，教师作为引导者和支持者，提供必要的辅导以帮助学生克服难题，推动他们的学习进展。完成任务后，教师需要对学生的成果进行全面评价，考量任务完成的质量和创造性等多个维度，并将评价结果用作衡量学生学习成就的关键指标。最后，基于评价反馈，教师向学生提供具体反馈，突出他们的优势和改进空间，并提出具体建议。同时，教师应依据学生的学习表现调整教学方法和计划，以优化教学策略，提升课程效果。这一过程不仅促进了学生的主动学习和实践能力，也增强了他们解决问题和团队协作的能力，为未来的跨境电子商务行业挑战做好准备。

4.4.3.2　过程监控与反馈

在跨境电子商务课程中运用任务教学法时，确保学生在完成任务的过程中得到有效监控与反馈是至关重要的。首先，需要清晰地界定每项任务的具体要求和评估标准，并将这些信息明确传达给学生，同时提供详细的任务说明书和评分指南，以便学生对目标有透彻的理解。接下来，建立一个监控系统，如通过在线教学平台或者专门的项目管理软件，来跟踪每位学生的进度和提交物。设定定期的检查点，如每周的进度汇报或阶段性成果展示，使学生有机会定期审视自己的工作进展，并对接下来的步骤作出规划。在学生执行任务的过程中，应进行实时监控，观察学生的活动，参与讨论，并审阅中间成果。对于团队合作的项目，鼓励团队内部的沟通和协作，并定期向教师汇报进展，以确保团队成员之间有效的分工合作。此外，及时且具体的反馈对于学生的学习至关重要。教师应在监控过程中提供指导和建议，采用形成性评价手段，如口头反馈、书面评论或评分表，以促进学生不断进步。同时，鼓励学生进行自我监控和同伴评价，通过共享反思结果和提供互评，增强他们的自主学习和批判性思维能力。技术工具的辅助可以极大提高这一过程的效率。利用项目管理软件和在线协作工具帮助学生规划和追踪任务进度，而论坛和聊天室等平台则促进了学生间及师生间的交流。在任务完成后，组织总结会议，让学生分享经验和学习心得，并由教师提供整体评价和建议，指出每个学生或团队的亮点和成长空间。最终，教师应依据学生的成绩和收集到的意见来调整将来的课程内容及教学手段，目的是更有效地迎合学生的学习需求并提高教学品质。通过这样的过程监控与反馈机制，任务教学法能够在跨境电子商务课程中发挥最大效用，激发学生的学习热情，提高他们的实践能力。

4.4.3.3 优势与局限性

任务教学法在跨境电子商务课程中的应用带来了一系列的优势，尤其是在促进学生实际应用能力方面表现突出。通过设定与真实业务环境紧密相关的任务，学生能将理论知识与现实操作有效结合，不仅增强了课堂学习的实践性，还提高了他们解决实际商业问题的能力。此外，这种方法让学习过程更具挑战性和参与性，显著提升了学生的参与度和学习热情。团队合作是职场成功的关键软技能之一，任务教学法正好提供了培养这一技能的机会。学生们在协作完成任务的过程中学会了有效沟通和团队协作。同时，自主探索问题的解决方案也锻炼了他们的独立思考能力和自我学习能力。教师的即时反馈进一步指导学生调整学习方法，有助于他们取得持续进步。

然而，任务教学法也存在一些局限性。它对教学资源的需求相对较高，无论是时间还是物质资源，并且加重了教师的准备和评估工作负担。评价学生的任务完成情况具有一定的主观性，评价标准难以完全客观化和量化。除此之外，并非所有学生都能迅速适应这种教学模式带来的自主性和不确定性，这可能导致一部分学生感到不适应或压力过大。班级进度的不一致也可能成为实施任务教学法时的一个挑战。要有效运用任务教学法，并尽量克服这些局限性，教师需要具备高度的教学设计能力和灵活性，根据不同的教学环境和学生特点进行任务的定制化设计。同时，合理分配资源、采取有效的管理策略以及提供针对性的学生引导和培训至关重要，以确保每个学生都能从这种互动式和实践导向的学习方式中获益。

4.4.4　合作学习法

合作学习法（Cooperative Learning）允许学生在小组中共同工作，以达成共同的学习目标。这种方法强调了团队工作、相互支持和个体责任感的重要性。这种方法的核心特征在于它鼓励学生共同工作，完成指定的任务或解决问题，从而实现共同的学习目标。①

4.4.4.1　团队合作框架构建与维护

在跨境电子商务课程中，采用合作学习方法时，建立一个坚实的团队合作框架对于确保学生能够有效地协作并完成课程目标至关重要。首先，教师需要精心分组，考虑到每个学生的技能和性格，以及他们在团队中的潜力。一旦组成了多样化的团队，明确分配角色和职责就显得尤为关键，这有助于每位团队成员了解他们的任务和期望。为了促进团队内部的流畅沟通，应建立定期会议和利用在线协作工具的习惯。这样可以保证信息的及时交流，同时也能协调各自的工作进度。此外，通过组织团队建设活动，如工作坊和挑战活动，可以增强团队间的相互理解和合作精神。监控团队的进展并提供及时反馈是维持团队动力的另一个重要方面。这不仅包括教师对团队的评价，也包括团队成员之间的互评，以及个人的自评。在团队运作过程中，冲突不可避免，因此制定明确的团队规则并采取积极的调解措施至关重要。通过绩效评估，奖励优秀表现，可以激励团队成员继续努力，分享彼此的成就也有助于提高整个团队的士气。这样的团队合作框架不仅支持学生在课程中的学术成长，还培养了他们未来职业生涯中必不可少的团队合作和领导能力。

---

① 王坦. 合作学习简论 [J]. 中国教育学刊，2002（1）：32-35.

4.4.4.2 团队项目成果评价机制

在跨境电子商务课程中，采用合作学习方法时，评价团队项目成果需要实施一个全面的评价体系，它既要考量团队的整体绩效，也要关注每个成员的个人贡献。首先，教师应与学生协作，确立清晰的职业及学习目的，并围绕这些目的制定详尽的评估准则和衡量指标。这些标准可能包括市场分析的准确性、营销策略的创新性、客户满意度、团队合作的流畅度等。为实现全面评估，可以综合运用自评、互评以及教师评价等多元评价方式。自我评价鼓励学生对自己的学习和工作表现进行反思；同伴评价则让团队成员之间相互评估，促进团队内部的沟通和理解；教师评价则提供了一个专业的、外部的视角，帮助团队了解他们在专业领域的表现。评价过程应该贯穿整个项目周期，不仅关注最终的业务成果，也重视团队在项目过程中的协作、决策和问题解决能力。通过定期的反馈和总结会议，团队可以及时了解他们的进展，并在必要时进行调整。确保评价过程的透明性和公正性是至关重要的。所有的评价标准和方法都应该对所有团队成员公开，并且在评价时要考虑到每个成员的实际角色和贡献，以确保公平性。通过这样的评价机制，学生不仅能够得到关于他们工作成果的反馈，还能在团队合作和专业技能方面得到成长和发展。

4.4.5 项目导向法

项目导向法是一种注重实践、鼓励创新、以学生为中心的教学模式，它通过真实或模拟的项目任务，使学生在解决实际问题的过程中获得知识、技能和经验的综合发展。[①] 这种方法的核心是将教学活动围绕一个中心项目来展开，通过这个项目来实现教学目标。

4.4.5.1 项目设计与执行

在跨境电子商务课程的项目导向学习环节中，项目规划阶段是确保项目成功的关键。学生团队首先需要明确他们的跨境电子商务目标设定与任务分

---

① 彭磊. 实训教学中项目导向法的应用研究 [J]. 中国管理信息化, 2021, 24 (12)：235-236.

解。这一步骤要求团队成员共同确定可量化的业务目标，如销售目标、市场占有率或品牌知名度提升等，并将这些目标细化为具体的、可操作的任务单元。每个任务单元都应有明确的责任人和完成期限，以确保项目的有序推进。接下来，团队将进入项目时间管理与里程碑计划的制订。在这一环节，团队成员需要规划整个项目的时间表，设定关键的时间节点，即里程碑。这有助于团队监控项目进度，确保按时完成各个阶段的工作。时间管理工具如甘特图可以辅助团队更好地规划和跟踪项目时间线。随后，项目执行阶段开始，其中跨境电子商务产品开发与供应链管理是核心内容。团队成员需要研究市场需求，选择或开发适合目标市场的电商产品，并构建高效的供应链体系以保障产品的供应和物流。同时，营销策略与实施细节的制定也同等重要，包括市场定位、推广渠道的选择、广告创意的设计与投放等，这些都要求团队成员运用其营销知识来实现项目的市场目标。最后，在项目结束阶段，团队需要准备项目成果展示与汇报。这不仅是对项目结果的总结，也是对团队工作的一个呈现。团队成员应该掌握有效的汇报技巧，能够清晰地向教师和同学们展示他们的工作成果。此外，项目总结与经验教训的分享同样重要，它帮助团队反思整个项目过程中的成功经验和遇到的挑战，为未来的实践活动提供宝贵的学习机会。通过这样的项目导向学习经历，学生不仅能够获得实际的操作经验，还能够提升解决问题和团队协作的能力。

4.4.5.2　项目案例展示

国际市场进入策略项目案例：学生团队需要选择一个未被开发的国际市场，并制定进入该市场的策略。这包括对目标市场的消费者行为、法律法规、文化差异和潜在的市场障碍进行综合分析。团队将基于这些分析结果来设计产品定位、分销渠道、价格策略和促销活动。最终，学生们需要提交一份包含市场分析报告、策略实施计划和财务预测的项目报告，并进行口头陈述。

跨境电子商务物流解决方案案例：在这个项目中，学生要面对跨境交易中的物流挑战，如运输成本、关税计算和国际货运跟踪等问题。他们需提出创新的物流解决方案，可能涉及第三方物流合作伙伴的选择、仓储地点的优化或使用新技术如区块链来提升透明度和效率。项目的最终产出是一套完整的物流管理方案，包括流程图、成本分析和风险评估。

多渠道跨境电子商务运营案例：学生团队将学习如何在多个电商平台，如亚马逊（Amazon）、亿贝（eBay）、阿里巴巴（Alibaba）等上有效管理一个产品的销售。他们将研究每个平台的特点，制定差异化的产品列表、定价策略和客户服务方法。此项目要求学生掌握跨平台数据分析技能，以便优化库存管理和提高转化率。项目成果展示包括详细的运营报告和改进后的销售数据对比。

跨境电子商务品牌建设与推广案例：这个项目着重于品牌在海外市场的建立和推广。学生需要创建一套品牌形象，包括标志（LOGO）、品牌口号（Slogan）和包装设计，同时考虑品牌故事如何适应不同文化背景。此外，他们还需规划一系列的在线和离线营销活动，以增强品牌的国际知名度。项目的最终成果是一个完整的品牌推广方案和执行后的评估报告。

跨境电子商务法律法规遵循案例：考虑到不同国家有不同的法律法规，学生团队的任务是研究并总结针对跨境电子商务业务的合规要求，包括税务、知识产权保护、产品安全标准等方面。他们需要为一个虚构的电商企业制订全面的合规计划，确保业务在不同国家市场的合法运作。最终，学生要撰写一份合规报告，详细阐述研究过程、发现的问题及解决方案，并进行口头答辩。

4.4.6 微课教学法

微课教学法是一种以短小、精悍的视频为载体的教学方法，主要用于传授知识点、讲解习题、演示实验等。微课教学法强调学生的自主学习，教师的角色更多的是引导者和辅导者。微课教学法以其独特的优势，在现代教育中发挥着重要作用。[1]

4.4.6.1 微课内容策划与制作流程

跨境电子商务微课的内容策划与制作流程是一个系统的过程，它要求教

---

① 孟祥增，刘瑞梅，王广新. 微课设计与制作的理论与实践 [J]. 远程教育杂志，2014，32（6）：24-32.

师或课程设计者综合考虑教学目标、学生需求以及市场趋势来精心构建课程内容。首先，需要明确微课的教学目标，这包括确定要传授的知识点、技能和学习成果。接着，进行内容研究，搜集最新的跨境电子商务数据、案例和相关法规，确保微课内容的时效性和实用性。

在内容策划阶段，设计者要制定详细的教学大纲和脚本，将教学内容分解成小模块，并决定每个模块的呈现方式，如视频讲解、动画演示或互动问答等。此外，要考虑增加实际操作的演示，例如展示如何在跨境电子商务平台上设置店铺、管理库存或处理订单等，以增强课程的实践性。

制作流程方面，首先是素材准备，包括拍摄视频、录制音频和制作动画等。然后是视频剪辑，这一步骤涉及对拍摄的视频进行剪辑、添加特效和背景音乐，以及对音频进行处理，确保视听效果协调一致。接下来是内容审核，检查微课内容是否准确无误，符合教学目标和学生的认知水平。最后是发布与反馈，将制作完成的微课上传至在线平台供学生学习，并根据学生的反馈进行调整优化。

整个策划与制作流程要求设计者具备专业知识、市场洞察力和信息技术能力，以确保微课的质量和教学效果。通过这一流程，可以创建出既符合教育标准又贴合市场需求的高质量跨境电子商务微课，助力学生掌握必要的电商技能，提升其在国际市场的竞争力。

4.4.6.2　微课与传统课堂融合策略

跨境电子商务微课与传统课堂的融合策略旨在发挥两者的优势，提升教学效果和学习体验。首先，教师可以在传统课堂教学中引入微课作为辅助教材，例如在讲解理论知识后，让学生通过观看微课视频来了解实际的跨境电子商务操作流程。这种融合可以让学生在课堂上即时接触到生动的案例分析，增强理解和记忆。其次，教师可以设计以微课为基础的翻转课堂，让学生在课前预习微课内容，课堂上则专注于讨论、实践操作和问题解决。这样的教学模式能够充分利用学生自主学习的时间，使课堂时间更加高效，同时也鼓励学生主动学习和思考。最后，教师还可以将微课作为课后复习和拓展资源提供给学生，用于巩固课堂所学知识。学生可以根据自己的学习进度反复观看微课，针对性地强化理解难点和重点内容。同时，教师可以通过在线平台收集学生对微课的反馈，及时调整教学内容和方法。为了确保融合策略的有效实施，教师需要对学生进行引导和培训，教会他们如何高效利用微课资源，以及如何在线上线下学习中取得平衡。通过这些策略的实施，跨境电子商务微课与传统课堂的融合将有助于构建一个更加灵活、互动和个性化的学习环境，从而提高学生的学习动力和课程的教学效果。

4.4.6.3　微课案例展示

国际市场入门微课：面向初入跨境电子商务领域的学生，这个微课案例提供了全面的世界市场入门指南。内容涵盖了如何识别和评估国际商机、理解不同国家的文化和消费习惯、制定跨境市场进入策略。通过实际市场分析演练，引导学生学会如何将理论知识应用于实践，为进入全球市场打下坚实基础。

跨境电子商务平台选择微课：此微课案例专注于比较各大跨境电子商务平台，如亚马逊（Amazon）、亿贝（eBay）、阿里巴巴（Alibaba）等，分析它们的服务特点、费用结构和用户群体。课程进一步指导学生如何根据自身产品特性和业务规模选择合适的平台，以及如何优化店铺提高销量和顾客满意度。

国际营销策略微课：该微课案例深入探讨了如何在海外市场中进行有效的营销推广。课程内容包括跨文化营销沟通、社交媒体和影响者营销、搜索引擎营销（SEM）等多元化营销渠道的使用。学生将通过学习各种营销工具和方法，建立一套适应国际市场需求的综合营销计划。

跨境物流解决方案微课：针对物流管理在跨境电子商务中的关键性，这个微课案例讲解从订单处理到尾程配送的整个物流过程。课程着重于如何利用现代物流技术、降低成本、优化供应链效率，并教导学生如何处理关税和出口入境检疫等问题。

跨境支付系统微课：本微课案例详细介绍了跨境电子商务中的支付方式，包括国际信用卡支付、电子钱包、银行转账等。课程强调支付安全性和便捷性，同时结合案例分析讨论汇率波动对跨境交易的影响及应对策略。

客户服务与沟通技巧微课：此微课案例聚焦在提升跨境电子商务中的客户服务水平和沟通技巧。内容包括跨文化交流中如何克服各种障碍、客户服务流程设计、以及如何处理客户投诉和反馈。课程目的是帮助学生构建积极的客户关系，并提升整体服务质量。

跨境电子商务法律法规遵循微课：这门微课案例指导学生了解和遵守跨境电子商务相关的法律法规，涉及进出口限制、知识产权保护、税务合规等内容。通过案例学习，帮助学生熟悉国际贸易的法律框架，避免法律风险。

数据分析与市场洞察微课：在这个微课中，学生将学习如何使用数据分析工具来洞察市场趋势和消费者行为。课程内容包括数据收集、处理、分析和解读，旨在帮助学生利用数据驱动决策，优化营销策略和产品供应。

4.4.7 体验式教学法

体验式教学法是一种以学生为中心的教育模式，它强调学习是一个主动、动态的过程，需要学生通过直接的体验来获得知识和技能。这种教学方法认为，学生学习是通过实际操作、实地考察、角色扮演、项目制作等方式，让学生在真实或模拟的环境中亲身体验，从而深化理解，增强记忆，并提升批判性思维和解决问题的能力。①

4.4.7.1 虚拟现实技术应用

在使用体验式教学法中，虚拟现实（VR）技术为跨境电子商务教学注入新的活力。通过虚拟现实（VR）技术，教师能够创造出一个沉浸式的跨境电子商务模拟环境，使学生仿佛置身于真实的国际贸易场景中。在这种虚拟环境中，学生可以亲身体验到商品挑选、国际物流、海关检验、外汇交易等跨境电子商务的核心环节，从而获得实践经验并深化理论知识的理解。例如，学生可以通过虚拟现实（VR）眼镜进入一个虚拟的市场，与海外买家进行互动，了解不同文化背景下的商业礼仪和谈判技巧；或者在一个模拟的电商平台上设置自己的虚拟店铺，学习如何优化产品页面、管理库存和提供客户服务。此外，虚拟现实（VR）技术还可以模拟国际物流过程，让学生体验从发货到收货的完整流

---

① 方红，顾纪鑫. 简论体验式学习 [J]. 高等教育研究，2000 (2)：82-84.

程，理解跨境物流中的风险和成本管理。这种体验式学习不仅增强了学生的学习兴趣和参与度，还帮助他们在安全的环境中试错并从中学习，培养他们解决实际问题的能力。随着虚拟现实（VR）技术的不断进步，它将为跨境电子商务教学提供更多可能性，极大地丰富教育内容和提高教学效果。

4.4.7.2　体验学习安排

在跨境电子商务真实业务环境下的体验学习安排中，学生将有机会直接接触到跨境电子商务的实际操作和运营流程。这种体验式学习通常涉及与企业的合作，为学生提供实习机会或者项目工作，让他们在专业导师的指导下参与到真实的商业活动中。例如，学生可能会被安排到跨境电子商务公司进行为期几周的实习，期间他们可以参与市场分析、产品选品、供应链管理、客户服务、跨境支付和物流等环节。通过这种亲身参与，学生不仅能够理论联系跨境电子商务实践，还能够获得宝贵的行业经验和职业技能。此外，学校也可能与企业联合开展项目，让学生团队负责一个实际的跨境电子商务项目，从市场调研、产品设计、营销策略制定到销售和物流管理等全过程。这类项目不仅助力学生全面应用已掌握的知识，还有助于培育他们的协作精神、项目管理才能和创造性解决问题的技巧。通过这些体验学习安排，学生能够深入了解跨境电子商务行业的动态，掌握行业内的最佳实践，并建立起真实的商业网络，为他们未来的职业发展打下坚实的基础。

4.4.7.3　学生能力影响

体验式学习是一种将理论知识与实践经验紧密结合的教学模式，它在跨境电子商务教育中发挥着至关重要的作用。通过模拟真实商业环境或直接参与到实际业务中，学生能够获得深刻的行业洞察和操作经验，从而显著提升他们在跨境电子商务领域的专业能力。体验式学习使学生能够将抽象的理论知识转化为具体的实践技能。在跨境电子商务课程中，学生可能会参与商品选品、商品上架、市场营销推广、订单处理等环节。通过操作电商平台，他们不仅学会了如何优化产品列表以吸引国际买家，还掌握了如何运用搜索引擎优化（SEO）和社交媒体工具来提高产品的可见性和销量。此外，学生通过亲身体验，学会了如何管理在线库存、处理订单和提供客户服务，这些技能对于未来的职业生涯至关重要。体验式学习极大地提升了学生的问题解决能力。在真实的跨境电子商务环境中，学生面临着物流延误、关税变化、汇率波动等一系列挑战。为了应对这些问题，他们需要运用自己的创造力和批判性思维，寻找有效的解决方案。例如，当遇到国际物流问题时，学生可能需要重新规划物流路径，或者与多家物流公司协商以找到最佳的运输方案。这种实际问题的解决过程，不仅锻炼了他们的决策能力，也增强了他们适应不断变化环境的能力。体验式学习加深了学生对全球市场的理解。通过研究不同国家和地区的市场特点，学生能够了解各种文化背景下的消费习惯和偏好。这种跨文化的理解对于设计有效的国际市场策略至关重要。学生通过体验式学习，不仅能够快速适应市场的多样性，还能够预测和应对市场的变化，从而在国际竞争中占领优势。体验式学习还强化了学生的沟通和协作技巧。在团队合作项目中，学生必须与来自不同背景的同学、教师甚至业界专家进行有效沟通。这种合作经历不仅提升了他们的团队协作能力，还帮助他们建立了宝贵的职业网络。通过这些互动，学生学会了如何在多元化的工作环境中有效地交流和协调，这对于他们未来的职业发展至关重要。体验式学习为学生提供了接近真实工作环境的经历，使他们在毕业前就能够了解行业要求和企业文化。这种早期的职业准备有助于学生更好地规划自己的职业生涯，并在就业市场上具有更强的竞争力。同时，体验式学习培养了学生的自我驱动和终身学习能力，使他们能够不断适应跨境电子商务行业的快速变化和发展。体验式学习通过提供实际经验和反思机会，不仅加深了学生对跨境电子商务知识的理解，还全面提高了他们的职业技能和个人素质。

4.4.7.4　案例展示

市场分析案例：学生通过体验式教学法深入分析不同国家和地区的市场特征，识别目标市场的需求和潜力。例如，通过实际调研或使用数据分析工具来了解某个国家的消费趋势，从而确定潜在的热销产品。

产品选择与采购案例：在跨境电子商务课程中，学生参与真实的产品选品和采购过程，学习如何根据市场需求选择合适的产品，并理解供应链管理的基本概念。这包括评估供应商的可靠性和产品质量，以及学习如何进行成本效益分析。

国际物流与配送案例：体验式教学法可以帮助学生理解国际物流的复杂性，包括运输方式的选择、运费计算、关税和税收政策等。学生通过模拟软件或者与物流公司的合作，了解包裹从卖家到买家的整个流程。

跨文化沟通案例：学生通过体验式学习可以提升跨文化交流的能力，这对于跨境电子商务尤为重要。通过角色扮演或真实地与国际客户互动，学生实践如何有效地与不同文化背景的人沟通和解决冲突。

货币与支付系统案例：体验式教学法可以让学生实践处理国际支付和汇率转换的问题。例如，学生通过模拟外汇交易活动，可以深入理解不同货币间汇率波动对跨境电子商务收益的影响。

电商平台操作案例：学生在真实的电商平台上进行商品上架、分类管理和价格设定等操作，从而掌握电子商务平台的基本功能和运营规则。

网络营销与广告案例：通过体验式学习，学生规划并执行跨境推广方案，涉及搜索引擎优化（SEO）、社交媒体宣传以及电子邮件推广等策略。这些活动可以帮助学生理解如何吸引和保留国际客户。

客户服务与关系管理案例：学生通过模拟或实际的客户服务环节，学习处理订单查询、投诉和退货等。同时，他们也可以了解到如何通过优质的客户服务来建立和维护良好的客户关系。

法律法规遵从案例：体验式教学法可以帮助学生了解跨境电子商务中的法律法规要求，包括进出口限制、知识产权保护和税务合规等。通过案例研究和模拟法庭辩论，学生可以更深刻地理解这些法律法规的重要性。

数据分析与市场预测案例：学生学习如何使用数据分析工具来跟踪销售数据、客户行为和市场趋势，从而进行有效的市场预测和决策制定。通过实际操作，学生可以提升他们的数据分析能力和商业洞察力。

4.4.8 教学方法的组合应用

4.4.8.1 搭配原则

跨境电子商务课程中教学方法的搭配原则旨在构建一个高效、动态且具有互动性的学习环境，以适应不断变化的电子商务行业和学生的多样化需求。首先，教学搭配应侧重于实现教学目标与学习内容的紧密结合，确保所采用的方法能够有效地传达课程的核心概念和技能。其次，方法组合需要促进学生的主动学习，鼓励他们通过探索、实践和反思来深化理解，并应用所学知识解决实际问题。教学方法的搭配应考虑学生的个体差异，提供多种学习路径，以满足不同学习风格和能力水平的学生。例如，结合体验式教学法和微课教学法，可以为学生提供弹性的学习途径，使他们能够依据个人进度自主学习，同时也能够在模拟的商业环境中获得实践经验。合作学习法和项目导向法的结合则能够促进团队合作，帮助学生在完成项目任务的过程中学会沟通、协调和项目管理。教学方法的组合应支持持续的反馈和评估机制，确保学生能够接收到及时的指导和支持，以便调整学习策略，不断提高学习效果。教师应根据课程进展和学生表现，灵活调整教学方法，确保教学活动既能激发学生兴趣，又能帮助他们达成学习目标。

跨境电子商务课程中教学方法的搭配原则是多元化、目标导向、学生中心和反馈驱动。通过精心设计和实施这些原则，可以极大地提升教学质量，帮助学生为未来的跨境电子商务职业做好准备。

4.4.8.2　教学效果评估体系

在跨境电子商务课程中，将互动式教学法、案例教学与模拟演练、任务教学法、合作学习法、项目导向法、微课教学法、体验式教学法等教学方法组合使用后，可以通过以下方式评估教学效果：①学生反馈，收集学生对课程的反馈意见，了解他们对各种教学方法的感受和评价。这可以通过问卷调查、面谈或在线讨论等方式进行。②观察学生参与度，观察学生在课堂上的参与情况，包括他们在讨论、合作学习和完成任务时的积极性、主动性和互动性。这也可以通过教师观察记录或同学互评等方式进行。③评估学生的学习成果，通过测试、作业、项目作品等形式评估学生在知识掌握、技能运用和问题解决等方面的学习成果。这还可以通过成绩评定、作品展示或竞赛评比等方式进行。④跟踪学生的实践应用，关注学生在实际工作中运用所学知识和技能的情况，了解他们能否将课堂所学应用到实际工作中。这可以通过实习指导、企业反馈或职业发展跟踪等方式进行。⑤教师自我反思，教师对自己的教学过程进行反思和总结，分析各种教学方法的优势和不足，以及在不同教学环节中的适用性和有效性。综合以上评估方式，可以全面了解跨境电子商务课程中多种教学方法组合使用的教学效果，为进一步优化教学设计和提高教学质量提供依据。

4.4.8.3 案例展示

在跨境电子商务课程中，不同的教学方法可以根据课程内容、学习目标和学生特点灵活组合使用。

互动式教学法与案例教学结合案例：教师可以选择一个跨境电子商务的实际案例，如亚马逊（Amazon）卖家的经营策略。在课堂上，教师先对案例背景进行讲解，然后通过提问和引导，鼓励学生讨论案例中的问题和解决方案，实现互动学习。

案例教学与模拟演练结合案例：在学习完电商平台的运营策略后，学生可以分组进行角色扮演，如产品经理、市场分析师、客服等，模拟电商平台运营的各种场景共同制订并执行营销计划，以加深对案例的理解。

任务教学法与合作学习法结合案例：教师设计一项任务，例如创建一个针对特定市场的跨境电子商务广告方案。学生需要在小组内协作，汇集每个人的专长和想法，共同完成任务，并最终向全班展示他们的成果。

合作学习法与项目导向法结合案例：在一个学期的过程中，学生小组可以从零开始策划一个跨境电子商务项目，包括市场调研、产品选品、网站建设、物流安排等环节，小组成员需要分工合作，共同推进项目进展。

项目导向法与体验式教学法结合案例：对于跨境电子商务物流管理部分，学生可以实地访问物流仓库或配送中心，了解实际运作流程，之后将这些体验集成到他们的项目中，提升理论与实践的结合。

体验式教学法与微课教学法结合案例：学生可以通过观看关于跨境电子商务税务管理的微课视频，了解基本的税务知识。随后，通过模拟软件体验税务申报流程，将理论知识转化为实际操作技能。

微课教学法与互动式教学法结合案例：教师制作一系列关于国际支付方

式的微课视频，学生观看后，在课堂上通过小组讨论和互动问答的方式，深入探讨各种支付方式的优缺点及适用场景。

体验式教学法与案例教学结合案例：在学习跨境电子商务客户服务时，学生可以通过虚拟现实（VR）技术模拟客户服务场景，体验不同客户情绪下的服务应对。之后，分析真实案例中的客户服务失败或成功的例子，提炼出有效的服务策略。

4.5　打造跨境电子商务课程专业师资队伍

优质的教学团队是确保教育品质的关键，在快速发展且竞争剧烈的跨境电子商务行业中尤其如此。教师不仅需掌握坚实的理论基础，也应具备实践经验和国际化的思维广度。

4.5.1　跨境电子商务教师资格与职业发展

4.5.1.1　教师资格认证标准

跨境电子商务教师资格认证标准是一套旨在确保教师具备必要的知识和技能，以在高等教育机构中有效教授跨境电子商务课程的准则。这些标准综合了教育背景、专业知识、行业经验以及教学能力这四个关键领域，为教育机构提供了评估和认证教师资质的具体指标。[①]

教育背景是教师资质的基石。一个合格的跨境电子商务教师应该至少拥有与商业或国际贸易相关的学士学位。更高级别的学位，如硕士或博士学位，尤其是在电子商务、国际商务、供应链管理或相关领域，将进一步增强教师的理论基础和研究能力。此外，持续教育和专业发展也是教育背景的重要组成部分，教师需要通过参加研讨会、工作坊和其他培训课程来不断更新自己的知识库。

---

① 黄川，李雅静. 产教融合背景下应用型本科院校跨境电子商务师资队伍建设研究 [J]. 创新创业理论研究与实践，2023，6（18）：102-105.

专业知识是衡量教师专业水平的关键因素。一个合格的教师应该对跨境电子商务的核心概念、法律法规、市场趋势和技术工具有深入的理解。这包括但不限于国际贸易理论、全球市场营销策略、跨境支付系统、物流与供应链管理、数据分析、电商平台运营以及客户关系管理等。教师还需要了解不同国家和地区的商业文化、消费者行为和法律环境，以便能够为学生提供具有国际视野的教育。

行业经验对于跨境电子商务教师来说同样至关重要。实际工作经验能够帮助教师理解理论知识在实践中的应用，并能够分享真实的业务挑战和解决方案。这些经验可以来自在跨境电子商务企业的工作、实习、咨询项目经历或者与行业的合作研究。通过这些实际经历，教师能够将现实世界的复杂性和动态性带入课堂，提高教学的实践性和相关性。

教学能力是另一个重要的认证标准。一个优秀的教师应该能够设计并实施有效的教学计划，运用多样化的教学方法来适应不同学生的学习风格。这包括传统的讲授法、案例研究、小组讨论、角色扮演、模拟游戏、在线学习等。教师还需要具备良好的沟通技巧，能够清晰地传达复杂的概念，并能够倾听和回应学生的问题和需求。此外，教师应该具备强大的课程设计和管理能力，能够制定明确的学习目标、评估标准和反馈机制，以确保学生能够达到预期的学习成果。

除了上述四个主要领域，跨境电子商务教师资格认证标准还应该考虑到教师的职业道德和责任感。教师应该展现出高标准的职业道德，包括诚实、公正、尊重和保密。他们应该致力于创建一个包容和支持的学习环境，鼓励学生批判性思考和创新，同时尊重多元文化和观点的差异。为了满足这些认证标准，教育机构通常会要求教师提供相关的学历证明、职业资格证书、工作经验证明以及教学成果记录。此外，教师可能需要参加由教育部门或专业机构举办的认证程序，这可能包括提交教学哲学陈述、参与同行评审、完成特定的教学任务或项目，以及通过面试或其他评估方式来展示其教学能力和专业知识。

总之，跨境电子商务教师资格认证标准是一个全面的框架，旨在确保教师具备在高等教育机构进行跨境电子商务课程知识和技能的教授。通过严格

的认证过程，教育机构可以保证教师队伍的质量，从而提高学生的学习体验
和教育成果，最终培养出能够在全球化市场中竞争和成功的跨境电子商务专
业人才。

4.5.1.2　教师职业发展

跨境电子商务教师职业发展是指教育从业者在跨境电子商务教学领域中
的职业成长和晋升路径。随着全球电子商务的蓬勃发展，对于有专业知识和
实践经验的跨境电子商务教师的需求日益增长。这些教师不仅在高等教育机
构中担任重要角色，还在企业和培训机构中提供专业培训和咨询服务。

跨境电子商务教师的职业发展通常包括初入职场、职业提升、专业深化
和管理层发展阶段。在每个阶段，教师都需要不断提升自己的教育背景、专
业知识、教学能力和行业经验，以适应不断变化的行业需求和教育趋势。初
入职场的教师通常是刚刚获得相关学位或证书的毕业生。他们可能从助教或
初级讲师的职位开始，负责辅助课程准备、学生辅导和参与教学活动。在这
个阶段，教师需要积累教学经验，了解学生的需求，掌握有效的教学方法，
并逐步建立自己的教学风格。随着经验的积累和专业知识的增长，教师可以
迈向职业提升阶段。在这个阶段，教师可能会被提升为高级讲师、副教授或
教授，承担更多的课程设计和教学管理责任。此外，教师也可能会参与学术
研究、发表学术论文、参加国际会议，以及与企业合作开展实践项目，从而
提升自己的学术地位和行业影响力。专业深化是教师职业发展的又一个重要
阶段。在这个阶段，教师可以选择专注于跨境电子商务的某个特定领域，如
数字营销、供应链管理、国际贸易法规等。通过深入学习和研究，教师成为
该领域的专家，并可能获得更高级别的专业认证。这些专业深化的教师通常
会被邀请作为行业会议的演讲嘉宾，或者为企业提供咨询服务，分享他们的
专业知识和经验。进入管理层是教师职业阶梯的最高点。在这一阶段，教师
有可能出任系主任、学院院长或教育组织的高层管理职务。教师负责制定教
育政策、管理教育资源、领导教育项目，并对教育质量进行监督。此外，教
师还可能参与国际合作与交流项目，推动全球跨境电子商务教育的发展。

在跨境电子商务教师的职业发展中，继续教育和终身学习是不可或缺的

部分。教师需要不断更新自己的知识和技能，以适应新兴的技术和市场变化。这可能包括参加专业培训课程、工作坊、研讨会和网络研讨会，以及进行行业实践和研究活动。除了个人努力，教育机构和政府也扮演着支持教师职业发展的重要角色。他们可以通过提供资金支持、设立职业发展计划、建立合作伙伴关系和鼓励国际交流等方式，帮助教师实现职业成长。

　　跨境电子商务教师的职业发展是一个持续的过程，涉及教育背景的提升、专业知识的深化、教学能力的增强和行业经验的积累。透过持续的进修与实际操作，教师能够在跨境电子商务教学界取得突出的成绩，并为培育未来的跨境电子商务行业专才作出自己的贡献。

4.5.1.3　双师型师资队伍建设

　　跨境电子商务双师型教师是指那些在传授专业知识的同时，也具备行业实践经验的教育工作者。[①] 他们不仅掌握跨境电子商务的理论知识，还了解业界的实际运作情况，能够将理论与实践相结合，更有效地指导学生。他们通常拥有相关领域的高等教育学位，如商业管理、国际贸易或电子商务等，并可能有进一步的学术研究或专业培训经历。双师型教师具有实际的跨境电子商务工作经验，可能曾在相关企业担任过职务，或者参与过实际的电商项目，对市场趋势、技术工具和业务流程有深刻的理解。他们能够设计出既有理论基础又有实务操作的课程内容，使用案例研究、模拟业务操作等多种教学方法，提升学生的实践技能。双师型教师注重终身学习，不断更新自己的知识库，以跟上行业发展和技术创新的步伐。由于跨境电子商务涉及多国交易，这些教师通常具有国际化的视野，能够教授多元文化交流和国际市场策略。他们可能持有相关的专业资格证书，这些证书证明了他们在特定领域的专业知识和技能。通过结合学术理论和实践经验，双师型教师能够为学生提供更为丰富和实用的教学内容，帮助学生更好地理解和应用跨境电子商务知识，增强其职业竞争力。

　　跨境电子商务双师型师资队伍建设是教育领域中一个重要的议题，它旨

---

　　① 冯旭芳，张桂春."转型"试点高校"双师双能型"教师队伍建设探究 [J]. 高等工程教育研究，2017（1）：140-144.

在培养和提升教师的专业能力，以适应快速发展的跨境电子商务行业需求。① 双师型师资队伍是指教师队伍中的教师既具备深厚的学术理论基础，又有丰富的实践经验和行业洞察力。建设双师型师资队伍的核心是提高教师的专业素养和实践能力。这需要从教师的招聘、培训、发展和激励等方面进行全面规划和实施。在招聘过程中，教育机构应重视候选人的行业背景和工作经验，优先考虑那些具有跨境电子商务工作经验的应聘者。同时，也应该注重教师的学术研究能力和教学潜力，以确保他们能够胜任理论与实践相结合的教学任务。为了提升现有教师的双师素质，教育机构应开展定期的专业培训和职业发展计划。这些计划可以包括组织教师参加行业研讨会、企业实地考察、专业工作坊和短期实习等，以便教师能够了解最新的行业动态和技术发展，同时提升他们的实践操作能力。此外，教育机构还可以与跨境电子商务企业建立合作关系，为教师提供实际案例研究和项目合作的机会，从而增强教师的实践教学能力。鼓励教师进行学术研究和创新也是建设双师型师资队伍的重要途径。教育机构应支持教师参与国内外学术交流，鼓励他们在跨境电子商务领域进行深入的研究和探索。这不仅有助于提升教师的学术地位和影响力，还能够促进教学内容的更新和教学方法的创新。通过研究活动，教师可以积累更多的实践经验，并将最新研究成果在教学中展现，提高教学质量和学生的学习效果。建立有效的激励机制是保持教师积极性和提升其专业水平的关键。教育机构可以通过设立奖励基金、优秀教师表彰、职业晋升通道等方式，激发教师的工作热情和创新精神。同时，应当为教师提供良好的工作环境和条件，包括完善的教学设施、充足的研究经费和合理的工作时间安排，以确保教师能够专注于教学和研究工作。跨境电子商务双师型师资队伍的建设还需要关注教师的国际视野和跨文化交际能力。由于跨境电子商务涉及全球市场，教师需要具备国际化的思维和文化敏感性，才能够更好地指导学生。因此，教育机构应鼓励教师参与国际交流项目，如访问学者计划、国际合作研究等，以提高他们的国际视野和跨文化交际能力。

跨境电子商务双师型师资队伍的建设是一个系统工程，需要教育机构从

---

① 张文佩. 基于跨境电子商务培训基地建设的商务英语专业"双师型"教师发展 [J]. 校园英语，2017（39）：74.

多个方面入手，包括招聘标准、培训发展、学术研究、激励机制和国际交流等。通过这些措施，可以有效提升教师的专业素养和实践能力，培养出既有理论基础又有实践经验的跨境电子商务专业人才，满足行业发展的需求。

4.5.2 跨境电子商务教师培训与交流

4.5.2.1 教师继续教育

跨境电子商务教师继续教育是指为了维持和提升教师在跨境电子商务领域教学和研究能力的各种教育和培训项目。在一个快速变化和技术驱动的行业中，继续教育成为教师职业发展的关键组成部分。以下将详细介绍跨境电子商务教师继续教育的种类、重要性及实施方式。

跨境电子商务教师的学历深造是指教师为了提升自身的学术水平和教学能力，通过攻读更高层次学位或参加高级研究项目来进行专业发展。在全球化和数字化的背景下，跨境电子商务领域不断演进，对教师的知识和技能提出了新的要求。因此，学历深造成为教师维护专业竞争力和教学质量的重要途径。学历深造的途径多样，包括但不限于攻读硕士学位、博士学位，参加博士后研究，以及参与国内外的学术研究项目。这些深造方式不仅可以帮助教师深化专业知识，还能够提升他们的研究能力和国际视野。攻读硕士或博士学位是学历深造的传统路径。对于跨境电子商务教师而言，选择与国际商务、电子商务、供应链管理、市场营销等相关的专业进行深造，可以让他们系统地学习到最新的理论知识，并通过论文撰写等方式锻炼自己的研究能力。这些高级学位不仅提升了教师的学术资质，也有助于他们在教学中采用更加科学和创新的方法。博士后研究则是另一种深造方式，它通常面向已经获得博士学位的教师。通过参与博士后研究，教师可以进一步深化特定的研究领域，与国际顶尖的学者合作，提升自己的研究水平。这不仅有助于教师在学术界建立声誉，也能够促进他们在特定领域的教学深度和广度。参与国内外学术研究项目也是学历深造的一种形式。这些项目可能由高等教育机构、科研机构或企业发起，旨在探索跨境电子商务领域的新问题和新技术。通过参与这些项目，教师可以与其他研究人员共同工作，共享资源和知识，从而提升自己的研究和实践能力。学历深造不仅仅是提升个人能力的需要，也是教育发展的需要。随着跨境电子商务行业的不断发展，教育内容和方法也需要不断更新。通过学历深造，教师可以将最新的行业趋势和案例引入课堂，提高教学的时效性和实用性，帮助学生更好地适应未来的职业挑战。

继续教育包括专业短期课程、工作坊、研讨会、在线课程、行业认证、学术会议和研究项目等。① 这些机会旨在提供最新的行业知识、技术更新、教学法和研究趋势，帮助教师保持前沿的专业能力。专业短期课程和工作坊通常由高等教育机构、行业协会或专业培训机构提供，重点在于特定主题或技能的深入学习。例如，教师可以参加关于全球电商平台运营、数字营销策略、供应链管理、数据分析等方面的课程。研讨会和在线课程提供了灵活的学习方式，使得教师可以在工作之余进行学习，同时也能够与来自世界各地的同行进行交流和学习。在线课程平台如 Coursera、edX、Udemy 等提供了多种与跨境电子商务相关的课程，这些课程可能由顶尖大学的教授或行业专家主讲，覆盖最新的理论和实践内容。行业认证是另一种重要的继续教育机会，它可以帮助教师证明其专业能力，并在职业生涯中脱颖而出。认证课程通常涉及考核，通过后可获得官方认证证书。例如，阿里巴巴（Alibaba）、亚马逊（Amazon）等大型电商平台提供的认证，或是谷歌（Google）的数字营销认证等。学术会议和研究项目则更加侧重于学术研究和理论发展。参与国际学术会议不仅能够让教师获取最新的研究成果，还能够建立国际合作网络，促进后续的研究合作。而参与或主持研究项目则有助于教师深化专业知识，提升研究能力，同时也能够为学生提供更多的实践机会。

继续教育的重要性在于它能够帮助教师跟上行业发展的步伐，提升教学质量，增强学生的就业竞争力。在跨境电子商务领域，技术和市场需求变化迅速，教师不断更新知识库，以便教授最前沿的内容。此外，继续教育也有助于教师个人的职业成长，提高其学术地位和行业影响力。为了有效实施继续教育，教育机构和政府应该提供支持和鼓励。这包括提供资金支持、时间安排的灵活性、职业发展激励措施等。教育机构可以与行业合作伙伴建立合作关系，共同开发培训课程和认证项目。政府可以通过制定政策和提供资金

---

① 赵君. 基于大数据与人工智能的教师继续教育模式研究［J］. 中国成人教育，2023（24）：73-76.

支持，鼓励教师参与继续教育，以此来提升整体的教育质量和国家竞争力。跨境电子商务教师继续教育机会是教师职业发展的关键，它能够帮助教师保持专业知识的更新，提升教学和研究能力，同时也有助于推动整个跨境电子商务教育领域的发展。

4.5.2.2 教师培训

跨境电子商务教师为了提升自身的教学和专业技能，可以参与多种类型的培训项目。这些培训旨在增强教师的行业知识、教学技能、研究能力以及与国际电商市场的接轨。以下是一些可供跨境电子商务教师参加的培训类型，以及有关这些培训如何帮助他们提升能力的详细讨论。

行业特定的专业培训是专为特定行业设计的培训课程，旨在提供该行业的专业知识和实用技能。在跨境电子商务领域，这类培训尤为重要，因为跨境电子商务涉及多个领域，包括国际市场营销、电商平台管理、跨境物流、海关法规、支付系统和数据分析等。这些培训通常由具有丰富经验的专家和实践者提供，他们可能是来自行业协会的领导者、专业培训机构的资深讲师，或者是大型电商平台的高级管理人员。他们分享的内容通常是基于实际工作经验和最新的行业案例，能够为教师提供最前沿的行业信息和解决方案。例如，培训可能会涵盖最新的跨境电子商务趋势，如消费者行为的变化、新兴市场的机会、技术进步如人工智能和大数据的应用等。平台操作方面的培训则可能包括如何有效管理在线商店、提高产品页面的转化率、优化搜索引擎排名等。物流与供应链管理的培训则关注如何优化库存管理、降低运输成本、提高配送效率等。国际贸易法规和税收政策的培训则帮助教师了解不同国家和地区的法律要求，以及如何合规地进行国际贸易。

跨境电子商务教师教育技能提升培训是专为跨境电子商务领域的教师设计的专业发展课程，旨在提升他们在教学过程中的各项技能。课堂管理培训，课堂管理技能对于创造一个有序、积极的学习环境至关重要。培训会教授教师如何有效地组织课堂活动，确保学生的参与和注意力集中。这包括学习如何制定课堂规则、如何处理学生的行为问题，以及如何通过不同的教学方法来激发学生的兴趣。学生评估培训，学生评估是教学过程中不可或缺的一部分，它帮助教师了解学生的学习进度和掌握程度。培训会介绍各种评估方法，如项目作业、测试、口头报告等，并指导教师如何设计有效的评估工具，以及如何利用评估结果来改进教学策略。在线教学技术学习，随着在线教育的兴起，掌握在线教学技术变得尤为重要。培训会涵盖如何使用在线学习平台、虚拟教室以及各种协作工具来提高教学效率。这些技术的使用不仅可以帮助教师更好地管理课程内容和学生信息，还能提供更多互动和个性化的学习体验。多媒体课件培训，为了让教学内容生动和吸引人，培训还会教授教师如何制作多媒体课件，包括使用演示软件、视频编辑工具、图像处理软件等。这些技能有助于教师创造出更加直观和有趣的教学材料，从而提高学生的学习动力和效果。这些培训不仅有助于教师与最新的教育技术和方法保持同步，还能够为他们提供更多支持学生成功进入跨境电子商务领域所需的工具和资源。

跨境电子商务学术研究与方法学培训核心目的是帮助教师掌握科学的研究方法和技巧，以便他们能够进行高质量的学术研究，进而推动跨境电子商务学科的发展和创新。研究设计是这类培训的关键组成部分。在这一部分中，教师将学习如何构建有效的研究框架，包括确定研究问题、制定假设、选择研究方法（定性或定量）以及规划研究流程。良好的研究设计是确保研究结果有效性和可靠性的基础。数据分析是研究过程中不可或缺的技能。培训会教授教师如何使用统计软件（如 SPSS、Python 等）来处理和分析数据，以及如何解读分析结果。这些技能对于挖掘大量电商数据中的有价值信息至关重要，可以帮助教师发现市场趋势、消费者行为模式和运营效率提升点。学术写作是研究成果传播的重要环节。培训内容可能包括如何撰写学术论文、报告和书籍，以及如何在国际期刊和会议上发表研究成果。这不仅仅是关于语言表达的技巧，也包括如何构建论点、如何引用文献以及如何遵循学术道德规范。通过参加这些学术研究与方法学培训，跨境电子商务教师能够提升自己的研究素养，更好地理解和应对行业内的复杂问题。这些培训有助于教师在学术界建立声誉，同时也能够为学生提供基于最新研究成果的教学内容。此外，掌握先进的研究方法还能够使教师与企业合作，解决实际业界问题，从而促进产学研结合，增强跨境电子商务教育的实用性和前瞻性。

信息技术和数字工具培训对于跨境电子商务教师而言至关重要，因为这些工具和技术是电子商务领域的核心组成部分。随着行业的快速发展，掌握这些新兴技术对于教师来说不仅是一个优势，也是必要的能力。电子商务平台操作是培训的基础内容之一。教师将学习如何管理和优化电商平台，包括商品上架、订单处理、客户服务和平台推广等。这些技能有助于教师理解电商运营的实际流程，并将这些知识传授给学生。社交媒体营销是现代电商不可或缺的一环。培训会涉及如何利用社交媒体平台，如脸书（Facebook）、照片墙（Instagram）、推特（Twitter）等，来推广产品和服务，吸引和维护客户关系。教师将学习到如何制定有效的社交媒体策略，以及如何分析社交媒体活动的效果。搜索引擎优化（SEO）至关重要，它增强了网站及产品页在搜索引擎结果中的定位。培训内容可能包括关键词研究、内容优化、链接建设和网站优化等。通过搜索引擎优化（SEO），教师可以更好地理解如何提高网站的可见性和流量，这对于电商成功至关重要。大数据分析是帮助电商企业作出基于数据驱动决策的重要工具。培训可能会介绍如何使用大数据工具来分析消费者行为、市场趋势和运营效率。这些分析结果可以用来优化营销策略、产品设计和客户体验。参加这些信息技术和数字工具培训，跨境电子商务教师不仅能够提升自己的技术能力，还能够将这些最新的知识和工具应用到教学和研究中。这些培训有助于教师为学生提供实用的技能训练，使他们毕业后能够迅速适应职场环境，满足行业对技术熟练人才的需求。同时，这些技能也能够帮助教师在学术研究中进行更深入的数据分析和创新研究。

认证课程是专业发展的另一种途径，它们通常由行业内的权威机构或知名公司提供。对于跨境电子商务教师而言，参加这些认证课程并获得相应的资格证书，不仅能够提升他们的专业知识和技能，还能够帮助他们保持与行业发展同步。谷歌分析（Google Analytics）认证是一种被广泛认可的数字营销和网站分析的专业资格。通过参加谷歌（Google）提供的培训课程，教师可以学习如何使用谷歌分析（Google Analytics）来跟踪和分析网站流量、用户行为等关键数据。这些技能对于理解电商营销效果和优化策略至关重要。获得谷歌分析（Google Analytics）认证不仅证明了教师的专业能力，也为他们在教学中提供了实际的分析工具和案例。脸书蓝图（Facebook Blueprint）是另一个重要的认证课程，它由社交媒体巨头脸书（Facebook）提供。这个认证专注于社交媒体营销，包括创建和管理脸书（Facebook）广告、内容营销策略以及社交媒体管理等。通过学习这些课程，教师可以获得关于如何在脸书（Facebook）上有效地推广产品和服务的实用知识。这些知识不仅对教师个人的职业发展有益，也可以直接应用到跨境电子商务的教学中，帮助学生掌握社交媒体营销的关键技能。

除了上述认证之外，还有许多其他类型的认证课程，如亚马逊（Amazon）的卖家培训、Shopify 的电商课程等，这些都是专为跨境电子商务领域设计的。这些认证课程通常会涵盖电商平台的使用方法、最佳的销售实践、物流管理、客户服务等方面。参加这些认证课程并获得证书，跨境电子商务教师不仅能够提升自己的专业水平，还能够在教学实践中更有效地指导学生。这些认证也能够帮助教师更好地与行业实践保持一致，确保他们传授给学生的知识和技能是最新和最相关的。

领导力和管理培训专为那些在教育领域担任管理角色的跨境电子商务教师设计，如系主任、项目负责人或团队领导者。这些培训的核心目标是提升管理者的领导能力、团队协作能力、项目管理技巧和沟通协调能力，以便他们能够更有效地领导团队，推动项目成功，以及促进部门或机构的持续发展。团队管理能力是领导力和管理培训的关键组成部分。培训内容可能包括如何激励团队成员、如何建立高效的工作团队、如何处理团队冲突以及如何进行团队建设活动。经过这些培训，管理人员能掌握如何挖掘团队成员的潜能，提高团队的整体表现和协作效率。项目策划和执行能力对于管理者来说同样重要。培训会涵盖如何设定项目目标、如何规划项目时间表、如何分配资源以及如何监控项目进度。这些技能有助于管理者确保项目按时按质完成，同时能够在遇到挑战时作出及时调整。沟通协调能力是管理工作中不可或缺的一环。有效的沟通技巧可以帮助管理者更好地与团队成员、学校管理层、学生和其他利益相关者进行交流。培训可能会教授如何进行有效听说、如何进行协商和谈判以及如何使用各种沟通工具和技术。通过参加领导力和管理培训，跨境电子商务教师不仅能够提升自己的管理技能，还能够更好地理解教育机构的运作机制和战略目标。这些培训有助于管理者更有效地领导团队，推动教育项目的成功，同时也能够为他们所在的机构带来长远的利益。

为了最大化这些培训的效果，教育机构和政府部门应该提供支持，包括资金援助、时间安排的灵活性以及职业发展的机会。同时，教师也应该根据自己的职业规划和兴趣选择合适的培训项目，确保所学内容与个人发展方向相匹配。[①] 总之，跨境电子商务教师通过参加各种专业培训，不仅可以提升自己的行业知识和教学技能，还可以拓宽国际视野，增强研究能力，从而更好地适应快速变化的电商环境，为学生提供高质量的教育。

4.5.2.3　国际交流与合作

跨境电子商务教师参与国际交流与合作的机会多种多样，这些机会可以帮助教师提升自身的教学和研究水平，扩大国际视野，并与全球同行建立联系。以下是一些具体的机会及其详细介绍：

国际会议和研讨会：教师可以参加在国际上举办的电子商务、教育和商业相关的会议或研讨会。这些活动通常是学术界和企业界交流最新研究成果、教学经验和行业趋势的平台，如国际电子商务会议（International Conference on Electronic Commerce）、全球教育技术大会（Global Education Technology Summit）等。参加这些会议不仅可以听取前沿的学术报告，还可以参与工作坊、圆桌讨论和网络活动，与其他参与者建立联系。

学术交流项目：许多高等教育机构和研究中心提供国际学术交流项目，如访问学者计划、联合研究项目等。这些项目旨在促进跨国界的学术合作，通常包括短期或长期的研究访问、共同撰写学术论文、参与联合研究等。

国际合作项目：跨境电子商务教师可以参与或发起跨国合作项目，如联合课程开发、案例研究、学生交流项目等。这些项目不仅促进了教学内容和资源的共享，也为学生提供了国际化的学习经验。例如，中欧国际工商学院（CEIBS）与多个国家的商学院有联合办学项目，这类项目为教师提供了国际合作的机会。

专业社交平台：LinkedIn 等专业社交网络平台是与国际同行建立联系的重

---

① 梁浩锋. 基于 BPD 能力体系跨境电子商务师资建设研究 [J]. 辽宁高职学报，2023，25（3）：76-80.

要工具。教师可以通过这些平台分享自己的研究兴趣，参与相关讨论，以及与全球专家建立联系。此外，这些平台也经常发布国际会议和工作机会的信息，为教师提供参与国际活动的渠道。

国际学术期刊：在国际学术期刊上发表研究成果是提升个人学术声誉的有效途径。这些期刊通常有广泛的读者群，包括世界各地的学者和专业人士。例如，《电子商务研究与应用》（Electronic Commerce Research and Applications）就是一个专注于电子商务领域研究的期刊。通过在这些期刊上发表文章，教师可以与国际同行分享自己的研究成果，并可能吸引合作伙伴的注意。

语言和文化培训：为了更有效地与国际伙伴沟通和合作，教师需要具备良好的语言能力和跨文化交际技能。参加语言课程和文化培训可以帮助教师提高这些能力。例如，通过参加英语、西班牙语或法语等课程，教师可以更好地与来自这些语言背景的国际伙伴交流。

发展国际视野：通过阅读国际新闻、参与在线课程、观看国际会议的直播等方式，教师可以不断拓宽自己的国际视野。这些活动有助于教师了解不同国家的文化、商业环境和教育体系，从而在国际交流中更加得心应手。

创造这些国际交流与合作机会需要关注相关领域的国际组织和协会，定期查看它们举办的活动，并积极申请参与。同时，教师可以与所在学校或机构合作，探索资助的可能性。与本校的国际办公室或研究部门联系，了解可用的交流项目，并准备好个人的研究提案以增加被选中的机会。主动与其他国家的教育机构或企业联系，提出合作意向，设计可行的项目计划，并寻求必要的资金支持。保持活跃的在线存在，定期更新个人资料，发布相关内容，并参与相关群组的讨论。进行高质量的研究，并与国际期刊的编辑或审稿人建立联系，了解投稿要求并获得反馈。参加语言课程和文化培训，积极寻找语言交换伙伴，或者参加国际文化节等活动。订阅国际新闻源，参加大规模开放在线课程（MOOCs），并利用互联网资源学习国际最佳实践。教育机构和政府部门可以通过提供资金支持、建立合作关系、鼓励教师参与国际项目等方式，帮助跨境电子商务教师创造国际交流与合作的机会。同时，教师本人也需要积极主动地寻找和把握这些机会，以实现个人职业发展和学术交流的目标。

4.6　设计跨境电子商务课程评价系统

为了确保课程能够适应不断变化的全球电商环境并满足行业对专业人才的要求，必须设计一个多元化、动态的评价体系。这个体系不仅需要对学生的学习成果进行量化评估，还要考察课程内容的实际适用性、教学方法的创新性和教学资源的充分性。

4.6.1　跨境电子商务课程考核方式多元化

4.6.1.1　考核主体多元化

跨境电子商务是当今商业活动中的重要组成部分，它涉及全球范围内的商品或服务的在线买卖。随着互联网技术的不断发展和全球化贸易的加深，跨境电子商务成为连接不同国家市场、推动经济增长的重要力量。因此，对于学习跨境电子商务的学生来说，一个全面而有效的课程考核体系至关重要。[①] 在多元化的考核体系中，不同的考核主体承担了不同的角色和功能，共同确保学生能够全面掌握跨境电子商务的核心技能和知识。

跨境电子商务实训平台：跨境电子商务实训平台是一个模拟真实电商环境的学习工具，它可以让学生在虚拟环境中进行实际操作练习。这些平台通常包含从建立店铺、商品上架、营销推广到订单处理、物流管理等各个环节。通过这种模拟实践，学生可以在没有风险的情况下学习和体验跨境电子商务的整个流程。考核时，教师会根据学生在平台上的表现来评价其实际操作能力和问题解决能力。

跨境电子商务教师：教师是传授知识和引导学习的关键人物。在跨境电子商务课程中，教师不仅需要具备专业知识，还需要了解行业的最新动态和具备实际运营经验。教师的考核重点在于学生的综合能力和参与度。他们会

---

① 冯晓兰. 产教融合理念下跨境电子商务课程改革探索与实践［J］. 教育信息化论坛，2023（5）：57-59.

通过课堂讲授、案例分析、小组讨论等多种教学方法，帮助学生理解和吸收课程内容。同时，教师还将依据学生在课堂上的互动、家庭作业的提交质量以及考试分数等多重因素，全面评定学生的学习成效。

跨境电子商务企业：与实际运营的跨境电子商务企业合作，可以让学生接触到最前沿的行业知识和市场需求。企业可以提供实习机会、项目合作或者讲座分享等形式，让学生更加贴近实际工作场景。企业的参与使得课程内容更加贴合实际，同时也为学生提供了宝贵的实践经验。在考核方面，企业可能会参与学生的实习评价、项目成果评定等环节，从而确保学生所学知识与企业的实际需求相匹配。

创新创业成果：鼓励学生进行创新和创业是跨境电子商务教育的重要组成部分。学生可以通过参与创业比赛、开发新产品、设计营销方案等方式来展示自己的创新能力和创业精神。这些活动不仅能够激发学生的创造力，还能够帮助他们将理论知识应用到实践中去。在考核过程中，创新创业成果的质量和创新性将成为评价学生的重要标准之一。

同侪评价：学生之间的互动和合作是学习过程中不可或缺的一部分。通过小组合作项目、案例研讨、角色扮演等教学活动，学生可以相互学习、相互启发。同侪评价即让学生参与到彼此的评估过程中，这不仅可以提高学生的批判性思维和沟通能力，也可以让他们从不同的视角了解自己的优势和改进空间。

行业专家评审：邀请跨境电子商务行业的专家和资深从业者参与课程的考核，可以确保教学内容和评价标准的行业相关性和前瞻性。专家可以通过客座讲座、研讨会或者答辩委员会的形式，对学生的理论知识和实践项目进行评价。这种直接来自行业一线的反馈对于学生理解市场需求和提升实战能力具有重要意义。

在线测试与评估：利用在线测试平台进行定期或不定期的知识检测，是考核学生学习进度和掌握程度的有效手段。这些测试包括选择题、填空题、判断对错题、案例分析题、简答题等多种形式，旨在评估学生对课程知识的理解和运用。在线评估系统的即时反馈可以帮助学生及时调整学习策略，也便于教师监控学生的学习状态。

职业资格认证：结合职业资格认证的考核可以让学生明确学习目标，并为未来的职业生涯做准备。例如，学生可以通过参加由认证机构提供的跨境电子商务相关考试，获得行业认可的证书。这种资格证书不仅是对学生专业知识和技能的认可，也有助于提高其在就业市场上的竞争力。

一个多元化的跨境电子商务课程考核体系能够从多个角度全面评估学生的学习效果。通过实训平台的模拟操作、教师的教学互动、企业的实践经验以及创新创业的项目挑战，学生能够在理论与实践之间建立紧密联系，为未来的职业生涯打下坚实的基础。这种考核方式不仅提高了教育的质量和效果，也为跨境电子商务行业培养出更多具有实战经验和创新能力的专业人才。

4.6.1.2 连续性评估实施

在高校或培训机构中，跨境电子商务课程的教学质量直接影响到学生的能力培养和就业前景。鉴于跨境电子商务领域的快速发展和不断变化，传统的以期末考试定成绩的评价方式已无法满足教育的需求。为了提高教学质量并充分激发学生的学习潜力，必须实施一种连续性评估机制，这种机制将覆盖从开课到结课甚至结课后的整个学习过程。以下详细说明了如何实施跨境电子商务课程的连续性评估。

建立连续评估体系。制定明确的评估标准，教师团队需要根据课程目标和行业需求，制定出详尽的评估标准和指标。这些标准应涵盖知识掌握、技能应用、创新思维、团队合作等各个方面。设立阶段性检查点，在整个课程期间设置多个评估节点，如每个模块结束后进行一次小测验或项目提交，确保学生能够持续受到挑战并且有机会及时改正错误。

多元化评估工具的应用。在线测试平台，利用在线教育技术定期进行知识掌握情况的测试，确保学生对理论知识有连续的复习和巩固。实际案例分析，不定期地引入真实跨境电子商务案例，通过案例分析检验学生的实际应用能力和问题解决能力。项目作业，要求学生完成与跨境电子商务相关的项目，以此评价他们的实际操作能力和团队合作精神。

形成性评估的执行。实时反馈，教师应在学生提交作业或完成演讲后立即给予反馈，以便学生能够在最短时间内了解自己的不足并进行改进。自我评估和同侪评估的结合，鼓励学生进行自我反思，并与同伴之间互相评估，这有助于培养批判性思维和沟通技巧。

实践环节的评估。实习和企业项目，通过与企业建立合作关系，为学生提供实习或参与企业项目的机会，使他们能在真实的职场环境中得到评价。模拟实训平台，使用跨境电子商务模拟软件，模拟实际运营环境，对学生的店铺管理、营销策略、客户服务等职能进行评估。

职业资格认证的整合。认证考试辅导，将课程内容与行业资格认证相结合，并为学生提供认证考试的辅导，使他们在完成学业的同时能够获得行业认可的资格证书。

毕业后跟踪评估。毕业生调查，对毕业生进行定期的职业发展跟踪调查，评估课程对他们职业成长的实际影响。校友网络建设，建立一个校友网络，让在校生和毕业生之间建立联系，为学生提供持续的职业发展和学习机会。

不断更新和调整评估体系。对市场趋势和技术进步的响应，教师团队应密切关注跨境电子商务领域的新动态，并根据行业发展和技术进步来更新课程内容和评估体系。数据分析的利用，收集和分析学生的学习数据，找出教学中的问题，并根据分析结果调整教学策略和评估方法。

通过上述措施的实施，跨境电子商务课程的连续性评估可以有效地提升教学质量，同时帮助学生建立长期学习和自我提升的意识。这种评估机制不仅能够保证学生能及时得到反馈和指导，而且还能促使他们不断地对自己的学习成果进行反思和批判，① 为他们未来的职业生涯奠定坚实的基础。

4.6.1.3　成果导向评价方法

在经济全球化和数字化时代，跨境电子商务课程成为培养国际化电商人才的重要平台。为了确保学生能够适应不断变化的市场需求，课程评价方法必须注重学习成果，即学生在学习过程中实际所获得的能力和技能。成果导向的评价方法强调以学生的学习成果为核心，通过设定明确的学习目标、实施形成性评价、利用综合性评价工具、开展实践性评估、定期进行课程审查

---

① 王倩，吕品迎，滕静涛. 1+X 证书制度下高职跨境电子商务人才培养改革研究［J］. 南京开放大学学报，2022（3）：56-62.

和更新、建立长期跟踪机制以及认证和资格评定等手段，来全面评估学生的综合能力。

明确学习成果是成果导向评价方法的基础。教师团队需要根据跨境电子商务行业的特点和需求，定义清晰的学习成果目标。这些目标应涵盖必要的专业知识、实际操作技能、市场分析能力、跨文化交流能力等。通过设定具体可量化的学习目标，学生可以明确知道自己需要达到的水平和标准。

设计以成果为中心的课程内容是实现成果导向评价的关键步骤。课程内容应当与学习成果目标紧密对应，确保每个教学环节都能够有效地帮助学生达成这些目标。引入真实的业务场景和案例研究，可以使学生更好地理解理论知识的实际应用，增强他们的实践能力。

实施形成性评价可以帮助学生及时了解自己的学习进度。通过持续收集学生的学习证据，如作业、项目报告、演讲、讨论参与度等，教师可以评估学生是否达到了预定的学习成果。形成性评价的重视在于提供即时、具体的反馈，帮助学生认识到自己的进步和需要改进的地方。

使用综合性评价工具可以全面衡量学生的学习成果。自我评估、同侪评估、教师评分以及企业导师的反馈都是重要的评价工具。通过多元化的评价方式，可以从不同角度评估学生的综合能力，增加评价的客观性和公正性。

开展实践性评估是将学生的学习成果与实际工作环境相结合的重要环节。与企业合作设置实习项目，让学生在真实的工作环境中展示其学习成果，并从业界专家那里获得评价和反馈。此外，利用跨境电子商务模拟软件创建仿真环境，对学生的店铺运营、市场推广等职能进行评估，可以进一步检验学生的实际操作能力。

定期进行课程审查和更新是确保课程内容和评价体系与行业发展保持同步的重要措施。教师团队应定期回顾课程内容和评价体系，根据行业的最新发展和技术进步进行调整。同时，结合毕业生就业情况和行业反馈，调整学习成果目标和评价标准，确保课程始终紧贴市场需求。

建立长期跟踪机制可以帮助学校了解毕业生的职业发展情况，评估课程对他们长期职业成功的影响。通过建立校友网络，鼓励毕业生分享经验，为在校学生提供指导，同时也为课程改进提供宝贵意见。这种长期跟踪不仅有助于学校持续改进课程，也有助于维护学校与行业的紧密联系。

认证和资格评定是成果导向评价方法的重要组成部分。将课程学习成果与行业认证或资格评定相对接，使学生在完成课程后有机会获得专业证书，增加其职业竞争力。这种对接不仅可以激励学生学习，还可以帮助他们在就业市场上脱颖而出。

综上所述，成果导向的评价方法是一种以学生的学习成果为核心的评价方式。它通过设定明确的学习目标、实施形成性评价、利用综合性评价工具、开展实践性评估、定期进行课程审查和更新、建立长期跟踪机制以及认证和资格评定等手段，全面评估学生的综合能力，确保跨境电子商务课程的培养目标与市场需求相匹配，从而培养出能够适应快速变化的跨境电子商务行业的高素质人才。[1]

4.6.2 跨境电子商务课程教学质量监控与反馈

4.6.2.1 内部教学质量保障体系

跨境电子商务课程内部教学质量保障体系是确保教育质量与行业需求同步的关键。在经济全球化浪潮中，这一体系对于培养具有国际视野和专业能力的电商人才尤为重要。

课程设计应基于深入的市场调研和行业分析，以确保课程内容贴合最新的跨境电子商务发展趋势。设计团队需定期回顾和更新课程大纲，包含电子商务的基础理论、市场营销、供应链管理、法律法规、数据分析等模块，同时结合具体案例教学，提供实际操作经验。教师队伍应具备跨学科背景，不仅掌握电子商务的理论知识，还要有实际的行业经验。学校应为教师提供定期的职业发展机会，如参加工作坊、行业会议和短期实践，以保持其教学内容的前沿性和实用性。学校必须投资于先进的教学资源和设施。建立专门的电商实验室，配备必要的软件和硬件设施，使学生能够模拟电商运营的各个环节。图书馆和在线数据库应涵盖广泛的电商相关文献，供师生查询最新研

---

① 范新民. 成果导向教育在跨境电子商务人才培养质量管理中的应用：以"跨境电子商务实务"课程为例 [J]. 广东职业技术教育与研究，2023 (3)：80-83.

究和行业报告。形成性评价应穿插在整个教学过程中，通过课堂讨论、在线测试、小组作业等方式，持续追踪学生的学习进展。实习和企业项目可以作为评估学生综合能力的重要手段，强化其实际解决问题的能力。学生的反馈是改进教学不可或缺的部分。通过问卷调查、面谈或数字平台，收集学生对课程内容、教学方法、资源使用等方面的意见。这些数据将被用于调整教学计划和内容，以更好地满足学生的需求。课程评价委员会将承担起监控和评估课程质量的责任。该委员会由教师、行政人员和行业专家组成，负责分析学生成绩、毕业生就业数据及学生反馈等信息，并据此提出具体的改进措施。定期邀请跨境电子商务领域的专家进行课程审查，他们的意见和建议将为课程的持续改进提供宝贵的外部视角。此外，与行业企业的紧密合作也能带来实时的行业动态和人才需求信息。年度教学质量报告将对课程运行的各个方面进行全面总结，包括成功案例、面临的挑战和未来规划。这份报告向所有利益相关者公开，增加了教学过程的透明度。课程应符合国家教育标准和相关专业认证要求。通过获取行业认证，不仅能提高课程质量，还能增强毕业生的市场竞争力。培养一种全校范围内的持续改进文化至关重要。鼓励所有教职工和学生积极参与质量保障的过程，形成一个共同致力于提升教学质量和学生学习成果的氛围。

跨境电子商务课程的内部教学质量保障体系是一个多层面、动态发展的框架。它要求教育机构不断审视和改进自身的教学实践，以满足日益变化的全球电商市场的需求。

4.6.2.2 利益相关者反馈机制

为了确保跨境电子商务课程的质量和适应性，建立一个有效的利益相关者反馈机制至关重要。这个机制涉及学生、教师、行业专家、校友以及潜在的雇主等所有与课程相关的个体和团体。通过收集和分析他们的反馈，课程设计者和执行者可以不断调整和改进教学内容、方法和资源，以满足不断变化的市场需求和教育目标。

学生是教学活动的直接受益者，他们的反馈对于课程改进至关重要。学校应通过多种渠道，如在线调查、纸质问卷、小组讨论和一对一面谈等方式，定期收集课程内容、教学方法、资源使用、评估标准等方面的意见和建议。此外,课程结束时的综合评价可以提供对整体学习体验的深入见解。教师作为教学活动的实施者,他们对课程的有效性和可行性有着深刻的理解。通过定期的教师会议、匿名评价系统和教学日记等方式,可以收集教师对于课程设计、学生参与度、教学资源和教学挑战的反馈。教师的实践经验和专业知识是优化课程内容和教学方法的宝贵资源。跨境电子商务领域的行业专家可以提供关于行业趋势、技能需求和专业知识的宝贵意见。通过建立顾问委员会、组织行业研讨会或邀请专家参与课程审查,学校可以获得行业专家的反馈,并将这些信息用于调整课程内容,确保教学与行业发展同步。关于已经毕业并在跨境电子商务领域工作的校友,他们的实际工作经验和职业发展情况可以为课程提供重要的反馈。通过校友调查、社交媒体群组和定期举办的校友活动,学校可以了解课程对校友的实际影响和他们在工作中遇到的挑战,从而调整课程以满足未来的职业需求。潜在雇主和当前雇佣毕业生的企业可以提供关于毕业生表现和所需技能的反馈。通过企业访谈、就业数据分析和实习监督报告,学校可以了解雇主对毕业生能力的评价,以及他们对课程内容的期望。

收集到的反馈需要被系统地分析和整理。课程评价委员会应定期审视所有反馈,识别常见问题和改进机会,并制订具体的行动计划。此外,学校应对反馈进行分类和优先级排序,确保优先解决最紧迫和最重要的问题。反馈机制的透明度对于建立信任和参与感至关重要。学校应公开分享反馈结果和改进措施,让所有利益相关者了解他们的意见如何被采纳和实施。这种开放的态度鼓励更多的参与和诚实的反馈,有助于持续提升教育质量。反馈机制应该是一个持续的循环过程,而不是一次性的活动。学校需要不断地寻求反馈,将其融入课程设计和教学实践中,以确保持续的改进和发展。

通过这样一个全面的利益相关者反馈机制,跨境电子商务课程能够成为一个动态适应市场变化的学习平台。它不仅能够满足学生和行业的需求,还能够增强学校的声誉和课程的吸引力,促进学生成长和职业发展,同时也为跨境电子商务行业培养出更多合格的专业人才。

4.7 完善跨境电子商务实训教学

跨境电子商务实训教学是一种专门针对跨境电子商务领域的教育方法，它通过模拟真实的国际贸易环境，结合理论知识和实际操作，来培训学生在跨境电子商务平台上进行国际贸易的技能。

4.7.1 跨境电子商务课程数字化教学情境

4.7.1.1 数字技术教学平台

在数字化时代背景下，跨境电子商务课程的教学平台建设必须充分利用数字技术，以满足现代教育的需求和全球电商行业的挑战。[1] 数字技术不仅能够提高教学效率，增强学生的学习体验，还能为教师提供强大的教学支持。

教学平台的基础设施应建立在云服务之上，以便利用其高可用性、灵活性和扩展性。云计算平台为教育机构提供了一种成本效益高、易于管理的解决方案，用于存储和处理大量的教育数据。通过云服务，学校可以减少对本地硬件的依赖，同时确保数据的安全性和可靠性。数据管理是教学平台的核心组成部分。学生信息、课程内容、成绩记录等数据需要得到妥善管理和保护。通过使用尖端的数据库管理系统和数据加密技术，能够确保数据的完整与安全。此外，数据分析工具可以帮助教师和管理人员洞察学习趋势，优化教学资源分配。

选择适合跨境电子商务课程的学习管理系统（LMS）对于创建一个有效的数字教学环境至关重要。学习管理系统（LMS）应提供丰富的功能，如课程创建、内容发布、在线测试、作业提交和评分、讨论论坛等。这些功能可以帮助教师组织和管理课程，同时促进学生之间的互动和合作。学习管理系统（LMS）应支持多种教学模式，包括同步班级、异步学习和混合教学。例如，通过在线视频会议和实时聊天，教师可以与学生进行即时交流；而通过

---

① 赵杨. 跨境电子商务实训平台建设的创新模式研究 [J]. 中国市场, 2021 (6)：173-174.

讨论板和邮件列表，学生可以在非上课时间继续讨论和学习。学习管理系统（LMS）的用户界面应直观易用，以便学生和教师无需长时间培训即可上手。同时，它应该能够集成第三方工具和资源，如在线图书馆、学术数据库和外部评估工具。这样，教师可以为学生提供更多样化的学习材料和评估方法。为了确保学习管理系统（LMS）的有效应用，学校应提供技术支持和培训。这不仅包括技术问题的解决，还包括最佳实践的分享和教学方法的创新。通过定期的培训和研讨会，教师可以不断提高自己的数字教学能力，更好地利用学习管理系统（LMS）的功能来提升教学质量。

云服务和数据管理为跨境电子商务课程的教学平台提供了坚实的基础，而学习管理系统（LMS）的选择和应用则是构建互动学习环境的关键。通过合理利用这些数字技术，可以为学生提供一个更加丰富、灵活和高效的学习体验，同时也为教育机构带来了更高的教学效果和更好的管理效率。

4.7.1.2　在线与离线资源整合

跨境电子商务课程的在线与离线资源整合策略是提升教育效率和质量的关键。在这个信息爆炸的时代，合理地利用和整合各种教育资源对于构建一个全面、高效的学习环境至关重要。① 以下是关于如何整合电子图书与在线期刊以及开放教育资源（OER）的一些策略和补充说明。

电子图书与在线期刊的接入为学生和教师提供了丰富的学术资源。通过与各大出版社和学术机构的合作，可以获得最新的研究成果和理论发展。这些资源的接入不仅可以帮助学生及时了解行业动态，还可以为教师的教学研究提供支持。为了有效地整合这些资源，可以建立一个统一的平台，将电子图书和在线期刊进行分类整理，便于用户检索和使用。同时，可以通过建立校内图书馆与外部数据库的链接，使学生和教师能够直接访问所需的资料。

开放教育资源（OER）的利用与共享是另一个重要的整合策略。开放教育资源（OER）是指那些可以免费获取、使用、修改和分享的教育资源。这些资源包括但不限于教科书、课程材料、教学视频和软件工具。开放教育资源（OER）的优势在于它们的开放性和可定制性，可以根据不同教学需求进

---

① 李佳乐. RCEP 下跨境电商在线争议解决机制研究［J］. 物流研究，2023（4）：68-77.

行调整和再创造。为了促进开放教育资源（OER）的利用与共享，可以建立一个中央化的资源库，鼓励教师和学生上传和分享自己的课程材料。此外，可以通过举办研讨会和工作坊来提高教师对开放教育资源（OER）的认识和开发意识与能力，从而更好地利用这些资源。

结合在线与离线资源，可以为学生设计个性化的学习路径。通过分析学生的学习习惯和需求，为他们推荐合适的电子图书和在线期刊文章，以及开放教育资源（OER）材料，帮助他们更有效地学习。利用在线平台，可以创建互动式的学习环境。例如，通过讨论论坛、实时问答和在线研讨会，学生可以与全球的同学和专家进行交流，拓宽视野，增进理解。建立一个有效的评估和反馈机制，可以帮助教师了解学生对在线与离线资源的使用情况，以及这些资源对学习成效的影响。通过收集学生的反馈，教师可以不断优化资源整合策略，提高教学质量。为了确保在线资源的顺畅接入和高效利用，需要有强大的技术支持。这包括稳定的网络连接、高效的搜索工具、安全的访问控制和数据备份等。随着科技的发展和市场的变化，跨境电子商务的课程内容需要不断更新。因此，定期审查和更新电子图书、在线期刊和开放教育资源（OER）是必要的，以确保教学内容的时效性和相关性。

跨境电子商务课程的在线与离线资源整合策略是一个多方面的工作，涉及资源的选择、接入、共享和评估等多个环节。通过精心规划和执行这些策略，可以创建一个丰富、互动和高效的学习环境，帮助教师和学生实现更好的教学和学习效果。

4.7.1.3 移动学习工具与应用程序

在当今数字化时代，移动学习工具与应用程序已经成为教育领域的重要组成部分，尤其是在跨境电子商务课程中。这些工具不仅为学生提供了随时随地学习的便利，还为教师提供了新的教学手段。以下是关于移动端教学应用的开发与运用以及学生互动与反馈机制设计的策略和补充说明。移动端教学应用的开发应当考虑到用户体验、内容的可访问性以及技术的可靠性。这些应用不仅需要支持多种操作系统，如 iOS 和安卓（Android），还应该具备能够在不同设备上保持一致的性能。

在开发跨境电子商务移动学习工具时，采取用户中心设计是至关重要的。① 这意味着开发者需要从用户的角度出发，深入了解他们的需求和偏好，并将这些洞察融入到应用的设计之中。应用界面应该直观易用，避免复杂的操作流程，确保学生可以快速上手并有效地使用该工具进行学习。内容布局必须合理，使得学生能够在不感到视觉疲劳的情况下，轻松地浏览和吸收信息。导航的简洁明了也同等重要，它能帮助学生无障碍地在应用中跳转，快速找到所需的课程和资源。内容适配性也是移动学习工具成功的关键因素之一。由于学生可能使用各种尺寸和分辨率的设备访问学习材料，因此应用的内容必须能够自适应不同屏幕，从而提供一致的学习体验。无论是在智能手机、平板电脑还是其他移动设备上，内容的展示都应该保持清晰和可读性。技术兼容性同样不可或缺。移动学习工具应当兼容市场上主流的操作系统，包括但不限于最新版本的 iOS 和安卓（Android）。此外，为了确保所有用户都能无缝接入学习平台，应用需要在各个版本的系统上进行充分测试，保证其稳定性和可靠性。离线功能的开发对于提升学习工具的可用性至关重要。由于学生可能在没有网络连接的环境中学习，如在交通工具上或在网络信号不佳的区域，能够提前下载课程内容并离线学习变得尤为重要。离线功能不仅增加了学习的灵活性，还确保了学生能够最大化利用零碎时间进行学习，无需担心网络连接的问题。一个成功的跨境电子商务移动学习工具应该是以用户为中心设计的，具备良好的内容适配性，能够在不同的技术环境中稳定运行，并且提供必要的离线功能。

在运用跨境电子商务移动学习工具的过程中，策略的制定应当考虑到如何最大化这些工具对教学和学习过程的积极影响。集成课程管理系统是这一过程中的关键步骤。通过将移动端应用与诸如魔灯（Moodle）或黑板（Blackboard）等现有的课程管理系统相整合，教育者可以确保学生在不同设备和平台之间切换时，其课程信息和学习进度能够无缝同步。这种集成不仅提高了管理效率，也方便了学生随时随地跟踪自己的学习状态。推送通知的合理使用可以显著提高学生的参与度。通过移动应用的推送功能，重要的课程更新、

① 魏欣然. 基于用户体验的移动学习资源界面设计研究综述 [J]. 电脑知识与技术，2023，19（23）：136-138.

作业截止日期提醒以及其他紧急信息可以及时送达学生的移动设备。这种即时通信的方式帮助学生更好地规划学习时间，避免错过关键的学习活动或截止日期，从而提高了他们的课程完成率。此外，互动元素的引入对于激发学生的学习兴趣和动力至关重要。移动学习工具中可以包含自测题、模拟考试和游戏化学习模块，这些元素不仅使学习过程更加生动有趣，还促进了学生的积极参与和主动学习。借助这种设计，学生在掌握知识的过程中也能体验到学习的快乐，有效提升他们的学习成效。跨境电子商务移动学习工具的有效运用需要考虑到与现有课程管理系统的集成、利用推送通知保持学生的参与和关注，以及通过加入互动元素来增强学习体验。

在跨境电子商务移动学习环境中，设计有效的互动和反馈机制对于提升学生的学习体验和成果至关重要。通过互动机制的设计，学生可以更加积极地参与学习，与同伴和教师进行交流，共同探讨课程内容。例如，讨论论坛的设置提供了让学生随时发表自己的见解、回应他人的观点的平台，并从不同的角度理解跨境电子商务的相关知识。实时问答功能则允许学生在学习中遇到疑问时，能够迅速获得教师的解答，这样的即时互动不仅节省了时间，也增强了学习的连贯性。此外，小组工作的支持工具如共享文档编辑和项目管理功能，促进了学生之间的协作学习，通过团队作业和项目，学生能够在实际操作中加深对课程知识的理解和应用。反馈机制的设计同样重要，它能够帮助学生及时了解自己的学习进度和表现。应用中的即时反馈功能，如自动批改的测验和作业，给予学生即时的成绩反馈，让他们能够快速识别自己的强项和需要改进的地方。问卷调查工具可以帮助教育者收集学生对课程内容、教学方法和使用应用的体验感受，这些宝贵的信息有助于课程的持续改进和优化。性能追踪系统则为教师提供了详细的数据支持，使他们能够监控学生的学习活动，识别可能的学习障碍，并提供个性化的指导和支持。一个完善的跨境电子商务移动学习环境应该包含促进学生互动的讨论论坛、实时问答和小组工作工具，以及提供有效反馈的即时反馈系统、问卷调查和性能追踪机制。这些要素的综合不仅丰富了学生的学习过程，也提升了教学的品质与成效。

在当今的数字化教育时代，移动学习应用已成为跨境电子商务课程学习的重要辅助工具。这些应用通过分析学生的学习习惯和成绩表现，能够提供量身定做的学习建议和精选资源推荐，确保每位学生都能获得符合自身需求的学习体验。① 此外，为了迎合不同学习者的风格，应用中包含多样化的多媒体内容，如视频讲座、音频教材以及互动图表等，这些丰富多样的内容形式旨在满足广泛的学习偏好。安全性和隐私保护是设计移动学习应用时的重中之重。开发者必须采取严格的措施来保障学生数据的安全，防止任何未授权的访问或数据泄露，以维护用户的信任。随着技术的不断进步和用户需求的变化，应用的持续更新变得尤为重要。这不仅包括功能的增强和用户体验的改善，还涉及及时的技术支持，解决用户在使用过程中遇到的技术问题，确保学习活动的连续性和效率。通过这样的持续努力，移动学习应用能够更好地服务于跨境电子商务领域的教育目标，助力学生取得更佳的学习成果。

　　跨境电子商务课程的移动学习工具与应用程序的开发和运用，为学生提供了更加灵活和便捷的学习方式，同时也为教师提供了新的教学手段。通过精心设计的互动和反馈机制，可以极大地提升学生的学习体验和效果。然而，这需要教育者、开发者和技术人员之间的紧密合作，以及对技术趋势和教育需求的不断关注和适应。

4.7.1.4　虚拟教室与远程实时授课

　　跨境电子商务课程的虚拟教室和远程实时授课是教育技术领域的一大创新，它允许教师和学生跨越国界进行实时互动。这种模式的成功实施依赖于视频会议系统的高效设置与优化，以及实时互动工具的有效应用与管理。

　　视频会议系统是虚拟教室的核心，它的质量直接影响到教学效果。首先，选择合适的视频会议平台至关重要。理想的平台应该提供高清晰度的视频和音频，支持多用户同时在线，且具备良好的稳定性和兼容性。此外，平台的用户界面应直观易用，以便学生和教师能够快速上手。在硬件方面，教师和学生都需要有高质量的摄像头和麦克风，以确保视听效果清晰。摄像头应放置在能够捕捉到演讲者全身或至少上半身的位置，而麦克风则应尽量靠近嘴巴，以减少背景噪音并提高声音的清晰度。此外，使用耳机可以帮助学生更

---

① 胡芝玮. 新媒体平台支持下移动学习方式研究 [J]. 中国新通信，2023，25（12）：63-65.

好地聚焦于课程内容，同时也减少了扬声器播放声音可能产生的回音。网络连接的稳定性对于视频会议的流畅度至关重要。因此，确保所有参与者都有稳定的互联网连接是必不可少的。如果可能，使用有线连接代替无线连接可以提供更稳定的网络服务。考虑到不同地区的网络速度差异，教师应该提前测试并调整视频的质量设置，以适应不同的网络环境。

实时互动工具是提升虚拟教室互动性的关键。这些工具包括在线投票、实时问答、互动白板、分组讨论室等。它们不仅能够促进学生的参与度，还能增加课堂的动态性和趣味性。在线投票是一种快速获取学生反馈的方式，它可以用于课堂知识点的检测或者对某个话题的看法调查。实时问答功能允许学生提出问题，教师或者其他学生可以即时回答，这样的即时交流使得学习过程更加生动。互动白板作为展示教材的工具，允许学生在屏幕上进行注释或回答问题，从而提升了教学的互动性。分组讨论室允许学生在小组内进行深入讨论，这对于培养学生的团队合作能力和批判性思维非常有帮助。然而，这些工具的有效应用需要教师进行精心的管理。教师需要制定明确的规则和指导原则，确保学生在使用这些工具时能够遵守课堂纪律。例如，在实时问答环节，教师可以指定时间段供学生提问，以避免课堂混乱。在使用分组讨论室时，教师应该明确每个小组的讨论主题和时间限制，并在讨论结束后及时总结每个小组的观点。

跨境电子商务课程的虚拟教室和远程实时授课要求教师不仅要有深厚的专业知识，还要具备技术能力。通过精心设置和不断优化视频会议系统，以及灵活运用和管理实时互动工具，可以极大地提升教学质量，为学生提供一个互动丰富、高效的学习环境。这不仅促进了全球教育资源的共享，也为跨境电子商务领域的专业人才的培养提供了强有力的支持。

4.7.2 跨境电子商务课程实训基地建设与合作

4.7.2.1 实训基地框架

跨境电子商务课程实训基地框架的构建是为了适应全球化贸易发展的需求，培养具备国际视野和专业技能的电商人才。一个完善的实训基地框架应包含理论学习、实操技能培养、企业合作、创新与创业指导等多方面内容，以确保学生能够全面掌握跨境电子商务的核心知识和技能。以下是构建此类实训基地的具体框架：

在构建实训基地之前，首先需要明确教学理念与目标。这包括确定课程的教学目的、预期成果以及与行业需求的对接。教学目标应当具体、可度量，并且与跨境电子商务的职业标准相一致。①

教学资源中心是实训基地的知识库，提供必要的学习材料和信息资源。这些资源包括但不限于教科书、案例分析、研究报告、在线数据库、法律文件、市场分析工具等。资源中心应支持多媒体学习，例如视频讲座、互动教程和模拟软件，以适应不同学习风格的学生。

模拟交易平台是实训基地的核心组成部分，它允许学生在仿真环境中进行实际操作。平台应涵盖产品搜索、供应链管理、在线交易、支付结算、客户服务、数据分析等环节。通过模拟真实的电商流程，学生能够在不承担实际商业风险的情况下学习和实践。

实操工作坊提供专门的场地和设施，供学生进行商品摄影、图像编辑、网页设计、文案撰写、社交媒体营销等工作。工作坊旨在提升学生的实操能力，让他们直接接触到电商运营的具体任务，并通过反复练习达到熟练程度。

企业合作区为学生和企业搭建沟通合作的平台。学校可以与跨境电子商务企业建立合作关系，安排学生实习、参与企业项目或与企业共同开发课程。这种合作模式有助于学生了解行业现状，提前适应职场环境，并建立起宝贵的行业网络。

为了培养学生的国际视野，实训基地应设立国际交流平台，与海外高校、研究机构及企业建立联系。通过组织国际会议、交换生计划、海外研学旅行等活动，学生可以了解不同国家和地区的电商操作方式和文化差异。

评估与反馈系统对于监控学生的学习进度和教师的教学质量至关重要。系统应包括定期的考试、作业评价、课程反馈以及对教师教学质量的评估。此外，还应收集毕业生就业情况的数据，用以评估课程的长期效果，并据此调整教学内容和方法。

---

① 徐明. 基于校企合作的跨境电子商务实训课程建设研究 [J]. 北方经贸，2023（5）：142-145.

鼓励学生创新和创业是实训基地的重要职能之一。基地应提供一系列支持措施，如创业培训、商业计划竞赛、孵化器服务、创业资金和导师网络。这些资源将辅助那些立志成为创业者的学生把创意转化为现实，并为他们的创业提供指导与支持。

构建跨境电子商务课程实训基地是一个多层面、多阶段的复杂工程。这不仅需要教育者的深思熟虑和精心策划，还需要与行业的紧密合作以及对国际市场的敏锐洞察。通过上述框架的实施，学生将在一个综合性的学习环境中不断提升自己的理论知识和实践技能。

4.7.2.2 校内功能性实训基地搭建

在高校中，建立一个功能性的跨境电子商务课程实训基地对于学生理论知识与实践技能的结合至关重要。这样的实训基地应旨在模拟真实的跨境电子商务运营环境，提供实际操作的平台，并促进学生的专业技能和国际视野的培养。

校内功能性实训基地应该包含几个核心部分，以模拟真实的跨境电子商务环境并培养学生的实际操作能力。第一，一个全功能的模拟电商平台是必不可少的。它应允许学生进行商品上架、分类管理、价格设定和营销活动策划等操作，从而让学生体验电商运营全过程。第二，集成模拟的国际支付网关和物流配送管理系统也是关键组成部分。通过这些系统，学生可以体验到跨境交易中的货币兑换、支付结算和物流跟踪等环节，从而更好地理解跨境电子商务的流程和操作。第三，海关与法规模拟也是非常重要的一环。学生需要了解和实践各国关税政策、进出口规定和国际贸易法律，以应对实际工作中可能遇到的法律问题。这不仅有助于提高学生的专业素养，还可以增强他们的法律意识和风险防范能力。第四，市场分析工具也是实训基地的重要组成部分。通过提供市场研究工具和数据分析软件，学生可以进行市场趋势分析和消费者行为研究，从而更好地把握市场需求和商机。第五，多语言交流环境的设立也是非常必要的。支持多语言的平台可以模拟不同国家的语言环境，增强学生的跨文化沟通能力。这对于未来从事国际业务的学生来说尤为重要，可以帮助他们更好地适应不同的文化背景和工作环境。

　　搭建一个功能性的跨境电子商务实训基地需要综合考虑多个方面。通过精心规划和实施上述步骤，可以构建一个真实、全面且高效的学习环境，帮助学生掌握跨境电子商务的核心知识和技能。首先，进行需求分析与规划是搭建实训基地的基础。这包括对市场需求的分析，明确实训基地的目标和功能，以及制定详细的建设规划。规划内容应涵盖硬件设备、软件系统、课程内容等方面，确保实训基地能够满足学生的学习需求并提供真实的跨境电子商务运营体验。技术平台的建设是实现实训基地功能的关键一步。需要开发或引进模拟电商平台，搭建支付和物流系统，并确保这些系统的稳定性和安全性。这些系统将为学生提供一个全功能的在线购物网站，使他们能够进行商品上架、分类管理、价格设定和营销活动策划等操作。课程资源的开发也是至关重要的。需要开发符合实际需求的教材和案例，设计针对性的课程和工作坊，确保教学内容的实用性和前瞻性。这些课程资源将帮助学生更好地理解跨境电子商务的运营流程和策略，提升他们的实际操作能力。此外，构建一支专业的师资队伍也是实训基地建设的重要环节。需要招募具有实际跨境电子商务经验的教师，并定期组织教师培训，以保证教学质量。这样的师资队伍将为学生提供专业的指导和支持，帮助他们更好地掌握跨境电子商务的知识和技能。与跨境电子商务企业建立合作关系，为学生提供实习机会，同时邀请业界专家参与课程设计和讲座。这将使学生能够近距离接触行业前沿知识，了解最新的市场动态和技术发展。国际交流则是培养学生国际视野的重要途径。与海外高校和机构建立合作，为学生提供国际交流的机会，拓宽他们的国际视野。这将有助于学生更好地适应全球化的商业环境，增强跨文化沟通和合作的能力。最后，评估与反馈是实训基地持续改进的关键。需要建立评估体系，对学生的学习成果进行定期评估，收集反馈信息，不断优化教学资源和教学方法。这将确保实训基地能够持续提供高质量的教育服务，满足学生的学习需求。

　　校内跨境电子商务实训基地的建立是一个复杂但必要的过程，它要求高校投入相应的资源和精力，与行业紧密合作，并致力于持续的教育创新。通过这样的实训基地，学生不仅能够获得宝贵的实践经验，还能在全球化的商业环境中找到自己的定位，为未来的职业生涯打下坚实的基础。

4.7.2.3 企业对接实践实训基地搭建

在全球化的经济大潮中，跨境电子商务成为连接生产商、消费者以及全球市场的重要纽带。为了培养符合市场需求的专业人才，高校需要与企业紧密合作，共同搭建跨境电子商务课程的实践实训基地。这样的实践实训基地不仅能够为学生提供实际工作经验，还能促进企业人才的培养和储备。

校外合作企业在跨境电子商务实践实训基地的搭建中扮演着至关重要的角色。首先，企业能够提供真实的业务环境，使学生能够在实际操作中学习和掌握跨境电子商务的核心技能。其次，企业可以根据自身需求，参与课程开发，确保教学内容与企业的实际运营紧密结合。另外，企业也能提供实习与就职机遇，协助学生更顺畅地迈入职场。

校外合作企业对接跨境电子商务课程实践实训基地的具体步骤如下。

在构建跨境电子商务校外实践实训基地的初期阶段，市场调研与需求分析是至关重要的第一步。通过深入的市场调研，可以全面了解当前跨境电子商务行业的发展趋势、技术进步、市场需求以及企业面临的挑战和机遇。这一过程不仅涉及对行业报告的研究和分析，还包括与企业的直接沟通，以准确把握企业对人才的具体需求。通过与企业的合作，可以确保实践实训基地的教育内容和实践项目与企业的实际运营紧密相连，使学生能够学习到最前沿的跨境电子商务知识和技能。此外，市场研究同样能助力高校发掘潜在的合作伙伴，从而为学生开辟更多实习和就业的可能性。在需求分析阶段，高校需要明确实践实训基地的目标和功能，包括培养学生的哪些核心能力、提供哪些类型的课程和实践项目等。这有助于确保实践实训基地的教育方案与市场需求保持一致，同时也为后续的课程开发、师资队伍建设和实践操作能力培养提供了明确的指导。市场调研与需求分析是搭建跨境电子商务校外实践实训基地的基础工作，它直接关系到实践实训基地能否有效地培养学生的职业能力，以及是否能够满足跨境电子商务行业的发展需求。通过这一步骤，可以为实践实训基地运营成功奠定坚实基础，并为学生和企业创造更大的价值。

在完成市场调研与需求分析后，接下来的关键环节是与合作企业签订合作协议，并构建实践实训基地的合作框架。这一步骤是确保双方利益、明确合作条款的重要法律基础，同时也是实践实训基地顺利运行的组织保障。合作协议的签订需要涉及合作的具体条款，包括但不限于合作期限、合作内容、权利与义务、知识产权保护、成果共享、违约责任、风险分担等。制定这些条款需充分考虑到双方的实际需求和可能的风险点，以确保合作的公平性、合理性和长期稳定性。在合作协议的基础上，还需要建立一个清晰的合作框架。这包括实践实训基地的组织结构设计，明确各部门职能和人员配置；管理机制的建立，包括决策流程、监督评估体系、信息沟通渠道等；以及合作模式的选择，如是否采取产教融合、工学结合、校企双师制等模式。此外，合作框架还应考虑到学生的实习安排、课程设置、项目实施等实际操作层面的内容，确保实践实训基地能够高效运转，满足教学和实践的需求。通过与合作企业的紧密协作，实践实训基地不仅能提供给学生真实的跨境电子商务运营环境，还能够根据企业的反馈不断调整教学内容和方法，提升教育质量。同时，企业也能通过实践实训基地培养和选拔未来的优秀人才，实现教育资源与企业发展的有效对接。合作协议的签订和合作框架的搭建是校外合作企业对接跨境电子商务课程实践实训基地建设过程中的关键步骤。这不仅涉及法律层面的规范，还涉及教育合作的有效实施，对于促进校企双方的深度合作、提升人才培养质量具有重要意义。

在合作协议签订和合作框架搭建完成后，课程体系与教学内容的开发便成为实践实训基地建设的核心环节。为了确保教学内容与企业的实际需求紧密对接，高校需要与企业共同开发满足未来工作需求的教材和课程。这要求教育者深入企业，了解其运营模式、业务流程、市场策略以及面临的挑战，以便将这些实际经验融入课程设计中。课程内容的开发应注重理论与实践的结合。在理论方面，学生需要掌握跨境电子商务的基本概念、市场分析方法、国际法律法规、电子支付系统等核心知识。同时，课程还应涵盖最新的行业动态和技术进展，使学生能够跟上行业发展的步伐。在实践方面，课程应设计实际操作性项目，例如，模拟电商平台搭建、商品上架、营销推广、订单处理、客户服务等，助力学生在模拟真实环境中实践和练习。此外，教学内容的开发还应考虑到不同学生的学习背景和兴趣，提供多样化的学习路径和拓展模块。例如，对于对市场营销感兴趣的学生，可以提供更多关于市场分析和营销策略的深入课程；对于对技术开发感兴趣的学生，则可以增加更多关于电商平台技术开发和数据分析的模块。通过结合企业的实际案例和经验，课程不仅能够提供理论的深度，还能够提供实践的广度，从而有效地培养学生的实际操作能力。这种紧密结合企业需求的课程体系和教学内容，将有助于学生更好地理解和应用所学知识，为未来的职业生涯打下坚实的基础。同时，这样的课程设置也能够增强学生的就业竞争力，满足跨境电子商务行业对专业人才的高需求。

在跨境电子商务实践实训基地的建设中，师资队伍的构建是关键因素之一。为了确保学生能够在实践实训基地中获得高质量的教育体验，高校需要与企业合作，组建一支由经验丰富的高校教师和企业专家组成的师资队伍。这种师资队伍的结构不仅能够提供理论知识的传授，还能够带来实际工作经验的分享，使学生能够从多个角度理解和学习跨境电子商务。企业导师制度的实施是这一过程中的重要环节。通过这一制度，企业可以选派有经验的业务骨干或管理人员进入实践实训基地，作为学生的一对一导师。这些企业导师不仅可以为学生提供关于企业文化、业务流程、市场策略等方面的直接指导，还可以帮助学生更好地理解职场需求和工作实务，为他们未来的就业做好准备。企业导师可以通过多种方式进行指导，如组织专题讲座、参与课程教学、指导学生完成项目任务、提供职业规划建议等。这种互动式的教学模式将有助于学生更深入地了解跨境电子商务行业的实际运作，同时也能够促进学生软技能的培养，如团队合作能力、沟通能力和解决问题的能力。此外，企业导师还可以作为桥梁，帮助实践实训基地与市场保持紧密的联系，及时更新教学内容和实践项目，确保教育内容的时效性和实用性。同时，企业导师的参与也能够增强学生对实践实训基地的认同感和参与度，提高他们的学习积极性和实践效果。总之，通过建立师资队伍与实施企业导师制度，校外合作企业对接跨境电子商务课程实践实训基地能够为学生提供一个全方位的学习环境，有助于提升学生的专业能力。

在跨境电子商务实践实训基地中，实践操作与项目实施是学生能力培养的关键环节。通过校外合作企业的积极参与，学生有机会直接参与到企业的真实项目中，从而将课堂上学到的理论知识与现实工作中的实际操作相结合。

这种实践经验不仅能够加深学生对跨境电子商务行业的理解，还能够极大地提升他们的职业技能和就业竞争力。在企业专家和导师的指导下，学生可以参与到商品上架、营销推广、订单处理等核心业务流程中。例如，在商品上架环节，学生需要学习如何优化产品描述、选择合适的关键词、设置合理的价格策略，以及如何处理图片和视频等多媒体内容，以吸引潜在买家的注意力。在营销推广环节，学生将接触到社交媒体营销、搜索引擎优化（SEO）、付费广告（PPC）等多种推广工具，学习如何根据不同的市场和目标客户制定有效的营销策略。在订单处理环节，学生则需要掌握订单管理、客户服务、物流安排等技能，以确保顾客满意度和良好的购物体验。通过这些实践操作，学生不仅能够将抽象的理论知识转化为具体的技能，还能够在实践中学会如何解决实际问题、如何与团队合作、如何与客户沟通等重要的职场素养。此外，实践操作还能够激发学生的创新精神和主动学习能力，鼓励他们在面对挑战时寻找新的解决方案。为了确保学生能够从实践操作中获得最大的学习效果，实践实训基地应提供充分的资源支持，如提供必要的硬件设施、模拟软件、教学材料等。同时，实践实训基地还应定期组织项目评审和反馈会议，让学生有机会展示他们的工作成果，接受来自企业导师和同学的评价和建议。总之，通过实践操作与项目实施，校外合作企业对接跨境电子商务课程实践实训基地为学生提供了一个宝贵的学习和成长平台。在这里，学生不仅能够将理论知识与实际操作相结合，还能够全面提升自己的职业技能。

　　实习与就业对接是校外合作企业对接跨境电子商务课程实践实训基地的重要组成部分。在实践实训基地中，学生可以参与到真实的项目中，进行商品上架、营销推广、订单处理等操作。这种实践操作可以帮助学生将理论知识与实际操作相结合，提升他们的职业技能。通过实习机会，学生可以更好地了解企业的运营模式和业务流程，为未来的就业做好准备。同时，企业也可以通过实践实训基地来发掘和培养未来的员工。在实训过程中，企业可以对学生的表现进行评估，发现具有潜力和能力的学生，并提供就业机会。这种人才的无缝对接对于企业来说是非常重要的，因为它可以帮助企业找到合适的人才，提高招聘效率。为了实现实习与就业对接，实践实训基地需要建立完善的实习管理制度和就业服务体系。这包括提供实习岗位信息、组织实习面试、安排实习指导老师等。同时，实践实训基地还需要与企业建立紧密的联系，了解企业的用人需求和标准，为学生提供更多的就业机会。总之，通过实习与就业对接，校外合作企业对接跨境电子商务课程实践实训基地不仅为学生提供了一个宝贵的学习和成长平台，还为企业提供了一个发掘和培养未来员工的平台。这种合作模式对于促进校企双方的共同发展、提升人才培养质量具有重要意义。

持续评估与优化是校外合作企业对接跨境电子商务课程实践实训基地的重要环节。为了确保实践实训基地的教育质量，需要定期对教学效果进行评估，并收集学生和企业反馈信息。这些信息可以帮助教育者了解实践实训基地的优势和不足，为进一步优化教学内容和教学方法提供依据。首先，可以通过定期的教学评估来了解学生的学习进度和成果。这包括对学生的学习成绩、项目完成情况、实践操作能力等方面的评估。同时，还可以通过问卷调查、访谈等方式收集学生在教学内容和方法、实训等方面的建议。其次，需要与企业保持紧密的沟通，了解企业对实践实训基地的评价和反馈。这包括企业对学生的表现、教学质量、合作模式等方面的意见和建议。通过与企业的合作，可以更好地了解行业需求和发展趋势，为优化教学内容和教学方法提供参考。根据评估结果和反馈信息，教育者需要及时调整和优化教学内容和教学方法。这可能包括更新教材、改进教学方式、增加实践环节、调整课程设置等。同时，还需要关注学生的个体差异和需求，提供个性化的指导和支持。此外，还需要建立完善的教学质量保障体系，确保实践实训基地的教育质量。这包括制订教学计划、设立教学目标、实施教学监控、开展教学评估等。通过这些措施，可以使实践实训基地的教育质量得到有效保障。总之，通过定期评估和优化，可以不断提升实践实训基地的教育质量，更好地满足学生的学习需求和企业的用人需求。这种持续改进的模式对于促进实践实训基地的长期发展具有重要意义。

4.7.3 跨境电子商务实训项目与案例开发

4.7.3.1 虚拟仿真实训构建

随着全球化贸易的发展，跨境电子商务成为重要的商业活动。为了培养符合市场需求的专业人才，许多教育机构开始引入跨境电子商务课程，并采用虚拟仿真技术为学生提供实践经验。其目标是构建一个综合的虚拟环境，学生可以在此环境中实践市场调研、产品选品、供应链管理、国际支付、营销策略、客户服务等跨境电子商务的核心环节。虚拟仿真实训平台需要高度的真实性和互动性，[①] 通常采用云计算服务来部署应用程序，确保可扩展性和高可用性。前端可以使用现代网页技术构建，如 HTML5、CSS3 和 JavaScript 框架（如 React 或 Angular），以创建用户友好的界面。后端则可以选择如 Node. js、Ruby on Rails 或者 Django 等服务器技术，数据库方面则可以考虑使用 MySQL、PostgreSQL 或 MongoDB 等。

跨境电子商务虚拟仿真实训构建的模块划分与功能设计是该平台的核心部分，确保学生能够在一个模拟的环境中全面地学习和实践跨境电子商务相关的知识和技能。接下来，将详细描述这些模块的功能和它们在实训中的作用。

市场调研与分析模块旨在培养学生对国际市场的洞察力。通过模拟的市场分析工具，学生可以了解不同国家和地区的市场趋势、消费者偏好，以及文化差异对产品销售的影响。学生将学习如何收集和分析数据，包括利用虚拟的网络爬虫技术来跟踪竞争对手的价格和产品动态。此外，该模块还将教授学生如何通过数据分析软件来进行消费者行为研究，理解购买模式，并据此制定营销策略。

产品管理模块是跨境电子商务的关键部分。学生通过产品管理模块学习选择适合国际市场的产品的方法，根据不同市场的需求和偏好进行产品定位和定价。库存管理的虚拟工具可以帮助学生理解库存周转率、库存成本和供应链优化等概念。同时，学生还将练习如何在跨境电子商务平台上上架产品，处理产品描述、图片上传和关键词优化等实际操作。

供应链与物流模块中，学生将接触到虚拟的供应商和物流公司数据库，从而能够模拟真实的供应链环境。学生需要学会如何选择合适的供应商，如何评估供应商的信誉和产品质量，以及如何处理供应商谈判和订单采购。物

---

① 黄芬梅，李海强，吕科锦. 基于虚拟现实技术的智能贸易合作场景仿真系统的应用研究［J］.中关村，2023（5）：122-123.

流方面,学生将练习国际运输方式的选择,包括海运、空运和快递服务,以及相应的成本计算和时效评估。此外,该模块还会模拟关税计算和进出口流程,让学生对国际贸易流程有更深入的了解。

国际支付与金融模块旨在帮助学生理解和应对跨境交易中的支付和金融问题。学生将学习如何使用各种国际支付系统,如信用卡支付、PayPal、电汇或者数字货币支付等。此外,该模块还将教授学生关于外汇交易的知识,包括汇率波动的影响、货币兑换服务的使用以及外汇风险管理策略。通过模拟账户和虚拟资金,学生可以在无风险的环境中练习国际支付操作。

营销与广告模块为学生提供了一个平台,让他们能够实践各种在线营销策略。学生将学习如何进行搜索引擎优化(SEO)和搜索引擎营销(SEM),以提高产品的在线可见性和搜索排名。社交媒体营销工具将帮助学生了解如何在不同的社交网络平台上推广产品,并与潜在客户互动。电子邮件营销部分则让学生练习如何设计和发送有效的营销邮件,以及如何测量邮件营销的效果。此外,该模块还提供虚拟的广告预算和广告投放平台,使学生能够规划广告支出并跟踪广告效果。

在客户服务与支持模块中,学生将学习如何处理客户的咨询、投诉和售后服务请求。通过模拟的客户服务平台,学生可以练习回复客户的邮件和消息,解决客户的问题,以及提供优质客户服务以增强客户满意度和忠诚度。该模块还包括退货和退款处理的模拟,帮助学生理解逆向物流和客户关系管理的重要性。

跨境电子商务涉及多个国家和地区的法律法规,因此法律法规合规模块对于学生的教育至关重要。该模块将教授学生国际贸易的法律法规,包括进出口限制、关税和税收政策、知识产权保护等。通过模拟案例和互动教学,学生将学习如何确保业务活动符合不同国家的法律要求,以及如何避免法律风险和潜在的罚款。

数据分析与决策支持模块致力于培养学生的数据驱动决策能力。学生将使用数据挖掘和分析工具来收集和分析销售数据、客户行为数据和市场趋势数据。通过这些分析,学生可以识别销售机会,优化营销策略,提高运营效率,并最终提升企业的盈利能力。该模块还包括模拟的商业智能仪表板,使学生能够实时监控关键性能指标（KPIs）。

跨境电子商务虚拟仿真实训构建是一个动态且综合的教学工具，它能够提供一个接近真实世界的学习环境，使学生能够在没有实际风险的情况下掌握跨境电子商务的关键技能。通过这样的实践训练，学生们不但可以加深对理论知识的理解，还能提高自身的实操技能，为将来的职场之路奠定稳固的基础。

4.7.3.2　实训项目案例

跨境电子商务实训项目案例是为了实现教学目的设计的虚拟或现实场景，旨在帮助学生更好地理解跨境电子商务的业务流程和操作细节。这些案例通常是模拟真实的商业环境，使学生能够在风险较低的情况下应用所学知识。① 以下是部分主要的跨境电子商务实训项目案例内容。

1）全球市场入门与产品定位

在这个项目中，学生团队选择一个具体的国际市场，例如日本或德国，进行深入研究以确定该市场的需求和消费者偏好。通过分析市场数据和趋势，学生们将确定潜在的热销产品，并为这些产品创建定位策略。项目要求学生考虑文化、经济和地理因素，以及如何通过产品定位满足目标市场的特定需求。

2）跨境电子商务物流与配送模拟

在这个项目中，学生们面临一个实际问题：如何高效、低成本地将产品从一个国家运送到另一个国家。团队将比较不同的国际物流服务提供商，包括快递、空运和海运等选项，并考虑关税、进口规定和货运保险。学生需要制定一套物流方案，以减少成本和交货时间。

3）多渠道跨境电子商务营销计划

学生将开发一项包含多种在线渠道的营销计划，旨在提高品牌知名度和销售转化率。这包括搜索引擎优化（SEO）、社交媒体营销、电子邮件营销和

①　许辉. "互联网+"背景下跨境电子商务实战教学模式构建［J］. 中国职业技术教育，2018（2）：40-46.

联盟营销。学生需分析不同渠道的效果，并根据分析结果调整营销策略。

4）跨境电子商务平台集成与管理

此案例要求学生选择适合的跨境电子商务平台（如 Shopify，Magento等）并完成设置，包括产品上架、库存管理和订单处理。同时，学生要学会如何将电商平台与第三方物流、支付和客户服务系统集成，确保流程的高效和透明。

5）国际支付与汇率风险管理

此项目要求学生团队探讨不同国际支付方式的利弊，如银行转账、PayPal、比特币等，并讨论如何管理由于汇率波动带来的财务风险。通过模拟实际场景，学生将学习如何使用金融工具（如期货合约）来对冲风险，保证公司利润的稳定性。

6）跨文化交流与本地化策略

此项目要求学生团队专注于如何在不同文化背景下进行有效沟通和营销。通过研究目标国家的语言、习俗和消费者行为，学生们将设计一套本地化策略，涵盖产品包装、广告文案和促销活动。项目还要求学生制定实施策略并通过市场反馈进行优化。

7）跨境电子商务法律法规遵从

此项目让学生深入了解国际电商法规，包括出口入口限制、产品安全标准和数据保护等相关法律。学生需在模拟环境中确保所有商业活动合法合规，同时应对可能的法律问题和挑战。

8）客户服务与支持模拟

在这个项目中，学生需建立一套完整的多语言客户服务体系，包括 FAQ、在线聊天和技术支持。通过角色扮演，学生将练习处理各种客户查询和投诉，提高服务效率和客户满意度。

9）与社交媒体影响者合作

在这个项目中，学生团队将识别并接触相关领域的社交媒体影响者，策划并执行一场联合营销活动。此项目教授学生如何有效地与影响者沟通、协商合作条款，并衡量营销活动的影响力。

10) 数据分析与市场预测

在这个项目中，学生使用实际的电商平台数据来分析消费者购买行为、市场趋势和运营效率。他们将学习使用数据分析工具和技术进行准确的市场预测，为库存管理和营销决策提供数据支持。

11) 跨境电子商务税收优化策略

学生通过这个案例学习关于国际税收的知识，包括增值税、关税和双边税收协定等。项目的目标是制定有效的税收策略，以最大限度地减少税收成本，同时保持合规性。团队需要研究不同国家的税率，评估可能的税收减免措施，并计算其对企业盈利能力的影响。

12) 跨境电子支付系统设计

在这个项目中，学生们将设计并模拟实施一套跨境电子支付系统，该系统需支持多币种结算，并具备用户友好的界面。学生需评估各种支付网关的优缺点，并考虑如何确保交易安全与符合国际支付标准。

13) 国际市场进入与扩张策略

在这个项目中，学生团队将开发全面的国际市场进入策略，包括市场选择、产品调整、渠道建设和市场渗透计划。此项目要求学生进行细致的市场研究，了解目标市场的法律法规，并制定长期的市场扩张规划。

14) 跨境电子商务风险管理方案

该案例要求学生识别跨境电子商务中可能遇到的风险，如供应链中断、知识产权侵权、货币波动等。学生需要设计一套风险管理框架，包括风险评估、预防措施和应急响应计划。

15) 环境可持续性跨境电子商务模式

在这个项目中，学生将探讨如何将环保理念融入跨境电子商务业务中，包括采用可持续材料、减少碳足迹和提倡循环经济。项目鼓励学生研究和实施绿色包装、节能物流以及环保产品，以吸引越来越多注重可持续性的消费者。

16) 跨境电子商务平台选择与搭建

在这个项目中，学生团队将对比不同的跨境电子商务平台（例如 Shopify，

WooCommerce，Magento 等），根据产品类型、预算和目标市场来选择最合适的平台。项目涉及搭建店铺、定制设计、集成支付和物流解决方案等。学生还需要优化用户界面和用户体验，以提高转化率。

17）跨境电子商务广告运营

此案例让学生实践在各种在线平台上进行国际广告投放，如谷歌广告关键字（Google AdWords）、脸书广告（Facebook Ads）、抖音等。学生将学习如何定位目标受众、撰写吸引人的广告文案、设置预算和监测广告效果。通过分析数据，学生需优化广告策略以提升 ROI。

18）多币种定价策略

考虑到货币汇率变动对跨境电子商务的影响，学生需要设计一个多币种定价策略。项目包括实时监测汇率变化、评估其对成本和定价的影响，并决定是否采用动态定价策略来最大化利润。

19）知识产权保护与品牌打造

在这个项目中，学生将探讨如何在跨国电商中保护知识产权，包括商标、版权和专利的注册与维护。同时，学生需策划和执行品牌建设活动，如创建品牌故事、设计标志和宣传材料，以及制订品牌推广计划。

20）跨境电子商务项目管理与协作

在这个项目中，学生将学习和实践跨境电子商务项目的管理技能，包括团队协作、任务分配、进度跟踪和沟通技巧。通过使用项目管理工具（如 Asana，Trello 或 JIRA），学生模拟实际的项目管理过程，确保虚拟团队高效运作并按时完成项目目标。

第5章

跨境电子商务人才培养策略与实施

5.1 教育与培训体系协同机制

5.1.1 政策与规划协同

5.1.1.1 制定行业发展与人才培养规划

政府在跨境电子商务行业发展和人才培养中发挥着至关重要的作用。政府制定跨境电子商务行业发展和人才培养的长远规划，为跨境电子商务高校教育与企业跨境电子商务培训合作提供方向指引。通过长远规划的制定与实施，可以确保高校教育与企业需求紧密对接，培养出既具备理论基础又拥有实战经验的跨境电子商务人才，助力行业繁荣。①

虽然跨境电子商务领域显示出极大的增长潜力，但该行业在培养合格人才方面还面临许多挑战。一方面，高校教育与企业需求脱节，理论教学与实际操作技能培养不相符合；另一方面，企业自身的培训体系不完善，缺乏系统性和连贯性，无法满足快速变化的市场需求。在政府的长远规划中，政府应牵头建立一个包括高校、企业、行业协会以及研究机构在内的多方参与机制。这样的合作平台能够促进资源共享，共同制定行业标准和人才培养标准。鼓励高校采取工学结合、校企联合、跨学科交叉等多样化教学模式，增强学

---

① 任伊然. 政策支持为跨境电子商务企业出海排忧解难 [N]. 中国会计报, 2023-11-24 (012).

生的实际操作能力和创新能力。支持企业建立实训基地,让学生亲身体验跨境电子商务的日常运营,将理论知识与实际经验紧密结合。政府应促进国际间的教育合作,引进先进的教学内容和方法,为学生提供具有国际水平的学习环境。科学的人才评价体系的建立,不仅考核学生的知识掌握程度,还要对其实践能力、团队合作精神和创新能力进行综合评估。政府与高校联合建立创业孵化基地,为有志于创业的学生提供全方位的支持,包括资金投入、税收优惠、法律咨询等。

为确保长远规划的有效实施,政府需要制订详细的执行计划和监督机制。这包括定期评估和调整相关政策,确保其与行业发展同步;加强与企业的沟通,确保培养计划符合实际需求;以及通过立法等方式保障校企合作的顺利进行。政府的长远规划对于跨境电子商务领域的稳步发展和专业人才的系统培养至关重要。通过明确核心要素并实施有效措施,可以为高校教育与企业培训的合作提供坚实的基础,培养出能够适应未来市场需求的高素质跨境电子商务人才,从而推动整个行业的持续繁荣。

5.1.1.2 出台鼓励性政策

跨境电子商务的迅猛发展带动了对专业人才的巨大需求。高素质跨境电子商务人才不仅需要掌握电子商务的基本理论和技能,更需要具备跨文化交流的能力、国际市场的分析及营销能力以及跨境物流与关税处理等专业知识。[①] 当前,许多企业在跨境电子商务领域的发展受到人才短缺的制约。尽管高校不断输出电商相关专业的毕业生,但与行业需求相比仍存在不小的差距。因此,政府需要出台鼓励性政策,促进企业与教育机构深度合作,共同培养符合行业需求的高质量人才。

政府的鼓励性政策应围绕以下几个核心内容设计。财税支持,对于参与跨境电子商务人才培养的企业,政府可提供税收减免、财政补贴等优惠措施,降低企业参与人才培养的经济负担。人才培训补贴,政府可以设立专项资金,为企业提供新员工培训、在职员工进修等人才培养环节的资金支持。产教融

---

① 圆华,蒙昕. 数字经济视角下"双融"跨境电子商务人才培养模式研究 [J]. 对外经贸, 2024 (1):120-123.

合平台建设，政府积极鼓励企业与高等教育机构携手创建诸如实践培训中心、研究所等互助平台，为学生提供实践机会，同时为企业输送新鲜血液。创新创业扶持，政府应搭建创业孵化平台，为有志于在跨境电子商务领域创业的人才提供指导服务、资金支持和政策便利。评价与激励机制，建立企业参与人才培养的评价体系，对于成效显著的企业予以表彰和奖励，形成正向激励。为确保政策的有效落地，政府需制定详细的实施细则和监督机制。这包括明确政策的适用范围和申请条件，确保政策公平公正地惠及每一个参与主体；加强政策宣传和解读，提高企业和高校的参与意识；以及建立定期评估和反馈机制，持续优化政策环境。

政府的鼓励性政策是激发企业参与跨境电子商务人才培养的重要动力。通过财税支持、人才培训补贴、产教融合平台建设等一系列措施，政府不仅能够减轻企业负担，还能促进教育与产业的深度融合，为跨境电子商务行业输送更多优秀人才，助力行业可持续发展。

5.1.2 合作框架建设

5.1.2.1 构建三位一体合作框架

为了达成跨境电子商务行业人才培养的宏伟目标，必须由政府、企业和高等教育机构共同携手，搭建一个三方共同参与的合作体系，形成稳定且互利的合作关系。政府可以提供政策支持和引导，企业可以提供实践平台和行业需求，高校可以提供理论知识和基础技能。通过合作，三方可以共同制定人才培养标准，开发适应市场需求的课程体系，并提供实习实训机会，从而培养出更加符合行业需求的跨境电子商务人才。政府、企业、高校合作框架的核心要素如下。

政策支持与引导。政府需要出台相关政策，鼓励企业和高校合作，为合作项目提供便利条件。政府可以提供财政支持，包括专项资金、补贴和贷款等，用于支持跨境电子商务人才培养合作项目。这些资金可用于开发课程内容、教师的专业培训以及构建实践训练设施等关键领域，为合作项目提供稳定的资金来源。政府还可以给予税收优惠，如减免企业所得税、增值税等，降低企业参与跨境电子商务人才培养的经济负担。这样的税收优惠政策有助于激发企业的积极性，促进其与高校开展深入合作。政府还应简化行政审批流程，为跨境电子商务人才培养合作项目提供便利条件。例如，加快审批速度，优化相关手续，以提高合作项目的执行效率。政府可以设立专门的跨境电子商务人才培养基金，用于支持行业内的人才培养和创新创业项目。这样的基金可以为有志于从事跨境电子商务的人才提供资金支持和创业指导，激发他们的创新精神和创业热情。

课程内容与标准制定。基于市场分析和行业趋势，由企业提供实际需求，高校负责理论指导，共同制定跨境电子商务相关的课程内容和教学标准。企业需要提供实际需求，包括行业所需的技能、知识和经验等。这些需求可以通过企业调研、岗位分析和行业趋势研究等方式获得。企业可以将这些需求反馈给高校，使高校能够根据市场需求调整课程设置和教学内容。高校作为教育机构，负责提供理论指导和专业知识。高校可以根据企业提供的实际需求，结合教学经验和学术研究，制定出符合行业需求的课程内容和教学标准。这包括确定课程目标、教学方法、教材选择和评价体系等方面的工作。企业还可以参与课程的实施和评价过程。例如，企业可以派遣专业人士到高校进行讲座或实践指导，帮助学生更好地理解和应用所学知识。同时，企业也可以参与学生的实习实训活动，为学生提供更多的实践机会和职业发展指导。

实践教学与实习实训。企业提供实习实训机会，使学生能够在真实的工作环境中学习和应用所学知识，提高实践能力。企业提供的实习和实训机会对学生而言是获取珍贵实践技能体验的重要途径。[①] 在实习过程中，学生将有机会接触到跨境电子商务的各个环节，包括市场调研、产品推广、客户服务、物流管理等。通过亲身参与这些环节，学生可以更加深入地了解跨境电子商务的运作机制和行业特点。实习实训还可以提高学生的实践操作能力。在实际的工作场景里，学生被要求把掌握的理论知识应用于具体的工作活动，以解决现实问题。这种学以致用的过程有助于巩固和加深学生对知识的理解和掌握，同时也培养了他们的创新思维和解决问题的能力。企业提供的实习实训机会还可以帮助学生建立职业网络和积累人脉资源。在实习期间，学生有

---

① 郭欣，余婷婷. 基于校企合作的跨境电子商务人才培养 [J]. 教育教学论坛，2020（46）：62-63.

机会与企业内的专业人士进行交流和合作，建立良好的人际关系。这不仅有助于学生更好地适应未来的工作环境，还为他们的职业发展打下了坚实的基础。

教师能力提升。鼓励高校教师到企业进行挂职锻炼，增强教师的行业经验和实践能力，以便更好地指导学生。本章 1.1.5 中已有阐述，此处不赘述。

联合研究与创新。政府、企业和高校三方共同参与跨境电子商务相关的研究项目，促进知识更新和技术革新。政府作为引导者和支持者，通过制定相关政策和提供资金支持，鼓励企业和高校开展跨境电子商务研究。政府还可以为研究机构提供必要的资源和设施，促进研究成果的转化和应用。企业作为实际运营的主体，对于市场需求和行业趋势有着敏锐的感知能力。企业可以将其面临的挑战和需求反馈给高校，双方共同探讨解决方案。同时，企业还可以提供实际的业务场景和数据资源，为研究提供更加贴近实际的市场需求。高校作为知识创新的重要力量，可以通过学术研究和技术创新为企业提供新的思路和方法。高校的研究人员可以利用自身的专业知识和技能，深入研究跨境电子商务领域的前沿问题和关键技术，为企业提供有价值的研究成果和技术支持。

就业服务与创业支持。建立就业服务平台，为企业和毕业生提供有效的对接服务；同时，提供创业指导和资金支持，鼓励毕业生创新创业。就业服务平台可以为企业提供发布招聘信息、搜索简历和筛选合适人才等服务。通过这个平台，企业可以更加便捷地找到具备相关技能和经验的跨境电子商务人才，从而提高招聘效率和选人准确性。同时，毕业生也可以通过这个平台了解到企业的岗位需求和招聘条件，为自己的求职方向和职业规划提供参考。为了鼓励毕业生创新创业，政府和高校可以提供一系列的创业指导和资金支持措施。例如，开展创业培训课程、提供创业导师指导、设立创业基金等。① 这些措施可以帮助毕业生掌握创业所需的知识和技能，提高他们的创业成功率。同时，通过资金支持，可以降低创业门槛和风险，激发更多毕业生的创业热情和潜能。政府和高校还可以举办跨境电子商务创业大赛、创新项

---

① 陈琪. 高职院校创新创业型跨境电子商务人才培养改革与策略 [J]. 产业创新研究，2023 (13)：184-186.

目评选等活动，为优秀创业项目提供展示和推广的机会。这样的活动不仅可以吸引更多的投资和资源，还能够培养出更多具备创新精神和创业能力的跨境电子商务人才。

为了确保跨境电子商务人才培养的合作框架有效实施，三方（政府、企业、高校）需要采取一系列措施来促进合作的顺利进行。首先，明确合作目标和责任分工是至关重要的。三方需通过充分的沟通和协商，明确各自的责任和角色，确保合作目标的一致性。政府可以承担政策制定和资金支持的角色，企业可以提供实践场景和行业需求，高校则负责理论指导和人才培养。通过明确分工，可以避免重复劳动和资源浪费，提高合作效率。其次，建立稳定的沟通协调机制也是推动合作的重要手段。三方可以定期召开联席会议，讨论合作进展，解决合作中的问题。通过及时的沟通和协调，可以快速响应合作中的变化和挑战，进而调整合作方案和计划。此外，还可以设立专门的联络员或工作组，负责日常的沟通和协调工作，确保信息的畅通和合作的顺利进行。再次，制定评估和反馈机制也是合作框架实施中不可或缺的环节。三方可以建立定期评估体系，对合作成果进行评价。这可以包括对培养的人才质量、合作项目的实施效果等方面的评估。通过评估结果的反馈，可以及时发现合作中存在的问题和不足之处，进而调整合作策略和完善合作方案。最后，确保资金和资源的到位也是合作框架实施的关键保障之一。政府作为资金和资源的主要提供者，应确保其有效利用以支持合作项目的顺利进行。这包括为合作项目提供财政支持、税收优惠等。同时，还应加强对资金使用的监督和管理，确保资金用于真正有益于跨境电子商务人才培养的方面。

明确合作目标和责任分工、建立稳定的沟通协调机制、制定评估和反馈机制以及确保资金和资源的到位是跨境电子商务人才培养合作框架有效实施的关键措施。只有通过这些措施的有机结合和落实，政府、企业和教育机构之间的紧密协作，方能促进跨境电子商务领域人才培养的高标准发展。透过这三方的密切合作，可以构建一个有效的跨境电子商务人才培养体系。这样的合作框架不仅能够满足行业发展的实际需求，还能够促进教育资源与实践经验的深度融合，培养出更多具有国际视野和专业能力的跨境电子商务人才，为行业的持续发展提供强有力的支撑。

5.1.2.2　设计灵活合作模式

为了达成跨境电子商务行业人才培养的愿景，政府、企业和高等教育机构必须携手并肩，共同投入努力，设计灵活多样的合作模式。这些合作模式包括但不限于产学研合作、共建共管实验室、校园企业等，它们旨在促进教育资源与行业实践的深度融合，培养出更多具有国际视野和专业能力的跨境电子商务人才。

产学研合作模式是政府、企业和高校共同参与的一种合作形式。政府可以通过政策引导和资金支持，激励企业和高校建立紧密的合作关系。企业可以将实际需求和行业趋势反馈给高校，共同制定培养方案和课程体系。高校则负责提供理论知识和基础技能的培训，同时与企业合作开展实践教学和实习实训项目。①

共建共管实验室是另一种重要的合作模式。政府可以提供资金支持和优惠政策，鼓励企业和高校共同建立实验室或研究中心。这些实验室或研究中心可以成为产学研合作的重要载体，为学生提供实践操作的机会，同时也为企业解决技术难题和开展研发项目提供支持。通过共建共管实验室，学生可以深入了解跨境电子商务的技术和流程，提高实践操作能力。

校园企业是一种新型的合作模式，它指的是在校园内设立企业分支机构或运营中心。这种模式可以为学生提供零距离接触企业运营的机会，让学生更好地了解企业文化和业务流程。同时，校园企业也可以为学生提供实习和就业机会，帮助他们顺利过渡到职场。政府可以提供相关政策支持和优惠措施，鼓励企业在校园内设立分支机构或运营中心。

除了上述合作模式外，政府、企业和高校还可以探索其他形式的合作方式。例如，政府可以设立跨境电子商务人才培养基金，用于支持校企合作项目和人才培养计划；企业可以派遣专业人士到高校进行讲座或指导，帮助学生更好地理解行业发展和职业要求；高校可以与企业合作开展创新创业教育项目，培养学生的创新精神和创业能力。

---

① 申帅. 产学研协同视域下跨境电子商务专业人才培养研究［J］. 淮南职业技术学院学报，2021，21（2）：77-78.

这些合作模式旨在促进教育资源与行业实践的深度融合，培养出更多具有国际视野和专业能力的跨境电子商务人才。通过产学研合作、共建共管实验室、校园企业等合作模式的探索与实践，可以为跨境电子商务人才培养提供更加全面和有效的支持。

5.1.3 课程体系共建共享

5.1.3.1 打造跨境电子商务课程体系

随着经济全球化及数字化的加速推进，跨境电子商务领域正面临着空前的成长机会。与此同时，这也对行业从业者的能力提出了更为严苛的要求，高校与企业必须紧密合作，共同开发符合行业需求的跨境电子商务课程体系，以确保培养的人才能迅速适应企业的实际工作需要。这一合作模式的起点在于全面而深入的市场调研与需求分析。这不仅是一个简单的数据收集过程，而且是需要高校的教研人员与企业的业界专家共同参与，通过实地考察、座谈会、问卷调查等多种形式，了解行业的最新发展、技术变革、市场需求以及未来的人才趋势。这样的调研结果将为跨境电子商务课程体系的设计提供直接且有力的指导。基于这些调研成果，双方可以着手进行课程体系的设计与规划。这个过程中，企业的实际需求将被转化为教学目标和内容。例如，如果市场调研显示数字营销是跨境电子商务的关键能力，那么相关的数字营销技术和工具使用就会成为课程重点内容之一。同样，如果数据分析能力被企业视为重中之重，那么数据分析的相应课程也会被纳入体系中。在课程体系设计完成后，接下来的重点是教材的开发和师资的培养。由于跨境电子商务是一个快速变化的领域，传统的教科书很快就会过时。因此，高校与企业需要共同开发更新速度更快、内容更具实操性的教材。同时，企业中经验丰富的员工应被邀请为学生授课，他们不仅能带来最新的行业知识，还能提供宝贵的实践经验。实践教学和实习实训是跨境电子商务课程体系的核心部分。高校应与企业合作，建立实验室、模拟公司甚至真实的电商平台，让学生在学习过程中就能接触到真实的业务操作环境。此外，企业提供的实习机会将成为学生宝贵的实践经历，让他们能够在真实的商务环境中验证和应用所学的知识，并积累实际工作经验。为了确保教育质量，高校和企业应定期对课程体系进行评估，包括学生的学习效果、课程内容的时效性、教学方法的有效性等方面。通过收集学生、教师和行业专家的反馈意见，双方可以不断优化和调整课程设置，确保教育内容与行业发展保持同步。就业指导和职业发展规划也是跨境电子商务课程体系中不可忽视的一环。高校与企业应携手提供学生职业规则辅导服务，内容包含但不限于简历编写、面试技巧训练以及职业路径规划等。同时，通过建立校企联合的职业发展平台，为学生的持续成长和职业晋升提供支持。

高校与企业共同开发的跨境电子商务课程体系应当是一个动态调整、多方参与、重在实践的综合性教育方案。[①] 通过这种合作模式，可以充分发挥双方优势，培养出既具备扎实理论基础又拥有丰富实践经验的跨境电子商务专业人才，满足行业发展的迫切需求。

5.1.3.2 共建教学资源共享机制

为了提升跨境电子商务人才培养的质量和效率，高校与企业应建立跨境电子商务教学资源的共享机制。通过开设公开课、网络课程等形式，实现高校学生与企业员工之间的资源共享，促进双方的互动与成长。

高校与企业可以共同开发和设计适应市场需求的跨境电子商务公开课和网络课程。这些课程应涵盖最新的市场趋势、政策法规、技术应用、运营策略等内容，以帮助学生和企业员工掌握行业前沿知识。同时，课程内容应注重理论与实践的结合，通过案例分析、实战演练等方式，提高学员的实际操作能力。

高校可以向企业开放其跨境电子商务教学资源，如教材、讲义、案例库等。企业员工可以通过在线平台或内部网络获取这些资源，进行自我学习和提升。此外，高校还可以邀请企业的专业人士参与课程的教学工作，分享他们的实践经验和见解，为学员提供更贴近实际的指导。

企业也可以向高校学生开放其资源，如市场调研报告、运营管理系统、客户数据库等。学生可以通过实习、项目合作等方式接触这些资源，了解企

---

① 马亚琴，韩颖，曹玲. 高职院校外语专业跨境电子商务实训课程开发与教材建设研究 [J]. 中国多媒体与网络教学学报：中旬刊, 2022（6）：192-195.

业的实际运作流程和需求。企业还可以为学生提供实地考察、座谈会等交流机会，帮助学生更好地了解行业发展和进行职业规划。

为了实现有效的资源共享，高校与企业可以共同建立一个跨境电子商务教学资源的共享平台。该平台应具备课程发布、资源下载、在线交流等功能，方便学员随时随地获取所需资源。同时，平台还应设立评估和反馈机制，对课程质量和学习效果进行定期评价，以不断优化和改进教学内容。

高校与企业共建跨境电子商务教学资源共享机制是一种互利共赢的合作模式。通过开设公开课、网络课程等形式，不仅可以帮助高校学生更好地了解企业和市场需求，还可以为企业员工提供持续学习和发展的机会。这种模式有助于促进教育与行业的深度融合，培养出更多适应市场需求的跨境电子商务人才，推动行业的健康发展。

5.1.4 实习实训基地建设

5.1.4.1 构筑实践教育平台

在经济全球化与数字化转型的大背景下，跨境电子商务行业迎来了爆发式的增长。[①] 为满足这一行业对专业人才的渴求，高校与企业必须紧密合作，共同培养具备实际操作能力和创新精神的跨境电子商务人才。其中，建设跨境电子商务实习实训基地便是一个高效的路径。通过模拟企业真实的运营环境，此类基地不仅能够提供学生实践学习的平台，还能作为企业人才培养与选拔的重要场所。

高校与企业需要共同投资，整合各自的资源和优势，建设设施完备的实习实训基地。这包括真实还原跨境电子商务企业的办公环境，配备必要的计算机硬件、网络设施、电商平台操作界面、物流管理系统等专业工具。同时，通过设置模拟的海关、税务、银行等部门，让学生能够在一个接近实际工作场景的环境中进行学习和训练。

在实习实训基地中，学生可以参与市场分析、商品采购、产品上架、订单处理、客户服务、跨境支付、物流配送及售后服务等环节，实现从前端到

---

① 樊文静. 跨境电子商务发展与我国对外贸易模式转型 [J]. 对外经贸，2015（1）：4-7.

后端的全链条实操体验。此外，企业应派遣实战经验丰富的员工担任指导老师，他们不仅可以给学生提供专业的技能指导，还可以传递企业文化和业界的最新动态。

为了保证教学质量和实训效果，高校与企业还应共同开发一系列标准化的教学大纲和实训课程。这些课程既要涵盖理论知识的学习，也要注重实践技能的培养，例如通过案例分析、角色扮演、项目管理等教学方法，增强学生的实战经验和解决问题的能力。同时，定期举办研讨会、工作坊等活动，邀请行业专家进行交流指导，将最新的行业趋势和技术成果融入到教学过程中。

评估和反馈机制也是实习实训基地不可或缺的一环。高校和企业应共同制定明确的评价标准和考核方法，对学生的实训成果进行科学评估。这不仅有助于学生及时了解自己的学习进展和不足之处，也方便企业根据学生表现进行人才筛选和培养计划调整。

除了上述措施，高校与企业还应致力于打造一个开放的实习实训平台。该平台不仅服务于在校学生，也为社会人士和在职员工提供培训和进修的机会。通过这个平台，企业可以发布实习岗位、项目任务和在线课程，而学生和员工则可以根据自己的需求和兴趣选择合适的实践机会。[①]

高校与企业共同投资建设的跨境电子商务实习实训基地是产教融合的典范。通过模拟真实的企业运营环境，结合标准化的课程体系和有效的评估反馈机制，不仅能够提升学生的跨境电子商务实务能力，还能够帮助企业发现和培养所需人才，从而推动整个跨境电子商务行业的持续健康发展。

5.1.4.2　引入真实跨境电子商务项目

通过引入企业项目，高校可以让学生在完成学业的同时参与真实的跨境电子商务业务，从而实现从理论到实践的无缝对接。

建立合作关系与项目引入机制。高校需要与跨境电子商务企业建立稳固的合作关系。这可以通过签订合作协议、建立长期实习基地或者成立产学研

---

① 张毅，徐艳玲，肖华. 跨境电子商务实训平台建设的创新模式分析 [J]. 电子技术，2021，50（8）：294-296.

合作机构等方式进行。在此基础上，高校应主动了解企业的具体业务需求和市场动态，甄选适合学生参与的项目。这些项目既可以是企业的日常运营任务，如产品上架、营销推广、客户服务等，也可以是企业的研发项目，如市场调研、新产品开发等。

项目实施与学生参与。在项目引入后，高校需要制定详细的实施方案，包括项目的目标、周期、参与学生的数量和专业背景等。学生可以根据自己的兴趣和专长报名参与，形成跨专业的团队。在这个过程中，企业应提供必要的培训和指导，确保学生能够快速适应项目要求。同时，高校也应指派教师作为项目指导，对学生进行专业的辅导和监督。

真实环境下的业务操作与学习体验。参与企业项目的学生将有机会亲身体验跨境电子商务的真实运作环境。他们需要在企业的指导下，完成从市场分析、产品选品、店铺运营到跨境物流、关税处理、客户服务等一系列工作。这种亲身实操的经历，不仅能够让学生将所学的理论知识应用到实际中，还能增强他们的问题解决能力和团队协作精神。

成果展示与反馈改进。项目的最后阶段应该是成果展示和评估反馈。学生团队需要向企业和高校展示他们的工作成果，如销售业绩、市场分析报告或研发成品。企业专业人士和高校教师共同对成果进行评价，给予学生实际的建议和反馈。这不仅能够帮助学生总结经验、提升能力，也能让企业从中发掘潜在的人才和改进自身的业务流程。

持续优化与深度融合。为了确保合作模式的长效性和实效性，高校和企业应定期召开评审会议，对合作项目进行回顾和评估。通过收集学生、教师和企业代表的反馈意见，双方可以不断优化项目内容和合作机制。此外，高校还可以根据市场需求调整教学计划和课程设置，使人才培养更加贴合行业发展趋势。

引入企业项目是一种有效的教育模式，它能够让学生在真实的跨境电子商务环境中学习和实践。通过高校与企业的紧密合作，不仅可以提高学生的专业技能和实际操作能力，还可以促进教育与行业的深度融合。这种合作模式有助于培养出更多适应市场需求的跨境电子商务人才，为行业的持续发展提供强大的人才支持。

5.1.5　师资队伍互动提升

5.1.5.1　教师企业挂职锻炼

为了提高教师的跨境电子商务行业实战经验和教学质量，高校应组织教师到跨境电子商务企业挂职锻炼。高校需要明确挂职锻炼的目标和意义。这不仅是为了让教师们了解跨境电子商务行业的发展趋势和市场需求，更是为了让他们通过实际操作提升自身的专业技能。在此基础上，高校应与企业建立合作关系，共同制订挂职锻炼的计划和日程安排。在挂职锻炼期间，教师将深入到跨境电子商务企业的实际运营中。他们可以通过参与企业的日常工作、项目开发、团队协作等环节，全方位地了解和掌握跨境电子商务的业务流程和技术应用。同时，企业也应为挂职教师提供必要的培训和指导，确保他们能够快速适应并融入企业文化。通过参与实际业务操作，教师们可以积累丰富的跨境电子商务实战经验。这不仅有助于他们在课堂上更好地向学生传授实用技能，还能促进他们发现教学中的不足之处并进行改进。此外，挂职经历还能够帮助教师们建立起与企业的联系渠道，为学生提供更多的实习和就业机会。高校教师到跨境电子商务企业挂职锻炼，不仅可以提升个人能力，还能够推动产教融合和协同发展。[①] 通过深入了解行业发展动态和企业需求，教师们可以将最新的市场信息和技术趋势引入课堂，使教学内容更加贴近实际应用。同时，企业也可以通过与教师的合作，参与到人才培养过程中来，共同探索跨境电子商务领域的教学模式创新。

挂职锻炼可以帮助教师深入了解跨境电子商务行业的实际运作情况。通过亲身体验企业的运营模式、管理体系和业务流程，教师可以更好地掌握行业的发展趋势和市场需求，从而更新和完善自己的教学内容和方法。挂职锻炼还可以增强教师的实践操作能力。在实际工作中，教师可以将掌握的理论知识运用到具体的工作任务中，以解决实际问题，从而提高自己的实践技能和解决问题的能力。这不仅有助于提高教学质量，还能为学生提供更加实际

---

① 梁玉环. 校企融通打造跨境电子商务"双师型"师资队伍的研究 [J]. 营销界，2022（8）：53-55.

和贴近行业的指导和帮助。挂职锻炼还可以促进教师与企业之间的交流与合作。教师能够通过与行业专家的交流及合作，掌握该行业的最新趋势和技术进展，及时更新自己的知识体系和教学理念。同时，企业也可以为教师提供实际的案例和数据支持，帮助他们更好地理解和讲解相关的知识点。

高校教师到跨境电子商务企业挂职锻炼是一种双赢的合作模式。它不仅能够增强教师的跨境电子商务行业实战经验，提升教学质量，还能够促进教育与行业的深度融合。通过这种合作方式，高校可以为跨境电子商务行业培养出更多具备实际操作能力和创新精神的专业人才。

5.1.5.2 企业专家参与教学

为了培养能够适应这一行业发展的专业人才，高校与企业之间的深度合作变得尤为重要。其中，邀请跨境电子商务企业的专家担任客座教授或兼职导师成为一种有效的人才培养模式。

高校需要与企业建立合作关系，明确邀请企业专家的目标与意义。这不仅是为了让学生了解行业发展趋势和市场需求，更是为了让他们通过专家的实战经验提升自身的专业素养。在此基础上，高校应与企业共同制订合作计划，明确专家的职责和参与方式。作为客座教授或兼职导师，企业专家将直接参与到跨境电子商务人才的培养过程中。他们不仅可以为学生讲授专业课程、分享实战经验，还可以指导学生进行项目研究和实际操作。此外，企业专家还可以通过参与教学改革、课程开发等活动，帮助高校优化教学内容和教学方法。邀请企业专家担任客座教授或兼职导师，可以实现高校与企业之间的资源共享。企业专家可以将最新的市场信息、技术动态和业务模式带入课堂，使教学内容更加贴近实际应用。同时，他们还可以通过与学生的互动交流，培养学生的创新思维和实践能力。企业专家的参与有助于提升教学质量和学生的就业竞争力。通过与行业专家的深入接触，学生可以更好地了解跨境电子商务的运营流程和商业逻辑。同时，企业专家还可以为学生提供实习和就业机会，帮助他们顺利迈入职场。

总之，邀请跨境电子商务企业专家担任客座教授或兼职导师是一种有效的人才培养模式。它不仅能够实现高校与企业之间的资源共享和知识更新，还能够提升教学质量和学生的就业竞争力。通过这种合作方式，高校可以为跨境电子商务行业培养出更多具备实际操作能力和创新精神的专业人才。

5.2　企业参与跨境电子商务人才孵化

5.2.1　校企合作模式多样化

跨境电子商务校企合作模式多样化是指在全球化贸易背景下，教育机构与企业之间通过多种合作方式共同培养跨境电子商务人才的教育模式。随着电子商务的快速发展，跨境电子商务领域的人才需求日益增长，学校和企业之间的合作变得更加紧密和多元化。以下是一些常见的跨境电子商务校企合作模式。

实习实训基地模式。跨境电子商务实习实训基地模式是一种注重实践的教育合作方式。在这个模式下，企业担任着重要的角色，它们不仅提供实习场所，还负责对实习生进行专业的培训和日常的指导。学生在这里可以深入了解到跨境电子商务的全流程，包括产品上架、营销推广、订单处理、客户服务、物流管理以及跨境支付等环节。通过这种模式，学生能够在实际工作环境中应用所学知识，提升解决问题的能力。同时，企业也可以根据自身需要，对学生进行特定的业务培训，使其更快地适应岗位需求，提高职业技能。此外，企业还可以通过实习实训过程，评估学生的工作表现和潜力，为将来的招聘提供参考。对学生而言，实习实训基地不仅提供了一个学习和锻炼的平台，更是一个展示自我、积累经验的舞台，有助于他们未来的职业发展。

产学研一体化模式。跨境电子商务产学研一体化模式将教育资源、行业实力与科研能力紧密结合，以培养适应市场需求的高素质人才。在这一模式中，学校作为教育主体，负责提供系统的基础教育和理论学习，帮学生打好知识基础，并培养学生的创新思维和研究能力。企业则作为实践平台，引入实际案例，让学生直面市场挑战；提供技术支持和实操经验，使学生能将理论知识与企业实际操作相结合，增强工作技能和解决实际问题的能力。研究机构在其中扮演着导航角色，通过深入研究前沿技术和市场发展动态，为学校和企业提供最新的行业趋势和科技创新信息，指导教学内容的更新和业务发展方向。这种三方合作模式形成了一个闭环的教育生态系统，不仅能够提高学生的专业素养，同时也能促进学校教学质量的提升，帮助企业把握市场脉搏，增强竞争力，为研究机构的科研工作提供实际应用场景，实现多方共赢。

课程共建共享模式。跨境电子商务课程共建共享模式是一种创新的教育合作方式，它将教育资源与行业实践紧密结合，以提升学生的专业能力和就业竞争力。在这一模式中，学校与企业携手共同开发适应市场需求的课程体系。企业专家参与课程设计，确保教学内容与企业实际运营紧密相关，同时也能提供最新的行业动态、案例分析和技能培训。这种合作方式使得学生能够直接接触到当前跨境电子商务领域的新技术、新工具和新策略，从而提高学习的实际价值和时效性。通过课程共建，学生在学习过程中不仅能掌握基础理论知识，还能了解和掌握行业内的最佳实践和解决方案。这种贴近实战的学习模式有助于学生更快地适应未来的工作环境，提高其解决复杂问题的能力。此外，企业参与教学过程也有助于学校教师了解行业需求，更新和优化教学内容和方法，进一步提升教育质量。

项目合作模式。跨境电子商务项目合作模式是一种以项目为基础的校企合作方式，它强调将学生直接投入到真实的商业项目中去，以达到学习和实践相结合的教学效果。在这个模式下，学校与企业共同选定一个具体的跨境电子商务项目，作为学生实践的平台。学生在教师和企业导师的共同指导下，参与项目的各个阶段，包括市场调研、产品选品、营销策略制定、客户服务、物流管理等。这种亲身参与的方式使学生能够在实际工作环境中应用所学知识，培养解决问题的能力。同时，企业通过这种合作方式，不仅能够解决实际业务中的问题，还能够发现并培养潜在的人才。学生在项目中的表现也为企业提供了评估其工作能力和潜力的依据，有助于企业选拔合适的员工。此外，项目合作模式还促进了学校教学内容的实时更新和教学方法的创新，教师可以根据项目的反馈调整课程内容，使教学更加贴近行业需求。

人才培养订单模式。人才培养订单模式是一种以企业需求为导向的校企合作方式。在这种模式中，企业根据自己的人才缺口与学校签订培养协议，明确所需的专业人才类型和数量。学校根据企业的具体需求定制培养方案，进行有针对性的教育和训练。学生从入学开始就清楚自己的就业方向，学习过程中，不仅能够获得专业知识，还会接受企业文化的熏陶，了解企业的运营模式和业务流程。这样的教育模式有助于学生更快地适应未来的工作环境，提高其职业竞争力。同时，企业在学生培养过程中可以参与课程设置、实习安排和评价体系的建立，确保学生的培养质量符合企业的实际需求。通过这种方式，企业可以直接培养出符合自己需求的高质量人才，减少招聘和培训的成本和时间。此外，人才培养订单模式也有助于学校提高教育的针对性和实效性，加强与企业的联系，促进教育教学改革。学生毕业后直接进入合作企业工作，这种无缝对接的就业模式为学生提供了稳定的职业发展平台，同时也为企业注入了新鲜血液，实现了三方共赢的局面。

创新创业孵化模式。创新创业孵化模式下，学校提供创业教育和指导，包括创业理念、商业计划书的撰写、市场分析等方面的培训，同时也为学生提供创业资源，如创业孵化器、导师网络、实验室等设施。企业则在资金和市场渠道上给予支持，为学生创业项目提供必要的投资，并帮助他们建立市场联系，拓展商业机会。这种合作模式允许学生在实际环境中将所学理论知识与创业实践相结合，从构思到实施，全面体验创业过程。通过参与创业项目，学生不仅能够锻炼自己的创新能力和解决问题的能力，还能够学习如何管理和发展一家企业。此外，成功的创业项目也为学生提供了实现自我价值和经济独立的机会。对于学校和企业而言，创新创业孵化模式有助于构建一个良性的创新生态系统，促进知识转化和技术创新，同时也为企业挖掘潜在的创新项目和人才。[①]

国际交流与合作模式。学校与企业携手开展多种形式的国际交流项目，包括但不限于学生交换项目、海外实习机会、国际合作研究等。学生交换项目允许学生到海外合作院校进行短期学习，体验不同的教育环境和文化氛围。海外实习则让学生有机会在国际公司或跨境电子商务环境中工作，实际接触国际市场和业务运作，从而提升他们的专业知识和实际应用能力。企业在此

---

① 刘浩斌，孙静茹，何源. 跨境电子商务人才创新创业园开园［N］. 佛山日报，2023-08-31（A02）.

过程中扮演着桥梁的角色，他们可能提供资金支持、实习岗位或与国外企业的联络渠道。通过这些项目，学生不仅能够学习到先进的跨境电子商务知识和技能，还能够增强跨文化沟通和适应能力，为未来的国际职业生涯打下坚实的基础。同时，这种国际交流与合作也有助于学校和企业建立国际合作关系，扩大全球视野，提升双方的国际影响力。通过分享资源和经验，共同培养具有国际竞争力的人才，这种模式对于促进全球化教育和商业发展具有重要意义。

双师型教师队伍建设。学校积极引进具有丰富实践经验的跨境电子商务企业人员担任兼职教师。这些来自企业的专家不仅掌握行业的最新动态和实际技能，而且能够将工作中的实际问题和解决方案带入课堂。兼职教师与学校现有教师团队共同参与课程的设计和讲授，他们将自身的行业经验与理论知识相结合，为学生提供更加生动、实用的教学内容。[①] 这种教学模式有助于学生更好地理解跨境电子商务的业务流程，掌握市场趋势，以及应对实际工作中的挑战。此外，双师型教师队伍的建设还有助于传统教师了解最新的行业发展，促进教师专业技能的提升和教学方法的创新。通过这种方式，学校能够构建一个既懂教育又懂行业的教师团队，为学生提供更高质量的教育服务，同时也为企业培养出更加符合需求的人才。

跨境电子商务校企合作模式的多样化为学生提供了更多实践机会，增强了教育与产业的结合，提高了人才培养的质量和效率。[②] 同时，企业也能通过这些合作模式发现和培养潜在的优秀人才，为企业的长远发展注入新鲜血液。然而，要实现这些合作模式的成功，需要学校和企业之间建立长期稳定的合作关系，明确合作目标，合理分配资源，确保双方的利益得到平衡和保障。

5.2.2 实习实训与工作坊模式

跨境电子商务实习实训与工作坊模式是一种将学生直接引入到实际商业环境中进行学习和实践的教学方法，是一种将教育与实际商业环境紧密结合

---

① 黄毅，储华. 高职跨境电子商务专业校企共建"双师型"教师培养培训基地实践 [J]. 现代商贸工业，2021，42（29）：40-41.

② 李芳，杨丽华，梁含悦. 我国跨境电子商务与产业集群协同发展的机理与路径研究 [J]. 国际贸易问题，2019（2）：68-82.

的创新教学方法。通过这种模式，学生被置于企业的真实工作环境中，亲身参与到跨境电子商务的日常运营活动中。该模式通常由高校与企业共同协作，旨在帮助学生更好地理解跨境电子商务的业务运作，并提升他们的职业技能。学生们不仅能够执行具体的业务任务，如产品上架、营销推广和客户服务，而且能够在完成任务的过程中深入理解业务流程和市场需求。这种任务驱动的学习方法使学生在实际操作中锻炼和提升了自己的职业技能。

在实习实训或工作坊中，企业会安排经验丰富的员工作为学生的导师，提供一对一的专业指导。这些导师不仅帮助学生正确理解和完成手头的任务，还为他们提供职业发展的指导和建议。同时，学生在实习过程中会与其他实习生和团队成员进行互动，通过团队合作解决问题，从而提高了他们的沟通能力和团队协作精神。

此外，学生在实习期间会定期收到来自企业和学校导师的反馈与评估。这些反馈帮助学生及时了解自己的进步和不足，促使他们不断自我提高。最后，工作坊模式将课堂学习与企业实践相结合，使学生能够将理论知识应用于实际情境中，加深了对知识的理解和掌握。

跨境电子商务实习实训与工作坊模式的优势体现在多个方面，为学生、企业和教育机构创造了多赢的局面。这种模式极大地增强了学生的职业技能。通过在真实的工作环境中进行实际操作，学生们能够学习到非常实用、紧贴职场需求的技能。这种实践经历远胜于理论学习，因为它让学生亲身经历了工作中的挑战和问题解决过程，从而更加熟悉业务流程和市场动态。实习实训模式允许学生提前适应职场文化和工作压力。这种早期接触有助于他们平滑过渡到未来的职业生涯，减少了毕业后的适应期，使他们能够更快地融入工作环境，展现出更好的职业素养。该模式实现了理论与实践的紧密结合。学生们可以将课堂上学到的理论知识直接应用于实际工作中，这不仅加深了他们对知识的理解，也验证了理论的实际价值，使学习变得更加有意义和深入。企业通过实习实训有机会发现和培养未来的正式员工。这种早期的接触和评估为企业提供了一个观察和筛选潜在人才的平台，有助于企业构建一支强大的团队。教育机构通过与企业的合作，可以不断更新教学内容和方法，提高教育的质量和效果。这种实时反馈机制确保了教育内容的实用性和时效性，使教育更加贴近行业需求。实习实训与工作坊模式鼓励学生在解决实际问题时发挥创造性思维，培养了他们的创新精神。面对真实的业务挑战，学生们需要动脑筋，寻找创新的解决方案，这种经验对于他们未来的职业生涯是宝贵的财富。跨境电子商务实习实训与工作坊模式通过提供实践机会，不仅增强了学生的职业技能，还促进了学生对职场的快速适应，结合了理论与实践，助力了学生就业，同时也提升了教育质量，培养了学生的创新精神，为各方面带来了积极的影响。

跨境电子商务实习实训与工作坊模式的实施步骤是一系列经过精心策划和协调的流程，旨在确保学生能够在真实的商业环境中获得宝贵的学习和成长经验。

第一，学校与企业之间需要建立合作关系，这是实施过程的基础。在这一步骤中，双方将明确实习实训的目标、内容、时间和各自的责任与义务。这种合作框架的建立为后续活动的顺利进行奠定了坚实的基础。第二，课程设计与对接阶段至关重要。在此阶段，学校会根据企业的实际需求设计实习实训课程。这意味着课程内容将与跨境电子商务的实际运作紧密对接，确保学生能够学习到最相关和实用的知识和技能。第三，学生的选拔与培训。学校负责从报名的学生中选拔出合适的候选人参与实习实训。选拔后，学校将为学生提供必要的前期培训，包括跨境电子商务的基础知识、操作流程等，以确保他们具备开始实习所需的基本能力。实习实训实施阶段是整个过程中的核心。在这个阶段，学生将在企业的工作环境中开始实习，进行具体的业务操作。他们将接触到产品上架、营销推广、客户服务等实际工作，同时接受来自企业和学校导师的指导。在实际案例分析环节，学生将通过分析企业的成功案例或市场趋势来更深入地理解跨境电子商务的商业模式和策略。这种分析不仅增强了学生的商业洞察力，也提高了他们的批判性思维能力。最后是反馈与评估阶段，实习结束后，企业和学校将对学生的表现进行评估，并提供反馈。这一阶段的反馈对于帮助学生总结经验、明确未来发展方向具有重要意义。

跨境电子商务实习实训与工作坊模式为学生提供了一个全面、实用、高效的学习平台。学生在这个平台上不仅可以学到专业知识和技能，还可以培养自己的创新精神、团队协作能力和解决问题的能力。同时，这种模式也为企业提供了一个发现和培养人才的机会。通过这种模式，学生可以更好地为进入职场做好准备，而企业也可以培养出符合自己需求的人才。

5.2.3　企业文化与需求融入

企业文化与需求在跨境电子商务教学中的融入是确保教育质量和实用性的关键策略之一。这种融合不仅涉及将企业的核心价值观、行为标准和经营理念整合到教学大纲中，还包括根据企业的具体要求来设计和调整课程内容，以保障学生所学的技能和知识能够满足市场的实际需求。

企业文化的融入为学生提供了一个模拟真实商业环境的平台。通过深入地介绍和讲解企业的使命、愿景、核心价值观及其历史发展，教学过程可以帮助学生建立起对企业身份和目标的认同感。例如，如果企业强调的是创新和灵活性，那么教学内容可能会包括鼓励学生运用创新性思维来解决实际问题，以及如何快速适应市场变化的案例分析。同样，对于那些注重可持续发展的企业，课程中可能会涵盖全球环保政策、绿色供应链管理以及企业社会责任（CSR）等方面的内容。

企业的具体需求可以通过多种教学方法直接融入到课程中。这些方法包括但不限于案例研究、项目任务、角色扮演和模拟操作等。这些实践活动不仅帮助学生理解理论知识在实际工作中的应用，还能让他们深入了解企业在跨境电子商务领域的具体运营流程、挑战以及应对策略。例如，学生可能会参与到一个真实的跨境电子商务项目中，从市场调研、产品筛选、国际物流规划、跨境支付解决方案到客户服务和售后支持，每个环节都要求他们应用所学的理论知识，并体现企业的工作方法和文化理念。

企业可直接参与到教学过程中，例如提供客座讲座、组织实地考察或提供实习机会。这样，学生不仅能从课本上学习理论知识，还能从业内人士那里获取第一手的行业知识和实践经验。这种直接接触企业的机会能够极大地提高学生的学习兴趣和动力，同时也为他们将来的职业生涯打下坚实的基础。

在实施过程中，学校需要与企业建立紧密的合作关系，明确教育目标和预期成果。这通常涉及双方签订合作协议，明确各自的责任和义务，以及合作的具体内容和期限。学校根据企业的需求设计课程，同时考虑到学生的学习背景和能力，确保课程既有挑战性又能够被学生所接受和掌握。在课程设计阶段，学校与企业紧密合作，确保课程内容与企业的最新需求和发展趋势保持一致。这可能需要定期更新教材和教学资源，引入最新的案例研究，以及不断调整教学方法和评估标准。同时，学校还应该考虑到行业的多样性和复杂性，确保课程内容具有广泛的适用性和足够的灵活性，以适应不同企业和文化背景下的跨境电子商务业务。

企业文化与需求的融入使跨境电子商务教学更加贴近实际业务，提高了学生的职业技能和就业竞争力。这种模式确保了学生在学习过程中就能够适应未来的工作环境，同时也为企业培养了能够迅速融入其文化并满足其业务需求的人才。通过这种校企合作模式，学校、企业和学生三方都能从中受益，共同推动跨境电子商务行业的发展。

5.2.4 企业导师制与职业生涯规划

跨境电子商务企业导师制是一种实践导向的教学模式，旨在通过将学生与业内专家——即企业导师——配对，来提供个性化的指导和实际工作经验。这种制度的核心在于导师与学生之间的一对一指导关系，它为学生提供了独特的学习机会，能够深入了解行业实务、企业文化和职业发展路径。[①] 在跨境电子商务领域，企业导师制通常涉及以下几个关键步骤。

导师选拔。企业需要精心挑选一批有经验的员工担任导师角色。这些导师应该是跨境电子商务领域的专业人士，具备丰富的行业知识、敏锐的市场洞察力以及良好的沟通和指导能力。他们能够分享自己的经验，为学生提供实用的建议和支持。

学生准备。学校负责选拔合适的学生参与导师制项目。学生应该具备一定的基础知识和技能，以便能够充分利用导师的指导。此外，学生还需要接受相关的培训，比如跨境电子商务的基本操作、国际市场营销策略、跨文化沟通技巧等，以确保他们准备好与导师进行高效的互动。

---

① 郑秀田. 企业导师制模式在高校跨境电子商务人才培养中的应用探析 [J]. 电子商务，2020 (8)：77-78.

配对过程。学校和企业共同制定配对标准，将学生与导师进行匹配。这个过程需要考虑导师的专业领域、学生的学术背景和职业兴趣，以及双方的工作和生活安排。成功的配对能够促进有效的学习和指导过程。

指导计划。导师与学生共同制订一个详细的指导计划，明确学习目标、会议频率、交流方式和期望成果。这个计划应该是灵活的，可以根据学生的学习进度和导师的反馈进行调整。

实施指导。在导师制实施过程中，导师会通过面对面会议、电话交流、电子邮件等方式与学生进行定期沟通。导师不仅会分享自己的知识和经验，还会提供实际的工作机会，如参与项目、协助完成任务、参加商务会议等，以便学生能够将理论知识应用于实践。

监督和评估。学校和企业需要对导师制项目进行监督和评估，确保导师和学生之间的互动是积极有效的。这可能包括定期的进度报告、满意度调查以及最终的成果展示。通过这种方式，可以及时发现并解决可能出现的问题，保证教学质量。

反馈和总结。导师制项目结束后，学生和导师都应该提供反馈，总结经验和教训。这不仅有助于学生反思自己的学习过程，也能帮助导师改进指导方法。同时，企业和学校可以根据反馈调整导师制项目，以提高未来的教学效果。

企业导师制为学员提供宝贵的行业洞察和实际经验。导师通常是在其领域内拥有多年经验的资深人士，他们能够分享自己的知识和经验，帮助学员更好地理解行业趋势、市场需求和职业发展机会。这种指导关系为学员提供了一个独特的学习平台，使他们能够从导师的成功和失败中汲取教训，避免在职业生涯中走弯路。企业导师制有助于学员建立专业网络。导师通常在行业内拥有广泛的人脉，他们可以给学员介绍其他专业人士，为他们提供新的职业机会。此外，导师可以帮助学员与其他同行建立联系，扩大他们的社交圈子。这种专业网络对于学员的职业发展至关重要，它不仅能够提供更多的职业机会，还能为学员提供支持和鼓励。企业导师制还能够提高学员的技能和知识水平。导师可以为学员提供实际的工作机会，让他们参与到真实的项目中。通过这种方式，学员可以将理论知识应用于实践，提高自己的技能水平。同时，导师还可以为学员提供反馈和建议，帮助他们不断改进和完善自己的能力。

企业导师制有助于学员更好地了解自己的优势和兴趣。在与导师的交流中，学员可以更深入地探讨自己的职业目标和愿景。导师可以帮助他们识别自己的优势和兴趣领域，并为他们提供相应的建议和指导。[①] 这有助于学员更好地规划自己的职业生涯，选择适合自己的职业道路。企业导师制能够提高学员的自信心和职业满意度。通过与导师的互动和交流，学员可以获得更多的认可和支持。这有助于提高他们的自信心和自尊心，使他们更加积极地面对职业生涯中的挑战。同时，导师的支持和鼓励也能够提高学员的职业满意度，使他们更加热爱自己的工作。

企业导师制在职业生涯规划中具有重要意义。通过与经验丰富的专业人士的一对一指导关系，学员可以获得宝贵的行业洞察、建立专业网络、提高技能水平、更好地了解自己的优势和兴趣以及提高自信心和职业满意度。这些方面都有助于学员在职业生涯中取得更好的发展和成功。因此，企业导师制是一种有效的职业发展策略，它能够帮助企业和员工共同成长和发展。

5.3　国际化教育合作与交流

5.3.1　国际合作项目策略与实施

跨境电子商务课程的国际合作项目是一项复杂的教育倡议，它旨在通过跨国界的伙伴关系来提升教学内容、方法和资源。这种合作通常涉及教育机构、企业和政府机构之间的协调，以实现共同的教育目标和经济利益。

跨境电子商务课程的国际合作项目形式多样，旨在提升学生的国际视野、专业知识和实践技能。[②] 学分互认与联合学位项目这种形式的合作是指学生在

---

① 马思恩. "双导师"下跨境电子商务的人才培养模式研究 [J]. 教育现代化, 2018, 5 (2): 18-19, 24.

② 丁晓利, 杨斌. 打造数字经济国际合作新高地 [N]. 中国国门时报, 2023-11-15 (001).

一个国家的学习经历获得另一个国家合作院校的学分认可，学生甚至可以获得双方院校颁发的联合学位。这为学生提供了跨国教育体验，增强了他们的学术背景和市场竞争力。学生交换项目，学生可以到合作的国外学校进行短期学习，期间所学课程的学分通常可以转回本国学校。这不仅增加了学生的国际经验，还促进了跨文化交流和语言能力的提升。国际实习与实训，学生有机会去国外的企业或组织进行实习，获得实际工作经验，同时了解不同国家的电商市场环境。这种形式的合作有助于学生将理论知识应用于实际工作中，增强其职业技能。远程教育与在线合作，利用网络平台，学生可以在本国接受国外教师的在线教育，或者参与国际远程团队的项目工作。这种方式打破了地理限制，使得更广泛的国际合作成为可能。定期举办的国际研讨会和工作坊为学生和教师提供了与国际专家交流的机会，这些活动通常涉及最新的行业趋势、技术革新和政策变动等议题。课程共建与共享，国外教育机构与企业共同开发课程内容，提供共享的教学资源和材料，使得学生能够接触到国际化的教学内容和方法。研究合作与出版，教师和学生可以参与国际合作的研究项目，研究成果往往以学术论文或书籍的形式出版，这有助于提升他们的学术声誉和专业影响力。这些合作形式不仅丰富了学生的学习体验，也为他们未来在全球电商领域的发展奠定了坚实的基础。通过这些项目，学生能够获得宝贵的国际视野、跨文化沟通能力和适应全球化市场的能力，从而在跨境电子商务领域中脱颖而出。

国际合作项目策略制定阶段，需要对跨境电子商务市场进行深入调研，了解行业的最新趋势、技术发展、人才需求以及潜在的国际合作机会。这有助于确定课程内容和合作方向。接下来，寻找国际上在跨境电子商务领域有实力的教育机构、企业或行业协会作为合作伙伴。合作伙伴的选择应基于其专业知识、市场地位、资源和网络。与合作伙伴共同制定明确的教学和商业目标，确保双方都能从合作中受益。目标应具体、可衡量、可实现、相关性强且时限明确（SMART）。考虑到跨文化差异，制定策略以促进文化交流和相互理解。这可能包括语言学习、文化研讨会和交流活动。咨询法律专家，确保合作项目符合国际贸易法、教育法规和数据保护法律。同时，评估项目风险并制定应对策略。

　　国际合作项目实施阶段，与合作伙伴签订正式的合作协议，明确双方的权利、义务、责任和期望。结合双方的教育资源和专业知识，共同开发跨境电子商务课程。这可能包括课程大纲的制定、教材的编写、在线资源的创建和教学方法的创新。组织教师培训和交流活动，确保教学团队具备国际视野和跨文化教学能力。这可能包括工作坊、研讨会和短期访学。设计选拔标准，挑选适合参与国际合作项目的学生。为学生提供必要的前期准备，如语言培训、文化适应训练等。按照课程大纲实施教学计划，包括线上教学、实地访问、实习实训等多种形式。建立质量监控机制，定期评估课程质量和学生的学习成果。收集反馈信息，不断优化课程内容和教学方法。利用国际合作项目作为平台，促进企业之间的合作。这可能包括共同研发、市场开拓和供应链管理等。与合作伙伴保持持续沟通，分享最佳实践、成功案例和面临的挑战。根据反馈和市场变化不断调整合作策略。

　　国际合作项目评估与反馈阶段，对学生的学习成果、教师的教学效果和合作项目的整体表现进行全面评估。总结合作项目的经验和教训，为未来的合作提供参考。根据评估结果，制订后续行动计划，包括课程改进、新的合作机会探索和长期合作关系的维护。

　　通过上述策略和实施步骤，跨境电子商务课程的国际合作项目可以有效地促进教育资源的共享，提高教育质量，培养具有国际视野的跨境电子商务人才，并为参与机构带来商业价值。这种合作模式不仅有助于学生的职业发展，也促进了全球电商领域的知识和技能交流。

5.3.2　国际教育资源引入与融合

　　跨境电子商务国际教育资源主要包括全球优质教育资源和行业资源的整合，以及专为跨境电子商务领域设计的专业课程内容、教育平台和标准制定等。国际跨境电子商务教育资源形式多样。全球优质教育资源包括国际贸易的基础知识、全球经济与产业的宏观环境及趋势分析，特别是针对全球跨境电子商务运营的概览。通过这些资源，学生能够全方位、多角度地了解跨境电子商务的国际市场和运作模式。专业课程内容涵盖了跨境电子商务概述、国际贸易基础知识、跨境电子商务生态体系和政策环境、电商平台、物流、支付以及监管和公共服务等方面。这些课程旨在为学生提供必要的专业知识和技能，以便他们能够在跨境电子商务领域中胜任各种职位。相应的教材、课件和教学平台，也促进了跨境电子商务教育和培训的发展。这些教育资源有助于标准化教学内容，确保教学质量。双师型师资既具备专业知识又具有实践经验，能够更好地指导学生学习和实践。

　　跨境电子商务国际教育资源的引入与融合，不仅为学生提供了深入了解和掌握跨境电子商务知识的机会，还为他们将来在国际舞台上的发展打下了坚实的基础。为了培养能够适应这一领域快速发展的人才，国际跨境电子商务教育资源的引入与融合变得至关重要。教育机构需要识别和引入国际上优质的跨境电子商务教育资源。这包括与国际大学和研究机构建立合作关系，引入先进的教学理念、课程设计、教材内容和教学方法。例如，可以引入国外的电子商务理论、市场营销策略、数据分析技术、供应链管理等课程模块。引入的国际教育资源需要进行本地化适配，以确保它们符合当地的教育规范、市场需求和文化背景。这可能涉及对课程内容的翻译、案例研究的本地化、以及与当地企业合作开发实践项目。本地化适配的目的是使国际资源更加贴近本地学生的学习和未来的工作环境。为了有效地教授这些国际化的课程，需要提升教师的专业能力和国际化视野。这可以通过教师培训、国际研讨会、访问学者计划和短期访学等方式实现。教师的提升不仅包括专业知识的更新，还包括教学方法和评估技巧的改进。融合国际教育资源还需要采用创新的教学方法，如翻转课堂、项目式学习、模拟商业环境和在线协作平台等。这些方法能够提高学生的参与度，增强他们的实际操作能力和团队协作能力。为了让学生获得实际的工作经验，教育机构应与跨境电子商务企业合作，提供实习和实践机会。这些合作可以是学生在企业中进行为期几个月的实习，也可以是企业参与课程设计，提供真实的业务挑战供学生解决。跨境电子商务涉及不同国家和地区，因此学生的跨文化沟通能力和适应力至关重要。教育机构可以通过语言学习、文化研讨会、国际学生交流和多文化团队项目等方式来培养学生的这些能力。教育机构需要建立一个持续的评估和优化机制，以确保教育质量和学生的学习成果。这包括定期收集学生和企业的反馈、评估课程的有效性、监控教学质量和更新教学内容。

通过上述过程，国际跨境电子商务教育资源的引入与融合能够有效地支持和加强跨境电子商务人才的培养。这不仅为学生提供了接触国际知识和技能的机会，也为企业输送了具有全球视野和专业能力的人才，从而推动了整个跨境电子商务行业的发展。

5.3.3 学生国际视野培养途径

跨境电子商务学生的国际视野培养是教育过程中的重要组成部分，它为学生提供了在全球化背景下竞争和合作的能力。跨境电子商务学生国际视野培养的途径包括国际课程学习，教育机构应提供涵盖全球市场、国际贸易法规、跨文化交流等内容的国际课程，且这些课程应结合理论与实践，使学生能够全面理解国际电商的运作机制和相关法律框架；外语能力提升，掌握英语等国际通用语言是跨境电子商务领域的基本要求，教育机构应加强语言教学，提供第二外语学习机会，如西班牙语、法语、德语等，以适应不同市场的需求；国际交流项目，通过学生交换项目、海外研学旅行、国际会议等活动，学生可以直接接触不同的文化和商业环境，增进对国际市场的理解；国际合作案例研究，课堂上应引入真实的跨境电子商务案例，特别是那些涉及国际合作的成功故事，让学生分析和讨论，从中学习国际商务策略和解决方案；多文化团队项目，鼓励学生参与多文化背景团队的项目工作，这不仅能够提高他们的跨文化沟通能力，还能让他们在实际工作中学会如何与不同国家的同事合作；国际认证和标准，引导学生了解和学习国际电商标准和认证，如 ISO 电子商务标准、欧盟 GDPR 等，使他们对国际规则有更深入的认识；专家讲座和研讨会，定期邀请跨境电子商务领域的国际专家和企业家进行讲座和研讨，分享他们的经验和见解，为学生提供行业的最新动态和趋势；实习和就业机会，与国际公司合作，为学生提供海外实习机会，使他们能够在真实的工作环境中应用所学知识，并获得宝贵的国际工作经验；模拟国际商业环境，利用商业模拟软件或实际案例，创建一个模拟的国际商业环境，让学生在其中进行角色扮演，模拟国际交易全过程；跨学科学习，鼓励学生跨学科学习，如结合国际贸易、市场营销、数据分析、法律等专业领域的课程，以培养他们的综合能力和适应性；数字技术应用，教授学生如何利用数字技术进行国际营销和客户服务，包括社交媒体、搜索引擎优化（SEO）、数据分析工具等；持续教育和发展，鼓励学生终身学习，关注国际电商领域的最新发展，通过在线课程、专业研讨会等方式不断更新知识和技能。

通过上述途径的实施，跨境电子商务学生的国际视野将得到显著提升，他们不仅能够更好地理解和适应全球化的市场需求，还能在国际舞台上展现出色的竞争力和合作精神。这样的教育模式为跨境电子商务行业培养出具有全球视角和国际商务操作能力的高素质人才，为学生的职业生涯和个人发展奠定了坚实的基础。

5.3.4 教师国际化水平提高策略

跨境电子商务教师的国际化水平主要指的是教师在跨境电子商务领域的国际视野、专业知识和实践能力的综合体现。跨境电子商务教师的国际化水平对于培养具有全球视野和国际竞争力的学生至关重要。

跨境电子商务领域不断演进，要求教师持续更新其专业知识和技能。为此，设计并实施一套系统的专业发展培训计划，定期向教师提供最新的行业信息和教学资源。这些培训应涵盖关键的领域，如国际市场分析、电商平台操作、跨国交易法律、税务规划、支付系统、海关规定、物流与供应链优化等。通过引入行业专家举办的研讨会、在线课程和工作坊，教师可以深入了解国际电商的最新动态和实践技巧。此外，培训内容还应包括对新兴技术如人工智能、大数据分析、区块链在电商领域的应用等的教学。这样的专业发展机会将使教师能够将理论与实践相结合，提升他们的教学质量，并鼓励学生通过项目式学习和案例研究来锻炼其实战能力。

在跨境电子商务领域，专业资格认证是衡量一个教师专业知识和技能水平的重要标准。国际认证不仅可以提升教师的个人职业素养，还能增强其在国际教育领域的信誉和影响力。教育机构应积极鼓励和支持教师参加诸如国际商会（ICC）的认证、国际贸易专家（CITP）等国际认可的专业资格认证。通过参与这些认证项目，教师将接受最新国际贸易法规、跨境电子商务平台运营、全球市场营销策略等方面的培训。这不仅有助于教师紧跟行业发展，而且能够使他们在教学中更好地结合理论与实践，为学生提供具有实际应用价值的知识和技能。获取国际认证的过程本身也是一种专业进修，它要求教师不断学习和更新自己的专业知识，从而维持和提高教学质量。认证成功不仅标志着对教师专业能力的国际认可，也为学校和教育机构带来更高的声誉，吸引更多对跨境电子商务感兴趣的学生。

语言能力是教师国际化水平提升的关键因素之一。英语是国际商务的通用语言，对于跨境电子商务教师来说，精通英语是必不可少的。它不仅有助于与国际合作伙伴有效沟通，也是理解国际市场和传授专业知识的重要工具。教育机构应该鼓励并支持教师参加英语培训课程，提高他们的英语听说读写能力。此外，教师应该被鼓励参与英语演讲、研讨会和国际会议，以实际使用英语进行专业交流，从而提高他们的语言实际应用水平。除了英语之外，学习其他主要贸易伙伴国家的语言，如西班牙语、法语、德语、日语等，也将大大增强教师的国际竞争力。多语种能力不仅有助于更好地理解不同文化背景下的商业习惯和消费者行为，而且能够拓宽教师与国际同行交流合作的范围，丰富教学内容和研究视野。为此，教育机构可以考虑提供第二外语学习的资源和机会，比如组织语言交换活动、提供语言学习软件、设立语言学习奖学金或资助教师参加语言进修课程。

为了在多元文化的环境中有效教学和沟通，教师必须了解不同文化的价值观、行为习惯和交流方式。教育机构应为教师提供跨文化交流培训的机会，这些培训可以包括文化差异的理解、非语言沟通的习惯、适应性沟通策略等内容。通过这些培训，教师能够学习如何在不同文化背景下建立信任，如何克服文化障碍进行有效沟通，以及如何在课堂上处理文化多样性问题。此外，教师可以通过参与国际会议、研讨会和学术交流活动，与来自不同文化的同行互动，从而提高自己的跨文化理解和应对能力。实地访问或短期交换项目也能够让教师直接体验不同的文化环境，增进对全球商业实践的深入理解。

国际合作项目为跨境电子商务教师提供了一个扩展国际视野和提升教学质量的重要平台。通过与海外高校和研究机构建立合作关系，教师可以参与到联合研究中，深入探讨跨境电子商务领域的新趋势、挑战及解决方案，从而不断更新和丰富自己的知识体系。

允许教师赴合作机构进行短期学习和研究，这种直接的文化交流和学术互动有助于双方更好地理解不同国家的电商环境和消费者行为，同时提升语言能力和跨文化沟通技巧。此外，通过参与国际会议，教师能够与全球领先的电商专家和学者交流思想和经验，获取行业最新动态，进一步拓宽国际视野。这些国际合作项目不仅促进了知识的国际交流，还有助于构建一个全球化的教育和研究网络。在这样的网络中，教师可以分享最佳教学实践，共同开发新的课程和教材，提高教育合作的水平。

国际学术交流为跨境电子商务教师提供了一个扩展知识边界、深化专业理解和提升教学质量的重要途径。通过定期参加国际会议、研讨会和工作坊，教师能够与全球领先的电商专家和学者进行直接对话，分享研究成果，探讨行业挑战，并从中获得灵感和创新思路。这些学术交流活动通常涵盖了跨境电子商务的最新趋势、技术进步、市场动态、政策变化等多个方面，使教师能够及时了解和掌握国际电商领域的前沿信息。[①] 例如，他们可能会了解到新的物流解决方案、跨境支付技术、多语种网站设计等创新实践，这些都有助于丰富教学内容和提高学生的实际操作能力。国际学术交流还为教师提供了展示自己研究成果的平台，通过发表论文、参与专题讨论和展示案例研究，教师可以提升自己的学术影响力和国际声誉。同时，这也是一个建立国际合作关系、拓展职业网络的绝佳机会，有助于开启更多的国际合作项目和研究机会。

通过海外访学与研修方式，教师能够直接接触到不同国家的教育体系和商业实践，从而获得宝贵的第一手经验和深入的市场洞察。教育机构应鼓励并支持教师参与海外访学和短期研修项目。这些项目通常包括与国际知名大学或研究机构的合作，参与当地企业的实际工作，或是参加专业的培训课程。在这些活动中，教师不仅能够学习到先进的教学方法和研究成果，还能够深入了解不同文化背景下的商业环境和消费者行为。例如，教师可以参观当地的电商企业，了解它们是如何运作的，观察它们如何应对国际贸易中的挑战，以及它们在物流、市场营销、客户服务等方面的创新做法。此外，通过与当地教师和学者的交流，访学教师可以获取新的教学资源，拓宽教学内容，提

---

① 李璐琳，林锦，叶允清. 四链融合视角下跨境电子商务专业教师转型路径探索［J］. 上海商业，2023（9）：176-178.

高课程的国际相关性和实用性。

通过实施这些策略，跨境电子商务教师可以不断提升自己的国际化水平，更好地为学生提供符合国际标准和市场需求的教育，帮助他们在全球化的电商领域中脱颖而出。

5.4 创新创业教育与实践

5.4.1 创新创业技能与素质培养路径

跨境电子商务创新创业技能与素质的培养路径是一个多元化和综合性的过程，旨在为学生或从业者提供必要的知识、技能和态度，以便他们能够在全球化的电子商务环境中成功地创新和创业。

在培养创新创业技能与素质的过程中，基础教育与培训是打下坚实基础的关键步骤。这一阶段的核心目标是为学生或初创企业家提供必要的理论知识和实践技能，以便他们能够在未来的创业道路上具备竞争力和适应力。首先，学习国际贸易的基本理论和实践是至关重要的。这包括对国际贸易的历史、原理、政策和流程的深入了解。通过研究国际贸易的经典案例和现代实践，学生可以掌握如何在不同国家和地区之间进行有效的商品和服务交换。此外，了解 WTO 等国际组织的作用和规则，以及自由贸易协定和贸易壁垒的影响，对于跨境电子商务创业者来说是必不可少的。其次，掌握电子商务的基础知识是进入这一领域的前提。这涉及电商平台的运作机制，包括网站设计、用户界面、在线支付系统、物流配送等方面。学生需要了解如何建立一个安全、高效、用户友好的在线商店，并学会使用各种电子商务工具和平台，如 Shopify、亚马逊（Amazon）、亿贝（eBay）等，来管理在线业务。最后，了解全球市场的趋势和消费者行为对于创业者来说至关重要。这意味着要持续关注国际市场的动态，包括消费者偏好、市场需求、竞争对手分析等。通过市场调研和数据分析，创业者可以更好地理解目标市场的潜力和挑战，从而制订有效的市场进入策略和产品开发计划。总之，基础教育与培训阶段是创新创业技能与素质培养的起点，它为学生提供了国际贸易和电子商务的全面知识框架，以及对全球市场的深入理解。这些知识和技能将为他们在跨境电子商务领域的创新创业之旅奠定坚实的基础。

在创新创业技能与素质的培养过程中，专业知识与技能的积累是推动学生和创业者向更高层次发展的关键。这一阶段的学习重点在于深化对跨境电子商务领域关键组成部分的理解，并提供实用的工具和方法，以便在实践中取得成功。首先，深入学习跨境支付、物流、关税和国际贸易法规是必不可少的。跨境支付涉及货币兑换、支付安全和国际支付渠道，是确保交易顺利进行的基础。物流管理则关乎商品的存储、运输和配送，直接影响客户满意度和企业成本。此外，了解各国关税政策和国际贸易法规，可以帮助创业者规避法律风险，合理规划国际贸易活动。其次，掌握数字营销、搜索引擎优化（SEO）、搜索引擎营销（SEM）等网络营销技巧是提升在线可见性和吸引潜在客户的重要手段。数字营销涵盖了社交媒体、电子邮件营销、内容营销等多种方式，帮助企业建立品牌和扩大市场份额。搜索引擎优化（SEO）和搜索引擎营销（SEM）则是提高网站在搜索引擎中的排名，增加网站的有机流量，从而吸引更多的目标客户。学习多语言和跨文化沟通技巧对于在全球化市场中取得成功至关重要。多语言能力不仅有助于与不同国家的客户和合作伙伴进行有效沟通，而且有助于理解不同文化背景下的商业习惯和消费者行为。跨文化沟通技巧能够帮助创业者建立信任，避免文化冲突，并在多元文化的环境中建立良好的人际关系。专业知识与技能的培养是创新创业路径中的核心环节，它为学生和创业者提供了深入的行业知识和实用的技能。

在创新创业技能与素质的培养过程中，实践经验的积累是不可或缺的一环。它将理论知识与实际操作相结合，帮助学生和创业者更好地理解跨境电子商务的实际运作，并提升他们的实战能力。首先，参与实际的跨境电子商务项目是获取宝贵经验的途径之一。通过实习或工作，学生可以亲身体验电商运营的各个环节，从市场调研、产品选品、供应链管理到客户服务等。这种亲身参与有助于他们理解理论在实践中的应用，以及如何应对实际工作中的挑战。同时，实习或工作经历还能帮助学生建立行业联系，为未来的创业活动或职业发展打下基础。其次，与企业合作，了解行业需求和最佳实践也是积累实践经验的重要方式。通过与电商企业的合作项目，学生可以直接接触到行业内的最新动态和技术发展，学习企业的运营策略和管理方法。此外，企业合作还为学生提供了解决实际问题的机会，使他们能够将所学知识应用于真实场景中，从而提升解决问题的能力。最后，参加跨境电子商务相关的比赛和挑战，如创业大赛、案例分析等，是另一种有效的实践经验积累方式。这些比赛和挑战通常涉及真实的商业案例，要求参与者提出创新的解决方案或商业模式。通过这种方式，学生不仅能够锻炼自己的创新思维和团队合作能力，还能够在竞争的环境中测试和验证自己的想法。实践经验的积累是创新创业技能与素质培养路径中的重要环节。它通过实际项目的参与、企业合作以及比赛挑战，使学生和创业者能够将理论知识转化为实战技能，为他们未来的创业成功奠定坚实的基础。

　　创新思维与方法的提升是推动学生和创业者实现突破性进展的关键。这一阶段的学习重点在于激发创造性思考、灵活应对市场变化以及数据驱动的决策制定。① 首先，培养创新思维是鼓励学生跳出传统框架，探索新商业模式和服务的基础。这要求学生学会质疑现状，通过批判性思考识别问题，并提出独特的解决方案。教育者可以通过案例研究、头脑风暴会议和创意工作坊等方式，激发学生的创造力和想象力，帮助他们思考如何打造具有创新性和竞争力的产品和服务。其次，学习设计思维和敏捷开发方法是帮助学生快速响应市场变化的重要工具。设计思维强调用户体验和迭代过程，使学生能够快速原型化并测试他们的想法。敏捷开发则注重快速响应和灵活调整，使学生能够适应快速变化的市场环境和客户需求。通过这些方法的学习和应用，学生能够在实际操作中更好地理解用户需求，优化产品功能，并提高项目成功率。掌握数据分析技能对于理解市场和消费者需求至关重要。数据分析不仅能够帮助学生识别市场趋势和消费者行为模式，还能够提供有力的支持来制定基于数据的决策。通过学习数据挖掘、统计分析和可视化技术，学生可以从大量的数据中提取有价值的信息，从而更精确地定位目标市场，优化营销策略，并改进产品设计。创新思维与方法的培养是创新创业技能与素质培养路径中的重要组成部分。它通过激发创新思维、教授灵活的设计和开发方

---

　　① 陈露. "四阶递进"跨境电子商务创新创业人才培养的改革与实践 [J]. 营销界，2023（5）：92-94.

法，以及强化数据分析技能，为学生和创业者提供了一套强大的工具集，以便他们在不断变化的商业环境中找到成功的路径。这些技能和思维方式的结合，将不仅有助于他们适应未来，更能塑造未来。

在创新创业技能与素质的培养过程中，企业家精神与风险管理是决定创业成功与否的重要因素。首先，培养企业家精神和自主创业的能力是推动学生从理论走向实践的关键。这不仅仅是教授如何创建一家公司，更是关于激发学生的创新意识、自信心和主动性。教育者可以通过模拟商业环境、创业案例分析和创业计划竞赛等方式，帮助学生理解并体验创业的全过程，从市场定位、产品开发到团队建设和公司运营。这样的实践经验能够培养学生的独立思考和决策能力，增强他们面对不确定性时的适应能力和韧性。其次，学习如何评估和管理风险是创业者必须掌握的技能。风险无处不在，包括市场风险、财务风险和运营风险等。学生需要学会使用各种工具和方法来识别潜在的风险因素，评估可能的影响，并制定相应的缓解措施。例如，通过情景分析、风险矩阵和保险策略，创业者可以更好地控制和减少风险带来的负面影响。最后，掌握基本的财务管理和投资策略对于确保企业的财务健康和可持续增长至关重要。财务管理知识包括资金筹集、预算编制、现金流管理和财务报表分析等。良好的财务管理能够帮助创业者作出明智的投资决策，优化成本结构，提高盈利能力。同时，了解不同的投资策略，如股权投资、债权融资和衍生品等，可以使创业者更好地利用外部资源，为企业的成长提供动力。企业家精神与风险管理的培养是创新创业技能与素质培养路径中的重要环节。它不仅帮助学生建立起创业的勇气和决心，还为他们提供了一套全面的风险管理工具和财务规划知识，使他们能够在复杂多变的商业环境中稳健前行，实现创业梦想。

在创新创业技能与素质的培养过程中，持续学习与发展是确保创业者能够适应不断变化的市场环境和技术进步的关键。鼓励终身学习的态度对于创业者来说至关重要。在快速变化的世界中，昨天的知识可能不适用于今天的挑战。因此，创业者需要持续关注行业动态，包括新兴趋势、技术进步以及政策变化等。这种主动学习的态度能够帮助他们预见未来的机会和威胁，从而作出及时的调整和决策。参加专业研讨会、工作坊和在线课程是不断提升自身能力的有效途径。这些活动不仅提供了最新的知识和技能培训，还为创业者提供了与同行交流和学习的平台。通过参与这些活动，创业者可以深入了解特定领域的专业知识，掌握新的工具和方法，并将这些知识应用到自己的业务实践中。建立专业网络是创业者成功的重要资源。通过与其他创业者、投资者和行业专家建立联系，创业者不仅可以获得宝贵的建议和支持，还可以发现潜在的合作伙伴和客户。专业网络的建立可以通过参加行业会议、加入专业协会或社交媒体平台进行。这样的网络资源有助于创业者获取新的视角，分享经验，并在需要时找到合适的资源和支持。持续学习与发展是创新创业技能与素质培养路径中的重要一环。通过培养终身学习的态度，积极参与专业发展活动，以及建立和维护专业网络，创业者能够不断提升自己的能力和知识，保持竞争力，并在创业旅程中实现持续的成长和成功。

通过上述路径的系统学习和实践，学生和从业者可以逐步建立起跨境电子商务创新创业所需的综合能力，为在全球化市场中取得成功打下坚实的基础。

5.4.2　创新创业实战项目策划与执行

跨境电子商务创新创业实战项目是指那些涉及跨国电子商务活动的创新型创业项目，它们通常结合了新技术、新商业模式或新服务，旨在满足全球化市场中的特定需求。这些项目不仅包括在线销售实物商品的电商平台，还可能包括提供数字服务、咨询、解决方案等非物质产品的业务。[①] 跨境电子商务创新创业实战项目覆盖了广泛的领域和市场需求，以下是 20 个潜在的项目例子，它们可以作为创业者进入这个领域的灵感来源。

（1）定制服装和配饰的跨境电子商务平台，专注于特定文化风格的设计。

（2）国际艺术品和古董交易市场，提供验证和物流支持。

（3）跨境食品销售平台，专注于有机和非转基因食品。

（4）环保产品的全球商店，如可持续生产的家居用品和美容产品。

（5）专门的跨境宠物用品电商平台，包括宠物食品、玩具和健康产品。

---

① 杨蕾，王锦，王竹韵. 国贸专业跨境电子商务创新创业实践基地建设内容探索：以西安思源学院为例 [J]. 现代商贸工业，2018，39 (31)：45-46.

（6）国际电子书和在线课程市场，提供多语言内容。

（7）跨境医疗设备和健康监测产品的销售平台。

（8）个性化礼品和纪念品的定制服务平台。

（9）国际婚礼策划服务，提供跨文化的婚礼设计和协调。

（10）跨境智能家居设备的销售和安装服务。

（11）面向全球市场的虚拟现实（VR）和游戏设备的专营店。

（12）国际汽车配件和改装用品的电商平台。

（13）跨境运动器材和户外装备的专业商店。

（14）专业旅游体验和冒险旅行的预订平台。

（15）国际教育咨询和学生交流服务。

（16）跨境家政服务的匹配和预订平台。

（17）国际法律和财务咨询服务平台。

（18）全球独特的工艺品和手工艺品市场。

（19）跨境农业技术和农产品分销的网络平台。

（20）国际音乐和娱乐活动的票务和直播服务。

这些项目都要求创业者对目标市场有深入的理解，同时也需要具备相应的技术、运营和市场营销能力。成功的跨境电子商务创业不仅需要优秀的产品和服务，还需要高效的物流解决方案、灵活的支付系统以及对国际贸易法规的清晰了解。

跨境电子商务创新创业实战项目的策划和执行是一个复杂的过程，涉及市场研究、商业模式构建、法律合规性、国际物流、营销策略等多个方面。在策划阶段，跨境电子商务创新创业项目的市场调研与分析是首要步骤。这一过程涉及对潜在目标市场的深入研究，包括确定目标客户群体的特征、购买行为和需求。同时，进行竞争对手分析，了解他们的产品、服务、市场占有率和营销策略，这有助于发现市场中的空白点和竞争优势。此外，对目标市场的文化背景、消费习惯以及相关的法律法规有全面的了解，对于确保业务的顺利运行和合规性至关重要。接下来，商业模式设计是项目成功的关键。需要明确产品或服务的独特卖点（USP），这是吸引客户的核心要素。根据产品特性和市场需求，设计适合的商业模式，如企业对企业（B2B）、企业对个人（B2C）或个人对个人（C2C）等。同时，制定合理的价格策略和收入模型，以确保项目的盈利性和竞争力。供应链和物流规划也是不可忽视的一环。选择合适的供应商和生产伙伴，建立稳定的供应链关系，对于保证产品质量和交货时间至关重要。同时，规划高效的国际物流和运输方式，以及有效的库存和订单处理流程，以降低运营成本并提高客户满意度。技术和平台选择是电商项目的基础。根据业务需求选择合适的电商平台或开发自定义解决方案，确保网站具备良好的用户体验，支持多语言和多货币交易，以便能够覆盖更广泛的市场。支付和税务是跨境电子商务的重要环节。集成国际支付解决方案，提供安全、便捷的支付方式，以满足不同国家客户的需求。同时，了解并遵守相关的税务法规，确保业务的合法性和财务的透明性。营销和客户服务是提升品牌影响力和客户忠诚度的关键。制定跨境营销策略，利用搜索引擎优化（SEO）、社交媒体等手段提高品牌的在线可见性。建立完善的客户服务政策和多语言支持，以提供优质的客户体验。法律合规性和知识产权保护是企业可持续发展的保障。咨询法律专家，确保业务操作符合国际贸易法规，同时积极保护商标、版权和专利，维护企业的知识产权。最后，风险评估和管理是预防和应对潜在问题的重要手段。识别可能的风险因素，如汇率波动、供应链中断等，并制定相应的风险缓解措施，以降低对业务的负面影响。跨境电子商务创新创业项目的策划阶段是一个全面而复杂的过程，涉及市场调研、商业模式设计、供应链管理、技术平台选择、支付税务处理、营销客户服务、法律合规性保护以及风险管理等多个方面。通过细致的策划，可以为项目的成功执行打下坚实的基础。

在跨境电子商务创新创业项目的执行阶段，团队建设是成功的关键。这一阶段要求组建一个多元文化背景和专业技能兼备的团队，以确保能够适应国际化的业务环境和挑战。团队成员需要具备不同的专业能力，如国际贸易、营销、物流、客户服务等，以便能够覆盖项目执行的各个层面。明确分配每个成员的角色和责任，确保团队成员之间的协作和沟通顺畅，这对于项目的顺利推进至关重要。技术建设是执行阶段的基础性工作。开发或设置适合业务需求的电子商务平台，确保其具备良好的功能性和用户体验。在网站上线前进行全面的测试，包括网站的加载速度、导航结构、支付流程等，确保用户在购物过程中不会遇到技术障碍。同时，网站的内容应当实现本地化，包括多语言支持和货币转换功能，以满足不同国家用户的需求。产品上架和内容创建是吸引客户的重要环节。精心准备产品描述，确保准确、详细且具有说服力。高质量的图片和视频可以有效提升产品的吸引力，增加用户的购买意愿。同时，创建吸引人的内容和营销材料，如博客文章、社交媒体帖子等，以提高品牌的知名度和用户的参与度。营销推广是将产品推向市场的关键步骤。通过启动各种营销活动，吸引潜在访问者和客户。利用社交媒体和在线广告平台，提高品牌的曝光率和知名度。结合搜索引擎优化（SEO）策略，提高网站在搜索引擎中的排名，从而吸引更多的有意向的访问者。运营管理是确保项目顺利进行的保障。监控订单处理、物流和客户反馈，确保客户能够及时收到满意的商品。通过对运营流程的持续监控和优化，提高整体的效率和客户满意度。数据分析和优化是提升项目绩效的手段。利用数据分析工具，跟踪和分析业绩指标，如销售额、转化率、客户留存率等。根据数据反馈，及时调整营销策略和运营流程，以实现更好的业绩。持续改进是项目长期成功的动力。定期评估业务流程和市场反馈，识别改进的机会。鼓励团队成员提出创新的想法和解决方案，持续改进产品和服务，以适应市场的变化和客户的需求。跨境电子商务创新创业项目的执行阶段是一个动态的过程，涉及团队建设、技术建设、产品上架、营销推广、运营管理、数据分析和持续改进等多个环节。通过细致的执行和不断的优化，可以实现项目的成功和持续发展。

5.4.3 创新实验室、创业孵化器与创客空间建设

跨境电子商务创新实验室、创业孵化器和创客空间是推动电商创新发展的重要平台。这些机构提供了创业者所需的资源和服务，帮助他们将创新理念转化为实际的商业项目。

跨境电子商务创新创业实验室的建设是为了应对全球化贸易背景下的市场需求，提升国内电商企业的国际竞争力，同时培养具有国际视野和创新能力的电商人才。这样的实验室不仅是技术研发和商业模式创新的摇篮，也是高校、研究机构和企业之间协同创新的平台。建设跨境电子商务创新创业实

验室首先需要进行详细的规划和明确的定位。规划应包括实验室的目标、功能、组织结构、运营模式等。定位则需要根据国内外电商市场的发展趋势和本地资源的优势来确定，比如专注于某一垂直行业的跨境电子商务研究，或者侧重于最新技术的电商应用。实验室需要配备先进的硬件设施，包括但不限于高性能服务器、网络设备、跨境电子商务模拟交易系统、物流管理系统等。这些设施能够支持大数据分析、云计算、人工智能等技术在跨境电子商务中的应用研究。软件是跨境电子商务的核心，实验室应开发或引进适合教学和研究的电商平台，包括商品展示、订单管理、支付结算、客户服务等功能模块。同时，还需要建立与实际运营相类似的跨境电子商务模拟环境，供研究人员和学生进行实战演练。实验室应与高校合作，开设跨境电子商务相关课程，培养具有国际商务知识、市场营销能力、外语沟通能力和技术创新精神的复合型人才。通过实习实训、工作坊、讲座等形式，增强学生的实战经验和创新能力。实验室应聚焦前沿技术和市场趋势，开展科研项目，推动跨境电子商务的理论和技术创新。同时，为创业团队提供指导和资源支持，帮助他们将研究成果转化为商业模型，推动项目的孵化和发展。为了保持实验室的国际视野和创新能力，需要与海外高校、研究机构和企业建立合作关系。通过学者访问、联合研究和学术交流等方式，促进知识和技术的国际交流。实验室的建设和发展需要政府的政策支持，包括资金投入、税收优惠、人才引进等。同时，实验室应密切关注市场需求，与企业合作，将研究成果应用于实际业务中，实现产学研的深度融合。跨境电子商务领域变化迅速，实验室需要建立持续创新的机制，定期评估研究方向和成果，及时调整发展策略。鼓励实验室成员提出创新想法，支持跨学科和跨领域的研究项目。总之，跨境电子商务创新创业实验室的建设是一个系统工程，需要多方参与和协同合作。通过集成创新、人才培养、科研孵化等多方面的努力，可以有效推动跨境电子商务领域的技术进步和商业模式创新，为企业国际化发展和人才培养提供强有力的支持。

跨境电子商务创新创业孵化器是专为培育和发展跨境电子商务领域的新兴企业而设计的机构，它提供必要的资源、服务和支持，帮助创业者将其商业理念转化为可盈利的企业。建设跨境电子商务创新创业孵化器首先需要进行周密的规划和明确的目标设定。规划应包括孵化器的定位、服务范围、运营模式、财务计划等。目标设定则需要根据市场需求和自身优势来确定，比如专注于特定垂直市场的跨境电子商务企业孵化，或者侧重于某一技术或服务的创新发展。孵化器需要提供适宜的办公空间和硬件设施，包括办公桌椅、会议室、休息区等，以及必要的办公设备和网络设施。这些设施能够帮助入驻企业高效工作，同时也能够为孵化器内的交流和合作提供便利。服务体系是孵化器的核心，包括创业咨询、财务规划、法律支持、人力资源、市场推广等一系列服务。孵化器还应提供跨境电子商务特有的服务，如国际物流解决方案、跨境支付系统、海外市场分析等。资金是创业企业的命脉，孵化器应建立与投资者的联系，为入驻企业提供种子资金、天使投资等融资渠道。同时，孵化器可以设立风险投资基金，直接投资于有潜力的创业项目。孵化器应与高校、研究机构合作，引进专业人才，并为入驻企业提供定制化的培训课程。同时，邀请行业专家和成功企业家作为导师，为创业者提供经验分享和业务指导。为了帮助入驻企业拓展国际市场，孵化器需要建立国际合作关系，包括与海外孵化器的联盟、参与国际展会等。这有助于创业企业了解国际市场的需求，寻找合适的合作伙伴和客户。孵化器应鼓励技术创新和商业模式创新，为入驻企业提供研发支持，包括实验室设施、技术咨询等。同时，孵化器可以与企业合作，共同开发新技术和新产品。为了确保孵化器的效率和效果，需要建立绩效评估体系，定期评估入驻企业的发展情况。对于达到一定标准的企业，孵化器应提供毕业机制，帮助它们独立发展。跨境电商创新创业孵化器的建设是一个复杂的过程，需要整合各种资源，提供全方位的服务，以支持创业企业的成长和发展。通过专业的服务和资源整合，孵化器可以帮助创业者降低创业风险，加速产品市场化，推动跨境电子商务行业的创新和繁荣。

跨境电子商务创客空间是一个专为创业者、发明家、设计师以及所有对跨境电子商务感兴趣的个人或团队提供资源和环境的平台。这样的空间旨在促进知识共享、创意碰撞和项目合作，帮助个人或团队将创新想法转化为可行的商业模型。① 建设跨境电子商务创客空间首先需要进行精心规划，包括确定其愿景、目标用户群体、核心服务和运营模式。愿景应聚焦于促进跨境电子商务领域的创新和创业精神，为用户提供一个开放、协作和创新的环境。创客空间需要提供灵活的开放式工作区域，以适应不同项目和活动的需求。硬件设施应包括基本的办公家具、会议室、休息区，以及更为专业的设备，如 3D 打印机、激光切割机、焊接工具等，支持从原型制作到产品开发的全过程。提供必要的软件资源，如计算机辅助设计（CAD）软件、图像处理软件、编程环境和跨境电子商务平台等。技术支持包括技术咨询、编程指导和故障排除等，帮助用户克服技术障碍，实现创意。定期举办各种培训课程和工作坊，涵盖跨境电子商务的各个方面，如国际市场分析、外语沟通、海关法规、物流管理等。这些活动可以帮助用户提升专业技能，拓展知识视野。构建一个活跃的创客社区，鼓励用户之间的交流与合作。社区可以通过线上论坛和线下聚会等形式增强联系，分享经验，共同解决问题。同时，建立行业专家网络，为用户提供咨询和指导。为创客提供接触投资者和融资渠道的机会，包括创业比赛、投资路演、众筹平台等。同时，与供应商、制造商建立合作关系，帮助创客获取所需的材料和生产资源。协助创客了解全球市场趋势，提供市场接入策略和销售渠道建议。通过产品展示、在线商城和合作伙伴网络，帮助创客推广其产品，拓展业务范围。与其他创客空间、孵化器、研究机构和高校建立合作关系，共享资源，交流经验。通过国际合作项目，让创客了解不同国家的商业环境和文化差异，为其产品的国际化铺平道路。建立反馈和评估机制，定期收集用户的意见和建议，不断改进服务和设施。鼓励用户参与创客空间的管理和运营，形成自我驱动和自我完善的生态系统。跨境电子商务创客空间的建设需要综合考虑用户需求、市场趋势和技术发展，打造一个集学习、实践、交流和创新于一体的环境。通过提供资源、技术和社区支持，创客空间能够激发创业者的潜能，加速创意的实现，推动跨境电子商务领域的创新发展。

---

① 乌海市非公经济发展专项推进领导小组办公室. 乌海创客空间成为电商创业孵化新平台 [J].
内蒙古统战理论研究，2016（6）：47.